그래프 머신러닝

머신러닝 알고리듬을 적용해
그래프 데이터 활용하기

그래프 머신러닝

김기성 · 장기식 옮김

클라우디오 스타밀레
알도 마르줄로
엔리코 듀세비오 지음

i!i
에이콘

에이콘출판의 기틀을 마련하신 故 정완재 선생님 (1935-2004)

삼촌 프란치노 아볼리오를 기리며.
삼촌에 내게 줬던 자전거의 바퀴는 바람이 너무 빠져 있었다.
– 클라우디오 스타밀레Claudio Stamile

내 가족과 선친들께
– 알도 마르줄로Aldo Marzullo

자신의 학습 과정을 통해 사람의 두뇌와 삶이 얼마나 멋있는지
항상 상기시켜 주는 릴리에게
– 엔리코 듀세비오Enrico Deusebio

| 옮긴이 소개 |

김기성(guitaristjimmyk@gmail.com)

파이썬 개발자로서 주로 이상 음원 탐지 모델 개발과 단어 인식과 관련된 자연어 처리 모델 개발을 담당했다. 그리고 개발한 모델을 서비스하기 위한 서버 플랫폼도 파이썬으로 개발해 국내 CCTV 관제실에 다수 도입됐다.

장기식(honors@nate.com)

경희대학교에서 대수학을 전공했으며, 고려대학교 정보보호대학원에서 박사 학위를 취득했다. 이후 약 10년간 경찰청 사이버안전국 디지털포렌식센터에서 디지털 포렌식 업무를 담당했다. 경찰대학 치안정책연구소에서 데이터 분석을 접한 이후 데이터 분석을 기반으로 한 머신러닝 기술을 연구했으며, 이 경험을 바탕으로 현재 아이브스 CTO 및 AI LAB 연구소장으로 딥러닝 기반 영상 및 음향·음성 보안 솔루션과 데이터 분석 플랫폼 개발 및 연구를 책임지고 있다. 번역서로는 『보안을 위한 효율적인 방법 PKI』(인포북, 2003)와 『EnCase 컴퓨터 포렌식』(에이콘, 2015), 『인텔리전스 기반 사고 대응』(에이콘, 2019), 『적대적 머신러닝』(에이콘, 2020), 『사이버 보안을 위한 머신러닝 쿡북』(에이콘, 2021), 『양자 암호 시스템의 시작』(에이콘, 2021), 『스크래치로 배워보자! 머신러닝』(에이콘, 2022), 『Pandas를 이용한 데이터 분석 실습 2/e』(에이콘, 2022)이 있다.

처음 접하는 이들에게는 그래프 데이터가 어렵게 느껴질 수 있다. 하지만 그래프 데이터는 우리의 일상과 친숙해질 수 있는 데이터 형식이다. 사회는 복잡한 관계의 연속으로 구성되는데, 노드와 간선으로 표현되는 그래프 데이터는 이러한 관계의 표현을 가장 잘 나타낼 수 있는 데이터 형식이다. 관계 표현을 가장 쉽게 할 수 있다는 강점이 있어 최근에는 그래프 형식으로 데이터를 저장하는 데이터베이스 등이 각광받고 있다.

이 책은 그래프 데이터를 다루기 위한 아주 기본적인 것들로 시작해서, 실생활에 적용할 수 있는 예시를 통해 보다 쉬운 이해를 제공한다. 예시를 통해서 그래프 데이터를 다루는 기본기를 쌓고, 머신러닝 알고리듬들을 활용해 고급 응용 스킬들을 배워 볼 수 있다. 단순히 이론적인 설명에서 끝나는 것이 아니라 실제 서비스에 필요한 기본 지식들을 소개한다는 점에서 훌륭한 책이다. 공학자라면 결국 다양한 이론의 토대를 활용해 서비스를 만드는 것이 최종 목표일 것이다. 물론 이 책에 나와 있는 내용만으로 그래프 머신러닝 전문가가 될 수 있다고 할 수 없을 것이다. 그러나 훌륭한 시작을 함께하기 위해 좋은 책이라고 생각한다.

이 책에서는 보다 복잡한 설명이나 심도 있는 이해가 필요한 부분에 참고할 만한 자료들에 대한 소개가 나와 있다. 이러한 참고 자료들을 찾아보고 스스로 새로운 문제를 해결하고자 노력해 보기를 꼭 권장한다. 이러한 노력이 인공지능 연구의 선도자가 되는 길이라고 생각한다.

지은이 소개

클라우디오 스타밀레 Claudio Stamile

2013년 9월 이탈리아 칼라브리아 대학University of Calabria에서 컴퓨터 공학 석사 학위를 받았으며, 2017년 9월 벨기에 뢰번 가톨릭 대학KU Leuven 및 프랑스 끌로드 베흐노 리용 1 대학Universite Claude Bernard Lyon 1에서 공동 박사 학위를 받았다. 석박사 학위 과정 동안 생물 의학 분야를 전공하면서 인공지능, 그래프 이론, 머신러닝에 관해 탄탄한 배경 지식을 쌓았다. 현재 최상위 고객이 데이터 기반 전략을 구현하고 인공지능 기반 솔루션을 구축해 효율성을 높이고 새로운 비즈니스 모델을 수행하도록 지원하는 컨설팅 회사인 CGnal의 선임 데이터 과학자다.

알도 마르줄로 Aldo Marzullo

2016년 9월 칼라브리아 대학에서 컴퓨터 공학 석사 학위를 받았다. 알고리듬 설계, 그래프 이론, 머신러닝을 포함한 여러 분야에서 견고한 배경 지식을 쌓았다. 2020년 1월 칼라브리아 대학과 끌로드 베흐노 리용 1(프랑스 리용) 대학에서 'Deep Learning and Graph Theory for Brain Connectivity Analysis in Multiple Sclerosis다발성 경화증 뇌 연결성 분석을 위한 딥러닝과 그래프 이론'이라는 논문으로 공동 박사 학위를 받았다. 알도는 현재 칼라브리아 대학의 박사후 연구원으로 여러 국제기관과 협력하고 있다.

엔리코 듀세비오 Enrico Deusebio

현재 최고 수준의 고객이 데이터 기반 전략을 구현하고 인공지능 기반 솔루션을 구축하는 것을 지원하는 컨설팅 회사인 CGnal의 최고 운영 책임자다. 학문적, 산업적 맥락에서 10년 이상 고성능 시설과 대규모 컴퓨팅 센터를 사용해 데이터와 대규모 시뮬레이션을 연구해 왔다. 케임브리지 대학University of Cambridge, 토리노 대학University of Turino, 스톡홀름 왕립기술원KTH 등 최상위권 대학과 협력해 박사학위를 취득했다. 또한 2014년 토리노 폴리테크닉Politecnico di Torino의 항공 우주 공학 학사 및 석사 학위를 받았다.

카페르 쿠바라 Kacper Kubara

아르테모Artemo의 기술 공동 설립자이자 애뉴얼 인사이트Annual Insight의 데이터 엔지니어이며 현재 암스테르담 대학University of Amsterdam에서 인공지능 대학원 학위 과정에 있다. 그래프 표현 학습에 연구를 집중하고 있지만, 인공지능 산업과 학계 간의 격차를 해소하는 데 도움이 되는 도구와 방법에도 관심이 있다.

투랄 굴마마도프 Tural Gulmammadov

오라클의 데이터 과학자와 머신러닝 엔지니어 그룹을 이끌면서 다양한 산업의 응용 머신러닝 문제를 해결했다. 분산 계산 환경의 머신러닝에서 그래프 이론과 이산 수학의 응용에 전념하고 이를 원동력으로 삼았다. 인지 과학, 통계학, 심리학 애호가이자 체스 선수, 화가, 계절에 따라 승마와 패들링을 즐기는 사람이다.

차례

3부 그래프 머신러닝의 고급 응용 213

6장 소셜 네트워크 그래프 215

그래프 머신러닝은 네트워크 데이터를 처리하고 예측, 모델링, 분석 작업에 사용할 수 있는 개체 간의 강력한 관계를 활용할 수 있는 새로운 도구를 제공한다.

그래프 이론과 그래프 머신러닝을 간단하게 소개하고, 그래프의 잠재력을 이해하는 방법을 배운다. 이어서 그래프 표현 학습을 위한 주요 머신러닝 모델, 즉 목적과 작동 방식, 다양한 지도 학습과 비지도 학습 응용 프로그램에서 구현하는 방법을 익힌다. 그런 다음 그래프 데이터의 잠재력을 최대한 활용하고자 데이터 처리부터 모델 학습 그리고 예측을 포함한 완전한 머신러닝 파이프라인을 구축한다. 계속해서 소셜 네트워크 데이터를 수집하고, 텍스트 분석과 금융 거래 시스템, 자연어 처리와 같은 실제 시나리오를 다룬다. 마지막으로 네트워크 정보를 저장하고, 질의하고 처리하기 위한 그래프 분석용 데이터 기반 응용 프로그램을 구축하고 확장하는 방법을 배운 다음, 그래프의 최신 동향을 알아본다.

이 책을 통해 그래프 이론의 필수 개념과 머신러닝 응용 프로그램을 성공적으로 구축하는 데 사용되는 모든 알고리듬과 기술을 배울 수 있을 것이다.

이 책의 대상 독자

이 책은 데이터 포인트를 풀고, 위상topology 정보를 활용해 분석과 모델의 성능을 개선하려는 데이터 분석가, 그래프 개발자, 그래프 분석가, 그래프 전문가를 대상으로 한다. 머신러닝 기반 그래프 데이터베이스를 구축하려는 데이터 과학자와 머신러닝 개발자에게도 유용하다. 그래프 데이터베이스와 그래프 데이터에 대한 초급 수준의 지식을 가지고 있는 사람이 적합한 책이다. 이 책의 내용을 최대한 활용하려면 파이썬Python 프로그래밍과 머신러닝에 대한 중급 수준의 실무 지식 또한 필요하다.

이 책에서 다루는 내용

1장. 그래프 시작하기 NetworkX 파이썬 라이브러리를 사용해 그래프 이론의 기본 개념을 소개한다.

2장. 그래프 머신러닝 그래프 머신러닝과 그래프 임베딩 기술의 주요 개념을 소개한다.

3장. 그래프 비지도 학습 비지도 그래프 임베딩의 최신 방법을 다룬다.

4장. 그래프 지도 학습 지도 그래프 임베딩의 최신 방법을 다룬다.

5장. 그래프에서의 머신러닝 문제 그래프에서 가장 일반적인 머신러닝 작업을 소개한다.

6장. 소셜 네트워크 그래프 소셜 네트워크 데이터에 머신러닝 알고리듬을 적용하는 방법을 소개한다.

7장. 그래프를 사용한 텍스트 분석 및 자연어 처리 자연어 처리 작업에 머신러닝 알고리듬을 적용하는 방법을 소개한다.

8장. 신용카드 거래에 대한 그래프 분석 신용카드 부정 거래 탐지에 머신러닝 알고리듬을 적용하는 방법을 소개한다.

9장. 데이터 드리븐 그래프 기반 응용 프로그램 구축 큰 그래프를 처리하는 데 유용한 몇 가지 기술을 소개한다.

10장. 그래프의 새로운 트렌드 그래프 머신러닝의 몇 가지 새로운 동향(알고리듬과 응용 프로그램)을 소개한다.

이 책을 최대한 활용하려면

주피터 노트북Jupyter Notebook나 구글 코랩 노트북Google Colab notebook으로 이 책의 모든 예제를 실습할 수 있다. 일부 장에서는 Neo4j와 Gephi도 필요하다.

이 책에서 다루는 소프트웨어/하드웨어	운영체제
파이썬	윈도우, 맥OS X, 리눅스
Neo4j	윈도우, 맥OS X, 리눅스
Grephi	윈도우, 맥OS X, 리눅스
구글 코랩 또는 주피터 노트북	윈도우, 맥OS X, 리눅스

이 책의 전자책 버전을 사용하는 경우 코드를 직접 입력하거나 깃허브^{GitHub} 저장소(다음 절의 링크)에서 코드를 다운로드받는 것이 좋다. 이렇게 하면 전자책에서 코드를 복사해 붙여 넣을 때 발생할 수 있는 잠재적 오류를 방지할 수 있다.

예제 코드 다운로드

이 책의 예제 코드 파일은 깃허브 저장소(https://github.com/PacktPublishing/Graph-Machine-Learning)에서 다운로드받을 수 있다. 코드가 업데이트되면 위 깃허브 저장소에서 업데이트된다.

또한 에이콘출판사 깃허브 저장소 https://github.com/AcornPublishing/graph-ml에서도 동일한 예제 코드를 다운로드할 수 있다(4장, 7장, 8장, 9장의 코드는 한국어판의 코드).

컬러 이미지 다운로드

이 책에 사용된 스크린샷/다이어그램의 컬러 이미지가 포함된 PDF 파일은 https://static.packt-cdn.com/downloads/9781800204492_ColorImages.pdf에서 다운로드받을 수 있다. 또한 에이콘출판사 도서정보 페이지 http://www.acornpub.co.kr/book/graph-ml에서도 찾아볼 수 있다.

편집 규약

이 책 전체에서 사용된 여러 규칙이 있다.

문장 안의 코드: 텍스트, 데이터베이스 테이블 이름, 폴더 이름, 파일 이름, 파일 확장자, 경로 이름, 더미 URL, 사용자 입력, 트위터^{Twitter} 핸들의 코드 단어를 나타낸다. 예를 들면 다음과 같다.

'다운로드한 WebStorm-10*.dmg 디스크 이미지 파일을 시스템의 다른 디스크로 마운트한다.'

코드 블록은 다음과 같다.

```
html, body, #map {
  height: 100%;
  margin: 0;
  padding: 0
}
```

코드 블록의 특정 부분에 주목해야 할 때는 관련 행이나 항목을 굵게 표시한다.

```
Jupyter==1.0.0
networkx==2.5
matplotlib==3.2.2
node2vec==0.3.3
karateclub==1.0.19
scipy==1.6.2
```

모든 터미널 명령어 입력 또는 출력은 다음과 같이 작성한다.

```
$ mkdir css
$ cd css
```

고딕체: 새로운 용어, 중요한 단어 또는 화면에 나타나는 단어를 나타낸다. 예를 들어 메뉴나 대화 상자의 단어는 고딕체를 사용해 표시한다. 예를 들면 다음과 같다.

'**관리자** 화면에서 **시스템 정보**를 선택하십시오.'

> 팁과 중요 참고 사항
>
> 이렇게 표시된다.

문의

독자의 의견은 언제나 환영한다.

문의: 이 책의 내용에 관해 궁금한 점이 있으면 메일 제목에 책 제목을 적고 customercare@packtpub.com으로 이메일을 보내 주길 바란다. 한국어판에 관한 질문은 에이콘출판사 편집 팀(editor@acornpub.co.kr)이나 옮긴이의 이메일로 문의해 주길 바란다.

정오표: 책 내용의 정확성을 보장하고자 모든 주의를 기울였지만, 실수는 일어나게 돼 있다. 이 책에서 실수를 발견했을 때 우리에게 알려 준다면 감사할 것이다. www.packt.com/submit-errata를 방문해 책을 선택하고, 정오표 제출 양식 Errata Submission Form 링크를 클릭한 다음 세부 정보를 입력하기 바란다. 한국어판의 정오표는 에이콘출판사 도서정보 페이지 http://www.acornpub.co.kr/book/graph-ml에서 볼 수 있다.

저작권 침해: 인터넷에서 어떤 형식이든 불법 복제물을 발견한 경우 URL 주소나 웹사이트 이름을 알려 주길 바란다. 자료에 대한 링크를 copyright@packt.com으로 보내 주길 바란다.

그래프 머신러닝 소개

1부에서는 그래프 머신러닝을 간단히 소개하고 올바른 머신러닝 알고리듬과 결합된 그래프로의 잠재력을 알아본다. 또한 여러분이 직접 그래프 데이터 구조를 다룰 수 있도록 일반적인 그래프 이론과 파이썬 라이브러리를 소개한다.

1부는 다음과 같이 2개의 장으로 구성돼 있다.

- 1장. 그래프 시작하기
- 2장. 그래프 머신러닝

01

그래프 시작하기

그래프는 개체 간의 관계를 설명하는 데 사용되는 수학적 구조로 많은 곳에서 사용된다. 예를 들어 소셜 네트워크는 그래프로 표현할 수 있으며, 어떤 사용자가 다른 사용자의 업데이트를 '팔로우follow'하는지에 따라 사용자들을 연결할 수 있다. 이 연결 관계는 길로 이어진 도시 간의 지도처럼 표현할 수 있다. 그래프는 생물학적 구조나 웹 페이지, 심지어 퇴행성 신경계 질환의 진행을 묘사할 수 있다.

그래프에 관한 연구인 **그래프 이론**graph theory은 최근 몇 년 동안 큰 관심을 받아왔으며, 많은 사람이 알고리듬을 개발하고, 특성을 식별하고, 복잡한 행동을 이해하고자 더 나은 수학적 모델을 정의했다.

1장에서는 그래프 구조 데이터에 대한 몇 가지 개념을 살펴본다. 이론적인 개념과 함께 좀 더 일반적인 개념을 이해하고 연습하는 데 도움이 될 예를 살펴본다. 또한 그래프를 만들고 조작하는 데 널리 사용되는 라이브러리와 복잡한 네트워크의 기능 및 구조에 관한 연구를 소개하고 사용해 본다. 특히 파이썬의 networkx 라이브러리를 살펴본다.

1장에서는 다음과 같은 내용을 다룬다.

- networkx로 그래프 이해하기
- 그래프 그리기
- 그래프의 속성
- 벤치마크와 저장소
- 대형 그래프 다루기

기술적 필요 사항

모든 예제는 파이썬 3.8 버전의 주피터 노트북^{Jupyter Notebook}을 사용한다. 다음 코드는 1장 실습에 필요한 라이브러리로, pip를 이용해 설치할 수 있다. 예를 들어 터미널^{command line}에서 pip install networkx==2.5 명령을 실행하면 networkx 버전 2.5가 설치된다.

```
Jupyter==1.0.0
networkx==2.5
snap-stanford==5.0.0
matplotlib==3.2.2
pandas==1.1.3
scipy==1.6.2
```

이 책에서는 다음 코드를 사용해 각 라이브러리를 가져온다.

- import networkx as nx
- import pandas as pd
- import numpy as np

복잡한 시각화 작업을 위해 Gephi(https://gephi.org/)도 필요하다. 설치 방법은 다음 URL(https://gephi.org/users/install/)에서 확인할 수 있다. 1장의 모든 코드 파일은 다음 URL(https://github.com/PacktPublishing/Graph-Machine-Learning/tree/main/Chapter01)
에 있다.

networkx로 그래프 이해하기

이 절에서는 그래프 이론을 간단히 살펴본다. 이론적 개념을 실제로 구현하고자 networkx를 사용하는 파이썬 코드도 설명한다.

단순무향그래프simple undirected graph(일반적인 그래프) G는 $G = (V, E)$로 정의하며, 여기서 V와 E는 다음과 같이 정의한다. $V = \{v_1, ..., v_n\}$는 **노드**(꼭지점)node 또는 vertex의 집합이고 $E = \{(v_k, v_w), ..., (v_i, v_j)\}$는 V에 속한 두 노드 간의 **연결**link을 나타내는 간선(변)edge으로 순서가 없는 순서쌍의 집합이다.

E의 각 원소element는 순서쌍이지만 각 간선 간에 순서가 없다는 것이 중요하다. 즉 (v_k, v_w)와 (v_w, v_k)는 같은 간선을 나타낸다.

이제 그래프와 노드의 몇 가지 기본 속성에 관한 정의는 다음과 같다.

- 그래프의 **위수**order는 노드의 개수로 $|V|$로 표기하며, 그래프의 **크기**size는 간선의 개수로 $|E|$로 표기한다.
- 노드의 **차수**degree는 해당 노드에 연결된adjacent 간선의 개수다. 그래프 G에서 노드 v의 **근방**neighbor은 v에 연결된 모든 노드 V의 부분집합이다.
- 그래프 V에 있는 노드 v의 **근방그래프**neighborhood graph(또는 에고그래프ego graph)는 v에 연결된 노드와 v에 연결된 노드와 연결된 모든 변으로 구성된 G의 부분그래프subgraph다.

그림 1.1은 그래프의 예다.

V = [Paris, Milan, Dublin, Rome]

E = [{Milan, Dublin}, {Milan, Paris}, {Paris, Dublin}, {Milan, Rome}]

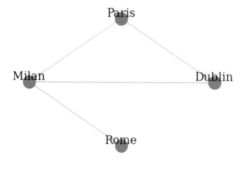

그림 1.1 그래프의 예

그림 1.1은 방향이 없는 무향그래프로 파리^{Paris}에서 밀라노^{Milan}로 연결하는 간선과 밀라노에서 파리로 연결하는 간선은 같다. 따라서 어떠한 제약 없이 두 노드를 움직일 수 있다. 그림 1.1의 그래프 속성을 분석해 보면 위수와 크기가 모두 4라는 것을 알 수 있다. 즉 노드와 간선의 개수는 모두 4다. 파리와 더블린^{Dublin} 노드의 차수는 2, 밀라노의 차수는 3, 로마^{Rome}의 차수는 1이다. 각 노드의 근방은 다음과 같다.

- Paris = {Milan, Dublin}

- Milan = {Paris, Dublin, Rome}

- Dublin = {Paris, Milan}

- Rome = {Milan}

그림 1.1의 그래프는 다음 코드와 networkx로 구현할 수 있다.

```
import networkx as nx
import matplotlib.pyplot as plt
G = nx.Graph()
V = {'Dublin', 'Paris', 'Milan', 'Rome'}
E = [('Milan','Dublin'), ('Milan','Paris'), ('Paris','Dublin'),
('Milan','Rome')]
G.add_nodes_from(V)
G.add_edges_from(E)
```

nx.Graph() 코드로 생성되는 그래프는 기본적으로 무향그래프이므로 각 간선의 방향을 지정할 필요가 없다. newtworkx에서 노드는 문자열string이나 클래스class 또는 다른 newtworkx 그래프와 같이 해시 가능한 객체hashable object(객체의 생명주기 동안 객체의 해시값이 바뀌지 않으며, 다른 객체와 비교 가능한 객체)가 될 수 있다.

다음 코드를 실행하면 그래프의 모든 노드와 간선을 확인할 수 있다.

```
print(f"V = {G.nodes}")
print(f"E = {G.edges}")
```

실행 결과는 다음과 같다.

```
V = ['Rome', 'Dublin', 'Milan', 'Paris']
E = [('Rome', 'Milan'), ('Dublin', 'Milan'), ('Dublin', 'Paris'), ('Milan',
'Paris')]
```

다음 코드를 이용해 그래프의 위수, 크기, 각 노드의 차수와 근방노드를 확인할 수 있다.

```
print(f"Graph Order: {G.number_of_nodes()}")
print(f"Graph Size: {G.number_of_edges()}")
print(f"Degree for nodes: { {v: G.degree(v) for v in G.nodes} }")
print(f"Neighbors for nodes: { {v: list(G.neighbors(v)) for v in G.nodes}
}")
```

실행 결과는 다음과 같다.

```
Graph Order: 4
Graph Size: 4
Degree for nodes: {'Rome': 1, 'Paris': 2, 'Dublin':2, 'Milan': 3}
Neighbors for nodes: {'Rome': ['Milan'], 'Paris': ['Milan', 'Dublin'],
'Dublin': ['Milan', 'Paris'], 'Milan': ['Dublin', 'Paris', 'Rome']}
```

마지막으로 다음과 같이 그래프 G에 대한 특정 노드의 에고그래프를 계산할 수 있다.

```
ego_graph_milan = nx.ego_graph(G, "Milan")
```

```
print(f"Nodes: {ego_graph_milan.nodes}")
print(f"Edges: {ego_graph_milan.edges}")
```

실행 결과는 다음과 같다.

```
Nodes: ['Paris', 'Milan', 'Dublin', 'Rome']
Edges: [('Paris', 'Milan'), ('Paris', 'Dublin'), ('Milan', 'Dublin'),
('Milan', 'Rome')]
```

다음은 원본 그래프에 새로운 노드나 간선을 추가하는 코드다.

```
# 새로운 노드와 변 추가하기
new_nodes = {'London', 'Madrid'}
new_edges = [('London','Rome'), ('Madrid','Paris')]
G.add_nodes_from(new_nodes)
G.add_edges_from(new_edges)
print(f"V = {G.nodes}")
print(f"E = {G.edges}")
```

실행 결과는 다음과 같다.

```
V = ['Rome', 'Dublin', 'Milan', 'Paris', 'London', 'Madrid']
E = [('Rome', 'Milan'), ('Rome', 'London'), ('Dublin', 'Milan'),
('Dublin', 'Paris'), ('Milan', 'Paris'), ('Paris', 'Madrid')]
```

다음 코드를 이용해 노드를 삭제할 수도 있다.

```
node_remove = {'London', 'Madrid'}
G.remove_nodes_from(node_remove)
print(f"V = {G.nodes}")
print(f"E = {G.edges}")
```

실행 결과는 다음과 같다.

```
V = ['Rome', 'Dublin', 'Milan', 'Paris']
E = [('Rome', 'Milan'), ('Dublin', 'Milan'), ('Dublin', 'Paris'),
('Milan', 'Paris')]
```

예상한 대로 노드를 삭제하면 해당 노드에 연결된 변도 자동으로 함께 삭제된다.

다음 코드를 사용하면 간선도 삭제할 수 있다.

```
node_edges = [('Milan','Dublin'), ('Milan','Paris')]
G.remove_edges_from(node_edges)
print(f"V = {G.nodes}")
print(f"E = {G.edges}")
```

실행 결과는 다음과 같다.

```
V = ['Dublin', 'Paris', 'Milan', 'Rome']
E = [('Dublin', 'Paris'), ('Milan', 'Rome')]
```

G.remove_node('Dublin')나 G.remove_edge('Dublin', 'Paris') 코드를 사용하면 그래프에 있는 단일 노드나 변을 삭제할 수 있다.

그래프의 종류

앞 절에서는 간단한 무향그래프를 만들고 수정하는 방법을 알아봤다. 이제 **유향그래프**directed graph(또는 **다이그래프**digraph), 가중그래프weighted graph, 다중그래프multigraph를 통해 더 많은 정보를 캡슐화encapsulate하도록 기본 데이터 구조를 어떻게 확장할 수 있는지 알아보자.

유향그래프

유향그래프 G는 $G = (V, E)$로 정의하며, 여기서 V와 E는 다음과 같이 정의한다. $V = \{v_1, v_2, ..., v_n\}$는 노드의 집합이고 $E = \{(v_k, v_w), ..., (v_i, v_j)\}$는 V에 속한 두 노드 간의 연결을 나타내는 간선으로 순서가 있는 순서쌍의 집합이다.

E의 각 원소element는 순서쌍이지만 각 간선 간에 순서가 없다는 것이 중요하다. 즉 (v_k, v_w)와 (v_w, v_k)는 같은 변을 나타낸다. 간선의 집합 E의 각 원소는 순서쌍으로 연결 방향을 나타낸다. 간선 (v_k, v_w)는 노드 v_k에서 출발해 v_w로 들어가는 변을 나타내며, 노드 v_w에서 출발해 v_k로 들어가는 간선 (v_w, v_k)는 다르다. 출발 노드 v_w는

머리^{head}, 도착 노드는 꼬리^{tail}라고 한다.

간선에는 방향이 있으므로 노드의 차수에 대한 정의는 다음과 같이 확장할 수 있다.

입력 차수와 출력 차수

노드 v에 대해 v로 도착하는 간선의 개수를 **입력차수**^{indegree}라고 하며 $\deg^-(v)$로 표기한다. 노드 v에서 출발하는 간선의 개수를 **출력차수**^{outdegree}라고 하며 $\deg^+(v)$로 표기한다.

유향그래프의 모양은 그림 1.2와 같다.

V = [Paris, Milan, Dublin, Rome]

E = [(Milan, Dublin), (Paris , Milan), (Paris, Dublin), (Milan, Rome)]

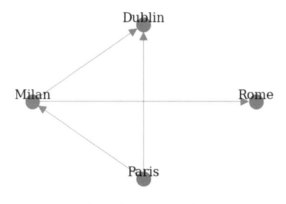

그림 1.2 유향그래프 예시

간선의 방향^{direction}은 화살표로 표시한다. 예를 들어 Milan › Dublin은 Milan에서 Dublin으로 향하는 간선을 나타낸다. Dublin의 차수는 $\deg^-(v) = 2$, $\deg^+(v) = 0$이고, Paris의 차수는 $\deg^-(v) = 0$, $\deg^+(v) = 2$, Milan의 차수는 $\deg^-(v) = 1$, $\deg^+(v) = 2$, 그리고 Rome의 차수는 $\deg^-(v) = 1$, $\deg^+(v) = 0$이다.

그림 1.2의 그래프는 다음과 같이 networkx로 구현할 수 있다.

```
G = nx.DiGraph()
V = {'Dublin', 'Paris', 'Milan', 'Rome'}
E = [('Milan','Dublin'), ('Paris','Milan'), ('Paris','Dublin'), ('Milan','Rome')]
G.add_nodes_from(V)
G.add_edges_from(E)
```

그래프를 선언하는 방법은 무향그래프와 같다. 차이점은 사용하는 networkx의 클래스만 바뀌었다. 유향그래프는 nx.DiGraph() 클래스를 사용해 생성한다.

입력차수와 출력차수도 다음 코드를 이용해 계산할 수 있다.

```
print(f"노드에 대한 입력차수: { {v: G.in_degree(v) for v in G.nodes} }")
print(f"노드에 대한 출력차수: { {v: G.out_degree(v) for v in G.nodes} }")
```

실행 결과는 다음과 같다.

```
노드에 대한 입력차수: {'Dublin': 2, 'Milan': 1, 'Rome': 1, 'Paris': 0}
노드에 대한 출력차수: {'Dublin': 0, 'Milan': 2, 'Rome': 0, 'Paris': 2}
```

무향그래프와 마찬가지로 G.add_nodes_from(), G.add_edges_from(), G.remove_nodes_from(), G.remove_edges_from()와 같은 방법으로 그래프를 변경할 수 있다.

다중그래프

이제 다중그래프를 살펴보자. 다중그래프는 한 노드에서 출발해서 같은 노드로 도착하는 간선이 여러 개인 다중 간선이 있는 그래프다.

다중그래프 G는 $G = (V, E)$로 정의하며, 여기서 V는 노드의 집합, E는 간선의 다중집합multi-set(집합의 각 원소에 다중 인스턴스instance를 허용하는 집합)이다.

E가 순서가 있는 순서쌍의 다중집합이면 **유향다중그래프**directed multigraph라고 하며, 순서가 없는 경우에는 **무향다중그래프**undirected mutigraph라고 한다.

유향다중그래프는 예는 그림 1.3과 같다.

V = [Paris, Milan, Dublin, Rome]

E = [(Milan, Dublin), (Milan, Dublin), (Paris , Milan), (Paris, Dublin), (Milan, Rome), (Milan, Rome)]

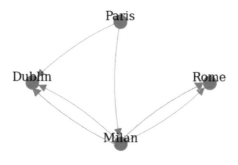

그림 1.3 다중그래프의 예

다음 코드를 이용해 유향다중그래프와 무향다중그래프를 구현할 수 있다.

```
directed_multi_graph = nx.MultiDiGraph()
undirected_multi_graph = nx.MultiGraph()

V = {'Dublin', 'Paris', 'Milan', 'Rome'}
E = [('Milan','Dublin'), ('Milan','Dublin'), ('Paris','Milan'),
('Paris','Dublin'),
('Milan','Rome'), ('Milan','Rome')]

directed_multi_graph.add_nodes_from(V)
undirected_multi_graph.add_nodes_from(V)

directed_multi_graph.add_edges_from(E)
undirected_multi_graph.add_edges_from(E)
```

유향다중그래프와 무향다중그래프를 생성하는 방법은 networkx에서 어떤 클래스를
사용할지에 달려 있다. nx.MultiDiGraph()는 유향다중그래프를 생성하는 데 사용하
고, nx.MultiGraph()는 무향 다중그래프를 생성하는 데 사용한다. 노드와 간선을 추가
하는 데 사용되는 함수는 같다.

가중그래프

이 절에서는 유향그래프, 무향그래프, 다중가중그래프multi-weighted graph에 대해 알아본다.

간선가중그래프edge-weighted graph(일반적인 가중그래프) G는 $G = (V, E, w)$로 정의하며, 여기서 V는 노드의 집합, E는 간선의 집합, $w{:}E \to \mathbb{R}$는 각 간선을 실수 $e \in E$ 가중값으로 대응시키는 가중함수weighted function다.

노드가중그래프node-weighted graph G는 $G = (V, E, w)$로 정의하며, 여기서 V는 노드의 집합, E는 간선의 집합, $w{:}V \to \mathbb{R}$는 각 노드 $v \in V$를 실수 가중값으로 대응시키는 가중함수다.

지금까지 설명한 내용을 정리하면 다음과 같다.

- E가 순서가 있는 순서쌍의 집합이면 **유향가중그래프**다.
- E가 순서가 없는 순서쌍의 집합이면 **무향가중그래프**다.
- E가 다중집합이면 **가중다중그래프**다.
- E가 순서가 없는 순서쌍의 다중집합이면 **무향가중다중그래프**다.

그림 1.4는 유향간선가중그래프의 예다.

V = [Paris, Milan, Dublin, Rome]

E = [(Milan, Dublin, 19), (Paris , Milan, 8), (Paris, Dublin, 11), (Milan, Rome, 5)]

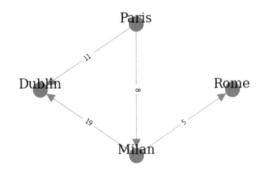

그림 1.4 방향 간선-가중그래프의 예

그림 1.4 그래프는 각 간선에 가중값이 있는 것이 데이터 구조에 유용한 정보를 추가하는 데 도움이 되는 방식을 보여 준다. 실제로 간선 가중값을 한 노드에서 다른 노드로 도달하는 데 필요한 '비용'으로 생각할 수 있다. 예를 들어 그림 1.4에서는 **밀라노**에서 **더블린**까지 도착하는 데 드는 '비용'은 19이고, **파리**에서 **더블린**까지 도달하는 데 드는 '비용'은 11이다.

이것을 networkx로 구현하면 다음과 같다..

```
G = nx.DiGraph()
V = {'Dublin', 'Paris', 'Milan', 'Rome'}
E = [('Milan','Dublin', 19), ('Paris','Milan', 8), ('Paris','Dublin', 11),
('Milan','Rome', 5)]
G.add_nodes_from(V)
G.add_weighted_edges_from(E)
```

이분그래프

이 절에서는 다른 유형의 그래프인 다분그래프^{multipartite graph}에 대해 알아본다. 이분그래프^{bipartite graph}와 삼분그래프^{tripartite graph}(더 일반적으로는 k분그래프^{kth-partite graph})는 노드가 각각 2개와 3개, 또는 k개의 노드 집합으로 분할할 수 있는 그래프다. 간선은 서로 다른 집합에 대해서만 허용되며 같은 집합에 속한 노드 안에서는 허용되지 않는다. 대부분의 경우 다른 집합에 속한 노드도 특정 노드의 유형으로 분류된다. 7장의 그래프를 사용한 텍스트 분석 및 자연어 처리와 8장의 신용카드 거래 그래프 분석에서 그래프 기반 응용 프로그램의 몇 가지 실제 사례를 설명하고, 다분그래프가 실제로 어떻게 활용되는지 살펴보도록 한다. 다분그래프의 응용 예는 다음과 같다.

- 문서와 그 안의 개체들을 이용한 이분그래프로 문서를 처리하고 정보를 구조화한다.
- 거래 데이터를 다룰 때 구매자와 판매자 간의 관계를 부호화한다.

이분그래프는 다음 코드와 같이 networkx로 간단하게 구현할 수 있다.

```
import pandas as pd
import numpy as np
n_nodes = 10
n_edges = 12
bottom_nodes = [ith for ith in range(n_nodes) if ith % 2 ==0]
 top_nodes = [ith for ith in range(n_nodes) if ith % 2 ==1]
iter_edges = zip(
    np.random.choice(bottom_nodes, n_edges),
    np.random.choice(top_nodes, n_edges))
edges = pd.DataFrame([
    {"source": a, "target": b} for a, b in iter_edges])
B = nx.Graph()
B.add_nodes_from(bottom_nodes, bipartite=0)
 B.add_nodes_from(top_nodes, bipartite=1)
 B.add_edges_from([tuple(x) for x in edges.values])
```

networkx의 bipartite_layout 함수를 이용하면 그래프를 쉽게 그릴 수 있다.

```
from networkx.drawing.layout import bipartite_layout
pos = bipartite_layout(B, bottom_nodes)
nx.draw_networkx(B, pos=pos)
```

실행 결과는 다음과 같다.

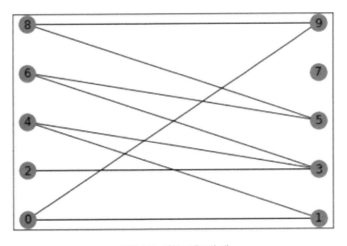

그림 1.5 이분그래프의 예

그래프 표현

앞 절에서 설명한 것처럼 networkx를 사용하면 실제로 노드와 간선 객체를 사용해 그래프를 정의하고 처리할 수 있다. 다른 사용 사례에서는 이러한 방법을 적용하는 것이 쉽지 않을 수 있다. 이 절에서는 그래프 데이터 구조의 간결하게 표현할 수 있는 두 가지 방법인 인접행렬과 간선 리스트에 대해 알아본다.

인접행렬

그래프 $G = (V, E)$의 **인접행렬**adjacency matrix M은 정방행렬square matrix($|V| \times |V|$)로 원소 M_{ij}의 값은 노드 i에서 노드 j로 가는 간선이 있을 때에는 값이 1이고, 없을 때에는 값이 0인 정방행렬이다. 그림 1.6은 인접행렬의 예를 보여 준다.

무향그래프의 인접행렬은 간선의 방향이 없기 때문에 대칭이 되는 것을 알 수 있다. 간선의 방향에 대한 제약 조건이 있는 유향그래프에 대해서는 대칭이 보장되지 않는다. 다중그래프의 경우 같은 노드 쌍을 연결하는 간선이 여러 개 있을 수 있으므로 1보다 더 큰 값을 가질 수 있다. 가중그래프의 경우에는 인접행렬의 값이 두 노드를 연결하는 간선의 가중값과 같다.

networkx를 이용해 주어진 그래프의 인접행렬을 구하는 방법은 두 가지다. G가 그림 1.6의 두 번째 유향그래프라면 다음 코드를 이용해 인접행렬을 계산할 수 있다.

```
nx.to_pandas_adjacency(G) #pd DataFrame로 구하는 인접행렬
nt.to_numpy_matrix(G) # numpy matrix로 구하는 인접행렬
```

위 두 명령어를 각각 실행한 결과는 다음과 같다.

```
        Rome  Dublin  Milan  Paris
Rome    0.0   0.0     0.0    0.0
Dublin  0.0   0.0     0.0    0.0
Milan   1.0   1.0     0.0    0.0
Paris   0.0   1.0     1.0    0.0
```

```
[[0. 0. 0. 0.]
 [0. 0. 0. 0.]
 [1. 1. 0. 0.]
 [0. 1. 1. 0.]]
```

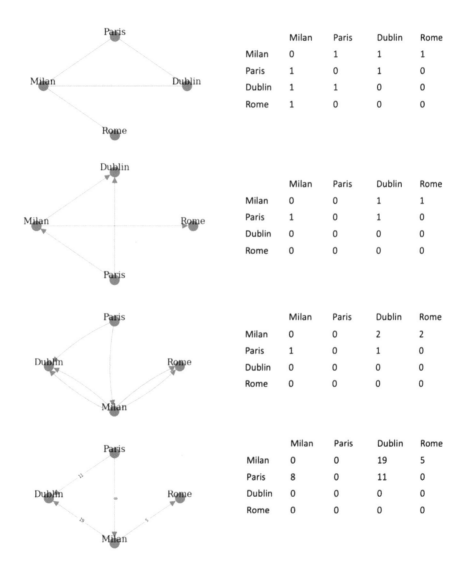

	Milan	Paris	Dublin	Rome
Milan	0	1	1	1
Paris	1	0	1	0
Dublin	1	1	0	0
Rome	1	0	0	0

	Milan	Paris	Dublin	Rome
Milan	0	0	1	1
Paris	1	0	1	0
Dublin	0	0	0	0
Rome	0	0	0	0

	Milan	Paris	Dublin	Rome
Milan	0	0	2	2
Paris	1	0	1	0
Dublin	0	0	0	0
Rome	0	0	0	0

	Milan	Paris	Dublin	Rome
Milan	0	0	19	5
Paris	8	0	11	0
Dublin	0	0	0	0
Rome	0	0	0	0

그림 1.6 무향그래프, 유향그래프, 다중그래프, 가중그래프의 인접행렬

numpy 행렬은 노드의 이름을 나타낼 수 없으므로 원소의 순서는 G.nodes에 정의된 순서를 따른다.

간선 리스트

인접행렬과 마찬가지로 간선 리스트는 그래프를 나타내는 또 다른 간결한 방법이다. 그래프는 간선으로 구성돼 있으므로 이러한 접근 방법이 가능하다.

그래프 $G = (V, E)$의 **간선 리스트**^{edge list} L은 변 $|E|$의 크기에 대한 리스트다. 각 원소는 간선이 출발하는 노드와 도착하는 노드의 쌍으로 표현된다. 그림 1.7은 각 그래프의 유형별 간선 리스트의 예다.

다음의 코드와 같이 networkx를 사용해 그림 1.7의 무향그래프 G에 대한 간선 리스트를 구할 수 있다.

```
print(nx.to_pandas_edgelist(G))
```

실행 결과는 다음과 같다.

```
   source  target
0  Milan   Dublin
1  Milan     Rome
2  Paris    Milan
3  Paris   Dublin
```

이 외에도 nx.to_dict_of_dicts(G) 및 nx.to_numpy_array(G) 등을 이용해서 그래프를 표현할 수도 있다.

그래프 플로팅

앞 절에서 살펴본 것처럼 그래프는 그래픽으로 표현된 직관적인 데이터 구조다. 노드는 원으로, 간선은 두 노드를 연결하는 선으로 표현할 수 있다.

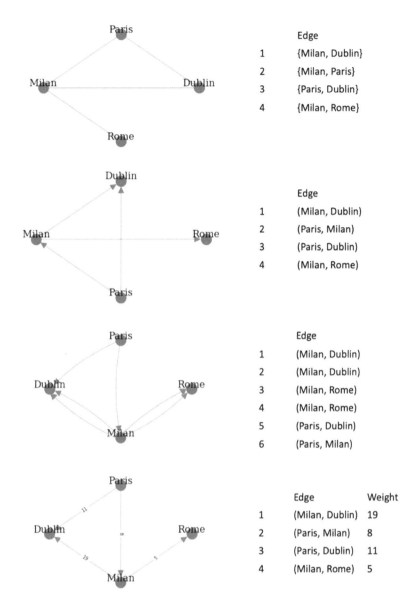

	Edge	
1	{Milan, Dublin}	
2	{Milan, Paris}	
3	{Paris, Dublin}	
4	{Milan, Rome}	

	Edge	
1	(Milan, Dublin)	
2	(Paris, Milan)	
3	(Paris, Dublin)	
4	(Milan, Rome)	

	Edge	
1	(Milan, Dublin)	
2	(Milan, Dublin)	
3	(Milan, Rome)	
4	(Milan, Rome)	
5	(Paris, Dublin)	
6	(Paris, Milan)	

	Edge	Weight
1	(Milan, Dublin)	19
2	(Paris, Milan)	8
3	(Paris, Dublin)	11
4	(Milan, Rome)	5

그림 1.7 무향그래프, 유향그래프, 다중그래프, 가중그래프의 간선 리스트

단순하지만 간선과 노드의 수가 증가하면 명확히 표현하는 것이 어려울 수 있다. 이 복잡성의 원인은 주로 최종 그림에서 각 노드에 할당할 위치(공간/직교 좌표계)와 관련이 있다. 실제로 수백 개의 노드가 있는 그래프의 그림에서 각 노드의 특정 위치를 수동으로 할당하는 것은 불가능에 가깝다.

이 절에서는 각 노드에 대한 좌표를 지정하지 않고도 그래프를 그리는 방법을 소개한다. 이를 위해서 networkx와 Gephi를 사용한다.

networkx

networkx는 nx.draw 라이브러리를 통해 그래프 개체를 그릴 수 있는 간단한 인터페이스를 제공한다. 다음은 그래프를 그리기 위한 예제 코드다.

```
def draw_graph(G, nodes_position, weight):
    nx.draw(G, nodes_position, with_labels=True, font_size=15, node_
size=400, edge_color='gray', arrowsize=30)
            if weight:
            edge_labels=nx.get_edge_attributes(G,'weight')
        nx.draw_networkx_edge_labels(G, nodes_position, edge_labels=edge_
labels)
```

위 함수에서 nodes_position은 노드 이름을 키^{key} 값으로 하고 노드의 위치 좌표(직교 좌표계의 좌표로 2개의 값을 갖는 배열)를 value로 하는 딕셔너리^{dictionary} 형식의 인자다.

nx.draw 함수는 노드를 주어진 위치에 배치해 전체 그래프를 그린다. with_labels 옵션은 특정 font_size 값을 사용해 각 노드에 해당 이름을 표시한다. node_size 및 edge_color는 각각 노드와 간선의 크기와 색상을 지정한다. 마지막으로 arrowsize는 간선의 화살표 크기를 정의한다. 이 옵션은 그림으로 그릴 그래프가 유향그래프일 때 사용된다.

다음 코드 예제는 그래프를 그리고자 위에서 정의한 draw_graph 함수를 사용하는 방법이다.

```
G = nx.Graph()
V = {'Paris', 'Dublin','Milan', 'Rome'}
E = [('Paris','Dublin', 11), ('Paris','Milan', 8), ('Milan','Rome', 5),
    ('Milan','Dublin', 19)]
G.add_nodes_from(V)
G.add_weighted_edges_from(E)
nodes_position = {"Paris": [0,0], "Dublin": [0,1], "Milan": [1,0], "Rome":
[1,1]}
draw_graph(G, nodes_position, True)
```

실행 결과는 다음과 같다.

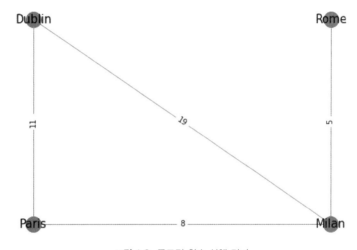

그림 1.8 플로팅 함수 실행 결과

앞서 설명한 방법은 간단하지만 nodes_position의 값을 결정하기 어려울 수 있으므로 실제로 복잡한 상황에서 사용하기에는 불가능하다. 이 문제를 해결하고자 networkx 는 레이아웃에 따라 각 노드의 위치를 자동으로 계산한다. 그림 1.9에서 nodes_ position에서 사용 가능한 여러 레이아웃을 사용해 그린 무향그래프를 확인할 수 있다. 우리가 만드는 함수에서 이러한 레이아웃을 사용하려면 레이아웃 결과를 nodes_ position으로 할당하기만 하면 된다. 예를 들어 nodes_position=nx.circular_layout(G) 와 같이 코드를 작성한다.

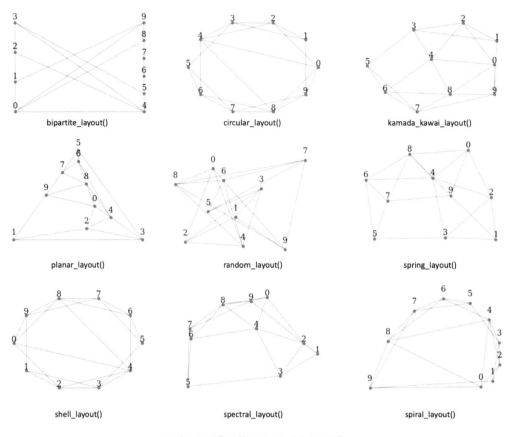

그림 1.9 같은 무향그래프의 여러 레이아웃

networkx는 그래프를 쉽게 조작하고 분석할 수 있는 훌륭한 도구이지만 복잡하고 보기 좋게 그래프를 만드는 것에는 한계가 있다. 다음 절에서는 복잡한 그래프를 시각화하는 방법으로 Gephi를 사용한다.

Gephi

이 절에서는 Gephi(오픈소스 네트워크 분석 및 시각화 소프트웨어)를 사용해 복잡하고 멋진 그래프를 그리는 방법을 소개한다. 이 절에 나온 모든 예제에 대해 응용 프로그램 시작 시 선택할 수 있는 Les Miserables.gexf 샘플(가중무향그래프)을 사용한다.

Gephi의 메인 인터페이스는 그림 1.10과 같다. 다음과 같이 네 가지 주요 영역으로 나눌 수 있다.

1. Graph: 이 영역에 그래프의 최종 모습이 나타난다. 필터나 특정 레이아웃을 적용할 때마다 이미지가 자동으로 업데이트된다.

2. Appearance: 이 영역에서 노드와 간선의 모양을 지정할 수 있다.

3. Layout: 이 영역에서 (networkx에서처럼) 레이아웃을 선택해 그래프의 노드 위치를 조정할 수 있다. 간단한 무작위 위치 생성기에서 더 복잡한 이판 후Yifan Hu 알고리듬에 이르기까지 다양한 알고리듬을 사용할 수 있다.

4. Filters & Statistics: 이 영역에서는 다음과 같이 두 가지 주요 기능을 사용할 수 있다.
   a. Filters: 이 탭에서는 Statistics(통계) 탭을 사용해 계산한 집합 속성에 따라 그래프의 특정 하위 영역을 필터링하고 시각화할 수 있다.
   b. Statistics: 이 탭에서는 Run(실행) 버튼을 사용해 그래프 계산에 사용할 수 있는 그래프 측정 지표metric 목록이 들어 있다. 계산된 측정 지표를 속성으로 사용해 간선과 노드의 모양(예: 노드 및 간선의 크기 및 색상)을 지정하거나 그래프의 특정 하위 영역을 필터링할 수 있다.

다음은 Gephi의 메인 화면이다.

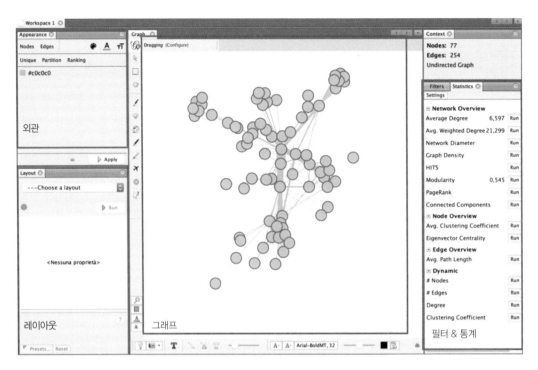

그림 1.10 Gephi 메인 화면

Gephi를 다루는 것은 그래프에 다양한 레이아웃을 적용하는 것으로 시작한다. 앞서 설명한 것처럼 networkx에서 레이아웃을 사용하면 최종 그림의 각 노드를 특정 위치에 지정할 수 있다. Gephi 1.2에서는 다양한 레이아웃을 사용할 수 있다. 특정 레이아웃을 적용하려면 Layout(레이아웃) 영역에서 사용할 수 있는 레이아웃 중 하나를 선택한 다음, Run(실행) 버튼을 클릭하면 된다.

Graph 영역에서 볼 수 있는 그래프는 레이아웃에서 정의한 새 좌표에 따라 자동으로 업데이트된다. 일부 레이아웃은 매개 변수에 종속돼 있으므로 최종 그래프는 사용된 매개 변수에 따라 크게 변경될 수 있다. 다음 그림은 세 가지 레이아웃을 적용하기 위한 몇 가지 예시다.

Fruchterman Reingold   Yifan Hu   OpenOrd

그림 1.11 같은 그래프의 다른 레이아웃 사용

이어서 그림 1.10의 Appearance(외관) 메뉴에서 사용 가능한 옵션을 설명한다. 이 영역에서 간선과 노드에 적용할 스타일을 지정할 수 있다. 적용할 스타일은 정적이거나 노드/간선의 특정 속성에 따라 동적으로 정의할 수 있다. 메뉴에서 Nodes(노드) 옵션을 선택해 노드의 색상과 크기를 변경할 수 있다.

색을 변경하려면 색상 팔레트color palette 아이콘을 선택하고 특정 버튼을 사용해 **고유 색상**, **파티션**(개별 값) 또는 **색상 순위**(값 범위)를 할당할지 결정해야 한다. 파티션과 순위 지정의 경우 드롭다운 메뉴에서 특정 **그래프** 속성을 선택해 색상 범위에 대한 참조로 사용할 수 있다. Statistics 영역에서 Run을 클릭하면 계산된 속성만 드롭다운 메뉴에서 사용할 수 있다. 같은 방식으로 노드의 크기를 설정할 수 있다. 동심원 아이콘을 선택해 모든 노드에 **고유한 크기**를 설정하거나 특정 속성에 따라 크기의 **순위**를 지정할 수 있다.

노드의 경우 메뉴에서 Edges(간선) 옵션을 선택해 간선의 스타일을 변경할 수도 있다. 그런 다음 **고유 색상**, **파티션**(개별 값) 또는 **순위**(값 범위)를 할당하도록 선택할 수 있다. 파티션 및 순위 지정의 경우 색상 스케일을 구축하기 위한 참조 값은 드롭다운 메뉴에서 선택할 수 있는 특정 **그래프** 속성으로 정의힐 수 있다.

그래프에 특정 스타일을 적용하려면 Apply(적용) 버튼을 클릭한다. 클릭하면 그래프 플롯은 정의된 스타일에 따라 업데이트된다. 그림 1.12에서 노드의 색은 **모듈성 계급** Modularity Class 값으로 지정했으며, 각 노드의 크기는 해당 차수에 따라 정해지며, 각 간선의 색은 가중값을 사용했다.

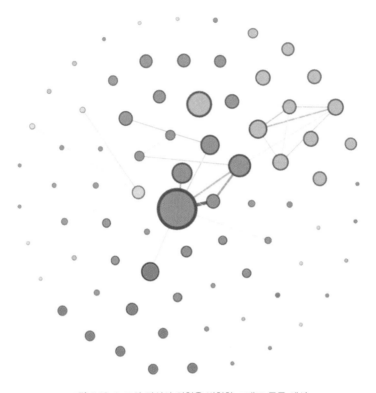

그림 1.12 노드와 간선의 외형을 변형한 그래프 플롯 예시

Filters & Statistics도 중요한 영역이다. 이 메뉴에서는 그래프 측정 지표를 기반으로 일부 통계를 계산할 수 있다.

마지막으로 그림 1.10의 오른쪽 패널 Statistics 메뉴에서 사용할 수 있는 기능을 소개하면서 Gephi에 대한 소개를 마친다. 이 메뉴에서 입력 그래프에 대한 다양한 통계를 계산할 수 있다. 이 통계는 노드/간선의 색상이나 크기와 같은 최종 플롯의 일부 속성을 설정하거나 원래 그래프를 필터링해 특정 부분 집합만 그릴 때 쉽게 사용할 수 있다. 특정 통계를 계산하고자 사용자는 메뉴에서 사용 가능한 측정 지표 중 하나를 명시적으로 선택하고 Run 버튼을 클릭해야 한다(그림 1.10의 오른쪽 패널).

그림 1.10의 오른쪽 패널 Statistics 메뉴의 Filters(필터) 탭에서 사용할 수 있는 옵션을

사용해 그래프의 하위 영역을 선택할 수 있다. 그래프 필터링의 예는 그림 1.13에서 확인할 수 있다. 이 부분을 자세히 알아보고자 **차수**^{Degree} 속성으로 그래프 필터를 만들고 적용한다. 필터 결과는 차수 속성에 대한 특정 값 범위가 있는 노드(및 해당 간선)만 표시되는 원본 그래프의 부분집합이다.

그림 1.13은 위 내용에 대한 예시다.

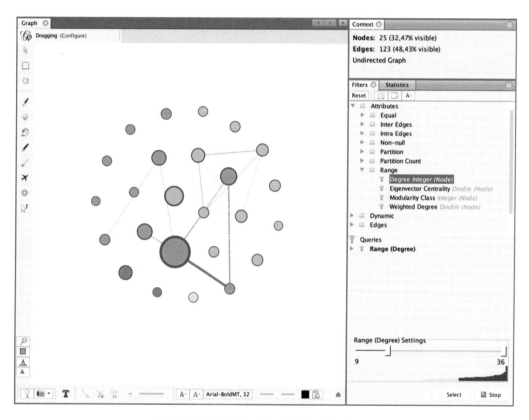

그림 1.13 차수의 범위에 따른 필터링을 거친 그래프 예시

Gephi를 사용하면 더 복잡한 시각화 작업을 할 수 있으며 이 책에서 완전히 다룰 수 없는 기능들도 구현할 수 있다. Gephi에서 사용할 수 있는 모든 기능은 공식 Gephi 가이드(https://gephi.org/users/)를 참고한다.

그래프 속성

앞서 설명했듯이 그래프는 개체 간의 관계를 설명하는 데 사용되는 수학적 모델이다. 그러나 각각의 복잡한 네트워크는 고유한 속성을 갖고 있다. 이러한 속성은 특정 측정 지표로 측정할 수 있으며 이는 그래프의 하나 또는 여러 국소local/대역global 측면을 특성화할 수 있다.

예를 들어 트위터Twitter와 같은 소셜 네트워크의 그래프에서 노드로 표시되는 사용자는 서로 연결된다. 그러나 다른 사람보다 더 많이 연결된 사용자(인플루언서influencer)도 있다. 레딧Reddit 소셜 그래프에서 유사한 특성을 가진 사용자는 커뮤니티로 그룹화되는 경향이 있다.

이미 그래프 자체의 크기를 구성하는 그래프의 노드 및 간선의 수와 같은 그래프의 몇 가지 기본 기능에 대해 알아봤다. 이러한 속성은 네트워크 구조를 잘 설명할 수 있다. 예를 들어 페이스북Facebook 그래프를 생각해 보자. 노드와 간선의 수로 페이스북 그래프를 설명할 수 있다. 이런 숫자는 훨씬 작은 네트워크(예: 사무실의 사회적 구조)를 쉽게 표현할 수 있지만 더 복잡한 그래프(예: 비슷한 노드들이 연결되는 방식)를 표현하기는 힘들다. 이를 위해 네 가지 주요 범주로 그룹화할 수 있는 보다 고급 그래프 파생 측정 지표를 고려할 수 있다.

- **통합 측정 지표**integration metrics: 노드가 서로 상호 연결되는 경향을 측정한다.
- **분리 측정 지표**segregation metrics: 네트워크 내에서 커뮤니티 또는 모듈로 알려진 상호 연결된 노드 그룹의 존재를 정량화한다.
- **중심성 측정 지표**centrality metrics: 네트워크 내부의 개별 노드의 중요성을 평가한다.
- **탄력성 측정 지표**resilience metrics: 네트워크가 장애 또는 기타 불리한 조건에 직면했을 때 운영 성능을 얼마나 유지하고 조정할 수 있는지에 대한 척도로 생각할 수 있다.

이러한 측정 지표는 전체 네트워크의 측정값을 표현할 때 **대역적**global으로 적용할 수 있다. 반면에 **국소 측정 지표**^{local metrics}는 개별 네트워크 요소(노드 또는 간선)의 값을 측정한다. 가중그래프에서는 각 속성은 간선 가중값을 설명할 수도 있고 설명하지 않을 수도 있어 **가중값 적용 여부에 따른 측정 지표**로 이어진다.

다음 절에서는 대역 및 국소 속성을 측정하는 데 가장 일반적으로 사용되는 몇 가지 측정 지표에 대해 설명한다. 헷갈리지 않기 위해 본문에서 다르게 지정하지 않는 한 가중값이 적용되지 않는 대역 측정 지표를 설명한다. 이는 대부분 노드의 가중값이 적용되지 않은 국소 속성을 평균해 얻는다.

통합 측정 지표

이 절에서는 가장 빈번하게 사용되는 측정 지표 중의 하나인 통합 측정 지표에 대해 설명한다.

거리와 경로, 그리고 최단경로

그래프의 **거리**^{distance} 개념은 종종 주어진 근원노드^{source node}에서 목적노드^{target node}에 도달하기 위해 거쳐가야 하는 간선의 수와 관련이 있다.

근원노드 i와 목적노드 j에 대해 생각해 보자. 노드 i와 노드 j를 연결하는 간선의 집합을 **경로**^{path}라고 한다. 복잡한 네트워크를 연구할 때 종종 두 노드 사이의 **최단경로**^{shortest path}를 찾아야 한다. 근원노드 i와 목적노드 j간의 최단경로는 i와 j 사이의 가능한 모든 경로에 대해 간선의 수가 가장 적은 경로다. 네트워크의 **지름**^{diameter}은 가능한 모든 최단경로 중 가장 긴 최단경로에 포함된 간선의 수다.

그림 1.14에서는 Dublin에서 Seoul로 가는 경로는 다양하다. 그러나 빨간 점선으로 표시한 것처럼 가장 짧은 경로가 하나 존재한다.

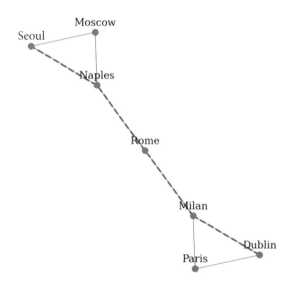

그림 1.14 두 노드 간 최단경로

networkx에서 shortest_path 함수를 사용하면 그래프에서 두 노드 간의 최단경로를 빠르게 계산할 수 있다. 먼저 다음 코드로 networkx를 사용해 노드가 7개 있는 그래프를 만든다.

```
G = nx.Graph()
nodes = {1:'Dublin',2:'Paris',3:'Milan',4:'Rome',5:'Naples',6:'Moscow',
        7:'Seoul'}
G.add_nodes_from(nodes.keys())
G.add_edges_from([(1,2),(1,3),(2,3),(3,4),(4,5),(5,6),(6,7),(7,5)])
```

근원노드(1:'Dublin')와 목적노드(7:'Seoul') 사이의 최단경로는 다음 코드로 구할 수 있다.

```
path = nx.shortest_path(G,source=1,target=7)
```

실행 결과는 다음과 같다.

```
[1, 3, 4, 5, 6]
```

위 결과는 'Dublin'과 'Seoul' 간의 가장 빠른 경로를 나타내는 노드들이다.

특성경로 길이

특성경로 길이characteristic path length는 가능한 모든 노드 쌍 사이의 모든 최단경로 길이의 평균으로 정의한다. l_i가 노드 i와 다른 모든 노드 사이의 평균경로 길이인 경우 특성경로 길이는 다음과 같이 계산한다.

$$\frac{1}{q(q-1)} \sum_{i \in V} l_i$$

위 식에서 V는 그래프 노드의 집합이고, $q = |V|$는 위수다. 이것은 정보가 네트워크를 통해 얼마나 효율적으로 분산되는지 측정하는 가장 일반적인 방법이다. 특성경로 길이가 더 짧은 네트워크는 정보를 빠르게 전송할 수 있어 비용을 절감한다. 특성경로 길이는 networkx에서 다음 함수를 사용해 계산할 수 있다.

```
nx.average_shortest_path_length(G)
```

실행 결과는 다음과 같다.

```
2.1904761904761907
```

그러나 연결이 끊긴 그래프에서는 모든 노드 간의 경로를 계산할 수 없기 때문에 이 측정 지표를 항상 정의할 수는 없다. 이러한 이유로 **네트워크 효율성**network efficiency도 널리 사용된다.

대역효율성 및 국소효율성

대역효율성global efficiency은 모든 노드 쌍에 대한 역최단경로inverse shortest path 길이의 평균이다. 이러한 측정 지표는 네트워크를 통해 정보가 얼마나 효율적으로 교환되는지에 대한 척도로 볼 수 있다. l_{ij}가 노드 i와 노드 j 간의 최단경로라고 가정하면 네트워크 효율성은 다음과 같이 정의한다.

$$\frac{1}{q(q-1)}\sum_{i \in V}\frac{1}{l_{ij}}$$

그래프가 완전히 연결됐을 때 효율성이 최대가 되지만 완전히 연결이 끊어진 그래프에서는 효율성이 최소화된다. 직관적으로 경로가 짧을수록 측정값이 낮아지는 것을 알 수 있다.

노드의 **대역효율성**은 노드의 근방만 고려해 계산할 수 있다. 대역효율성은 다음의 코드와 같이 networkx를 사용해 계산할 수 있다.

```
nx.global_efficiency(G)
```

실행 결과는 다음과 같다.

```
0.611111111111111
```

평균대역효율성은 다음 코드를 사용해 구할 수 있다.

```
nx.local_efficiency(G)
```

실행 결과는 다음과 같다.

```
0.6666666666666667
```

그림 1.15에 그래프의 두 가지 예를 나타냈다. 앞서 설명한 바와 같이 왼쪽의 완전연결그래프fully connected graph는 오른쪽의 원형그래프circular graph에 비해 더 높은 수준의 효율성을 보여 준다. 완전연결그래프에서 각 노드는 그래프의 다른 노드에서 도달할 수 있으며 정보는 네트워크를 통해 빠르게 교환된다. 그러나 원형그래프에서는 목적노드에 도달하기 위해 대신 여러 노드를 통과해야 하므로 효율성이 떨어진다.

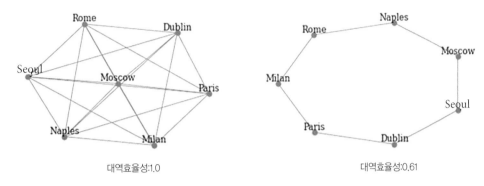

대역효율성:1.0   대역효율성:0.61

그림 1.15 완전연결그래프(왼쪽)과 원형그래프(오른쪽)의 대역효율성 비교

통합 측정 지표는 노드 간의 연결을 잘 설명한다. 그러나 그룹의 존재에 대한 자세한 정보는 분리 측정 지표를 이용해야 한다.

분리 측정 지표

이 절에서는 가장 일반적인 분리 측정 지표에 대해서 설명한다.

군집계수

군집계수clustering coefficient는 얼마나 많은 노드가 함께 군집되는지 측정한다. 군집계수는 노드 주변의 **삼각형**(3개의 노드와 3개의 간선)으로 이뤄진 완전부분그래프complete subgraph의 비fraction로 정의하며, 서로 근방에 삼각형의 개수와 서로 근방neighbors에 있는 3개 노드 근방의 개수의 비와 같다. 대역군집계수는 다음 코드와 같이 networkx 를 사용해 계산할 수 있다.

```
nx.average_clustering(G)
```

실행 결과는 다음과 같다.

```
0.6666666666666667
```

국소군집계수는 다음 코드로 구할 수 있다.

```
nx.clustering(G)
```

실행 결과는 다음과 같다.

```
{1: 1.0,
 2: 1.0,
 3: 0.3333333333333333,
 4: 0,
 5: 0.3333333333333333,
 6: 1.0,
 7: 1.0}
```

실행 결과는 각 노드^{key}에 대해 해당 값^{value}을 포함한 파이썬 딕셔너리다. 그림 1.16 그래프에서 두 노드 군집^{cluster}을 쉽게 식별할 수 있다. 각 단일노드^{single node}에 대한 군집계수를 계산하면 Rome이 가장 낮은 값을 갖는 것을 관찰할 수 있다. Seoul과 Moscow, Paris와 Dublin은 대신 각각의 그룹 내에서 매우 잘 연결돼 있다(각 노드의 크기는 각 노드의 군집계수에 비례한다).

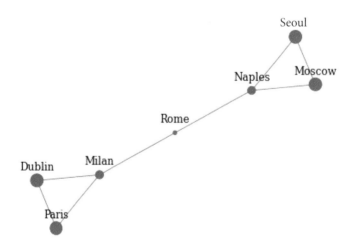

그림 1.16 국소군집계수 표현

전이성

군집계수의 일반적인 변형은 **전이성**^{transitivity}이다. 전이성은 관찰된 **닫힌 세 짝**^{closed} ^{triplet}의 개수(3개의 노드와 2개의 간선으로 구성된 완전부분그래프)와 그래프에서 가능한 닫힌 세 짝의 최대값의 비로 간단히 정의할 수 있다. 전이성은 다음 코드와 같이 networkx를 사용해 계산할 수 있다.

```
nx.transitivity(G)
```

실행 결과는 다음과 같다.

```
0.5454545454545454
```

모듈성

모듈성^{modularity}은 일반적으로 **모듈**^{module}이나 **커뮤니티**^{community}, **그룹**^{group} 또는 **군집**^{cluster}으로 알려진 것처럼 서로 연결된 노드 집합의 네트워크 분할을 집계^{aggregate}하도록 설계됐다. 주된 아이디어는 높은 모듈성을 가진 네트워크는 모듈 내에서 밀집된 연결을 보여 주고 모듈 간의 연결이 희박하게 나타나리라는 것이다.

레딧과 같은 소셜 네트워크를 생각해 보자. 비디오 게임과 관련된 커뮤니티의 구성원은 최근 뉴스나 좋아하는 콘솔 게임 등에 대해 이야기하면서 같은 커뮤니티의 다른 사용자와 훨씬 더 많이 상호 작용하는 경향이 있다. 그러나 이들은 아마도 패션에 대해 이야기하는 사용자와는 상대적으로 덜 상호 작용할 것이다. 다른 많은 그래프 측정 지표와 달리 모듈성은 보통 최적화 알고리듬을 사용해 계산한다.

모듈성은 network.algorithms.community 모듈의 모듈화 함수를 사용해 계산할 수 있다.

```
import networkx.algorithms.community as nx_comm
nx_comm.modularity(G, communities=[{1,2,3}, {4,5,6,7}])
```

여기서 두 번째 인수인 communities는 각 그래프의 분할^{partition}을 나타내는 집합의 리스트다. 실행 결과는 다음과 같다.

```
0.3671875
```

분리 측정 지표는 그룹의 존재를 이해하는 데 도움이 된다. 그러나 그래프의 각 노드에는 고유한 중요성^{importance}이 있다. 이를 정량화하고자 중심성 측정 지표를 사용한다.

중심성 측정 지표

이 절에서는 가장 일반적인 중심성 측정 지표에 대해 설명한다.

연결 중심성

가장 일반적이고 간단한 중심성 측정 지표 중 하나는 **연결 중심성**^{degree centrality} 측정 지표다. 이는 노드의 차수와 특정 노드 i의 입사간선^{incident edge}의 개수와 직접적으로 연관돼 있다.

직관적으로 노드가 다른 노드에 더 많이 연결될수록 해당 노드의 연결 중심성은 더 높은 값을 가진다는 걸 알 수 있다. 그래프가 유향그래프라면 들어오는 간선과 나가는 간선의 수와 관련해 각 노드에 대한 내차중심성과 외차중심성을 고려해야 한다. 연결 중심성은 다음 코드와 같이 networkx를 사용해 계산할 수 있다.

```
nx.degree_centrality(G)
```

실행 결과는 다음과 같다.

```
{1: 0.3333333333333333,
 2: 0.3333333333333333,
 3: 0.5,
 4: 0.3333333333333333,
```

```
5: 0.5,
6: 0.3333333333333333,
7: 0.3333333333333333}
```

근접 중심성

근접 중심성closeness centrality 측정 지표는 노드가 다른 노드와 얼마나 가까운지(잘 연결돼 있는지)를 정량화한다. 이는 네트워크의 다른 모든 노드까지의 평균거리를 나타낸다. l_{ij}가 노드 i와 노드 j 간의 최단경로인 경우 근접 중심성은 다음과 같이 정의한다.

$$\frac{1}{\sum_{i \in V, i!=j} l_{ij}}$$

위 식에서 V는 그래프에 있는 노드의 집합을 의미하며, 다음 코드와 같이 networkx를 사용해 근접 중심성을 계산할 수 있다

```
nx.closeness_centrality(G)
```

실행 결과는 다음과 같다.

```
{1: 0.4,
 2: 0.4,
 3: 0.5454545454545454,
 4: 0.6,
 5: 0.5454545454545454,
 6: 0.4,
 7: 0.4}
```

매개 중심성

매개 중심성betweenness centrality 측정 지표는 노드가 다른 노드 간의 **다리** 역할을 하는 정도를 평가한다. 연결 상태가 좋지 않더라도 노드를 전략적으로 연결할 수 있으므로 전체 네트워크를 연결 상태로 유지하는 데 도움이 된다.

L_{wj}가 노드 w와 노드 j 사이의 총 최단경로 수이고, $L_{wj}(i)$가 노드 i를 통과하는 w와 j 간의 총 최단경로 수일 때 매개 중심성은 다음과 같이 정의한다.

$$\sum_{w \,!=i\,!=j} \frac{L_{wj}(i)}{L_{wj}}$$

위 식을 살펴보면 노드 i를 통과하는 최단경로의 수가 많을수록 매개 중심성의 값이 커진다는 것을 알 수 있다. 매개 중심성은 다음 코드와 같이 networkx를 사용해 근접 중심성을 계산할 수 있다.

```
nx.betweenness_centrality(G)
```

실행 결과는 다음과 같다.

```
{1: 0.0,
 2: 0.0,
 3: 0.5333333333333333,
 4: 0.6,
 5: 0.5333333333333333,
 6: 0.0,
 7: 0.0}
```

그림 1.17에서는 연결 중심성, 근접 중심성, 매개 중심성 간의 차이를 보여 준다. Milan과 Naples는 가장 높은 수준의 연결 중심성을 갖고 있다. Rome은 다른 어떤 노드와도 가장 가깝기 때문에 가장 높은 근접 중심성을 보인다. 또한 2개의 가시적 군집을 연결하고 전체 네트워크를 연결된 상태로 유지하는 데 중요한 역할을 하기 때문에 가장 높은 매개 중심성을 보여 준다.

다음 그림에서 각각의 차이점을 확인할 수 있다.

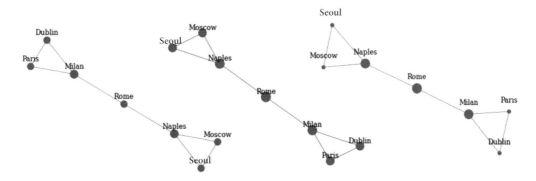

그림 1.17 연결 중심성(왼쪽), 근접 중심성(가운데), 매개 중심성(오른쪽)

중심성 측정 지표를 통해 네트워크에서 노드의 중요성을 측정할 수 있다. 마지막으로 그래프의 취약성을 측정할 수 있는 탄력성 측정 지표에 대해 알아보겠다.

탄력성 측정 지표

네트워크의 복원력을 측정하는 몇 가지 측정 지표가 있다. 동류성은 가장 많이 사용되는 계량 가운데 하나다.

동류성 계수

동류성assortativity은 노드가 비슷한 노드에 연결되는 경향을 정량화하는 데 사용된다. 이런 상관관계를 측정하는 몇 가지 방법이 있다. 가장 일반적으로 사용되는 방법은 직접 연결된 노드(연결의 반대쪽 끝에 있는 노드) 차수 간의 **피어슨 상관계수**Pearson correalation coefficient를 사용하는 것이다. 계수는 비슷한 차수를 갖는 노드 사이에 상관관계가 있을 때 양의 값을 가정하고, 다른 차수의 노드 사이에 상관관계가 있는 경우 음의 값을 가정한다. 피어슨 상관계수를 사용한 동류성은 아래의 코드와 같이 networkx를 사용해 근접 중심성을 계산할 수 있다.

```
nx.degree_pearson_correlation_coefficient(G)
```

실행 결과는 다음과 같다.

```
-0.6
```

소셜 네트워크 대부분은 동류성을 가진다. 그러나 유명 가수나 축구 선수, 패션 블로거와 같은 인플루언서는 다른 여러 사용자가 팔로우(입력간선incoming edge)하는 경향이 있으며, 서로 연결되고 비동류적인 행동disassortative behavior을 보이는 경향이 있다.

지금까지 배운 그래프를 설명하는 데 사용되는 측정 지표들이 전부는 아니다. 다음 URL(https://networkx.org/documentation/stable/reference/algorithms/)을 통해 더 많은 측정 지표와 알고리듬을 확인할 수 있다.

벤치마크 및 저장소

그래프와 네트워크 분석의 기본 개념과 개념을 이해했으므로 이제 지금까지 배운 일반적인 개념을 실행하는 데 도움이 되는 몇 가지 실용적인 예를 살펴보자. 이 절에서는 네트워크 알고리듬의 벤치마크 성능과 효율성뿐만 아니라 네트워크의 속성을 연구하는 데 사용되는 몇 가지 예와 연습 문제를 소개한다. 또한 네트워크 데이터셋을 찾고 다운로드할 수 있는 저장소 링크와 이를 구문 분석하고 처리하는 방법에 대한 몇 가지 팁을 제공한다.

간단한 그래프의 예

먼저 간단한 네트워크의 몇 가지 예를 살펴보는 것으로 시작한다. 다행스럽게도 networkx에는 이미 많은 그래프가 구현돼 바로 사용할 수 있다. 다음과 같이 **완전연결 무향그래프**를 만드는 것으로 시작한다.

```
complete = nx.complete_graph(n=7)
```

이 그래프는 $\frac{n \cdot (n-1)}{2} = 21$개의 간선과 군집계수 $C = 1$을 갖는다. 완전연결그래프 자체는 그다지 흥미롭지 않지만 더 큰 그래프를 구성하는 기본 구성 요소building block로 생각할 수 있다. 더 큰 그래프에서 n개의 노드로 구성된 완전연결부분그래프는 일반적으로 크기가 n인 **클리크**clique라고 한다.

정의

무향그래프에서 **클리크** C는 무향그래프 노드의 부분집합($C \subseteq V$)으로 부분집합의 서로 다른 두 노드는 인접한다. 이는 C에 의해 유도된 G의 유도부분그래프induced subgraph가 완전연결그래프라는 조건과 동치다.

클리크는 그래프 이론의 기본 개념 중 하나로 관계를 인코딩해야 하는 수학적 문제에서도 자주 사용된다. 또한 더 복잡한 그래프를 구성할 때 가장 단순한 단위를 나타내기도 한다. 반면에 더 큰 그래프에서 주어진 n개 크기의 클리크를 찾는 작업clique problem은 컴퓨터 공학에서 자주 연구되는 **비결정적 다항시간 완전**NP-complete, Nondeterministic Polynomial-time complete 문제로 밝혀졌다.

networkx 그래프의 몇 가지 간단한 예는 그림 1.18과 같다.

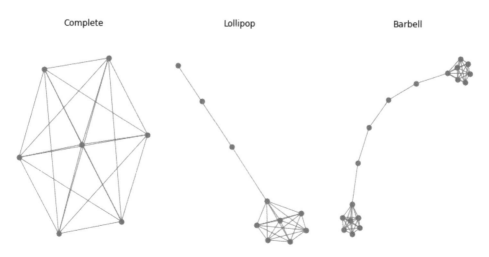

그림 1.18 networkx로 만든 간단한 그래프 예: 완전연결그래프(왼쪽), 롤리팝그래프(가운데), 바벨그래프(오른쪽)

networkx로 쉽게 만들 수 있는 클리크를 포함하는 2개의 다른 간단한 예와 함께 완전 그래프를 그림 1.18에 나타냈으며 그림에 대한 설명은 다음과 같다.

- **롤리팝그래프**lollipop graph는 크기가 n인 클리크와 m개 노드의 가지branch가 있는 그래프로 이를 생성하는 코드는 다음과 같다.

  ```
  lollipop = nx.lollipop_graph(m=7, n=3)
  ```

- **바벨그래프**barbell graph는 크기가 $m1$과 $m2$인 2개의 클리크가 노드 가지로 연결된 그래프로, 일부 대역 및 국소 속성을 특성화하고자 앞에서 사용했던 샘플 그래프와 유사하다. 이를 생성하는 코드는 다음과 같다.

  ```
  barbell = nx.barbell_graph(m1=7, m2=4)
  ```

이렇게 간단한 그래프는 서로 결합해 더 복잡한 네트워크를 생성하는 데 사용할 수 있는 기본 구성 요소가 된다. 부분그래프를 병합merge하는 것은 networkx에서 다음 코드와 같이 몇 줄만으로 매우 쉽게 수행할 수 있다. 3개의 그래프를 단일 그래프로 병합하는 코드는 다음과 같으며, 이때 임의의 간선이 세 그래프를 연결한다.

```
def get_random_node(graph):
    return np.random.choice(graph.nodes)
allGraphs = nx.compose_all([complete, barbell, lollipop])
allGraphs.add_edge(get_random_node(lollipop), get_random_node(lollipop))
allGraphs.add_edge(get_random_node(complete), get_random_node(barbell))
```

(병합하고 작업할 수 있는) 다른 매우 간단한 그래프는 다음 URL(https://networkx.org/documentation/stable/reference/generators.html#module-1.18networkx.generators.classic)에서 확인할 수 있다.

그래프 생성 모델

간단한 부분그래프를 만들어 병합하면 복잡성이 높은 새로운 그래프를 만들 수 있지만 네트워크 스스로 성장하는 **확률 모델**probabilistic model과 **생성 모델**generative model로도 만들 수 있다. 이런 그래프는 일반적으로 실제 네트워크와 흥미로운 속성을 공유하며, 특히 사용할 수 있는 데이터 양이 오늘날만큼 압도적이지 않은 시기에 벤치마크 및 합성그래프synthetic graph를 생성하는 데 오랫동안 사용됐다. 여기서는 무작위로 생성된 그래프의 몇 가지 예를 소개하고 그 기반이 되는 모델을 간략하게 설명한다.

와츠-스트로가츠 모델(1998)

와츠Watts와 스트로가츠Strogatz는 이 모델을 사용해 **좁은 세상 네트워크**small-world network, 즉 일반적인 소셜 네트워크와 어느 정도 유사한 네트워크의 행동을 연구했다. 그래프는 먼저 환ring에서 n개의 노드를 이동하고 각 노드를 k개의 근방과 연결해 만들어진다. 그런 다음 이 그래프의 각 간선은 무작위로 선택된 노드로 다시 연결될rewired 확률 p를 갖는다. p의 범위에 따라 와츠-스트로가츠 모델은 일반 네트워크($p = 0$)에서 완전한 무작위 네트워크($p = 1$)까지 확장된다. 이 범위 안에 있는 그래프는 좁은 세상의 특징을 나타낸다. 즉 이 범위 안에 있는 그래프는 이 모델을 소셜 네트워크 그래프에 더 가깝게 만드는 경향이 있다. 이러한 종류의 그래프는 다음 코드처럼 쉽게 만들 수 있다.

```
graph = nx.watts_strogatz_graph(n=20, k=5, p=0.2)
```

바라바시-알베르트 모델(1999)

알베르트Albert와 바라바시Barabási가 제안한 모델은 더 많은 근방이 있는 노드를 선호하는 **우선 연결 스키마**preferential attachment schema를 사용해 범위를 한정할 수 없는 또는 척도불변scale-free 임의 네트워크를 생성하는 모델로 점진적으로 새로운 노드를 추가한 다음, 해당 노드를 기존 노드에 연결해 네트워크를 만든다. 수학적으로 이 모델의 기본 아이디어는 새로운 노드가 기존 노드 i에 연결될 확률은 다음 공식에 따라 i번째 노드의 차수에 따라 달라진다는 것이다.

$$p_i = \frac{k_i}{\sum k_j}$$

따라서 많은 개수의 간선이 있는 노드(허브hub)는 훨씬 더 많은 간선을 갖는 경향이 있는 반면 연결이 적은 노드(둘레periphery)는 다른 연결을 만들지 않는다. 이 모델에 따라 생성된 네트워크는 노드 간의 연결(차수)에 대한 **멱법칙 분포**power-law distribution를 따른다. 이러한 행동은 실제 네트워크(예: World Wide WebWWW과 행위자 협업actor collaboration 네트워크)에서도 찾아볼 수 있으며, 흥미롭게도 여기서 고유한 노드의 속성보다 노드의 인기도(이미 갖고 있는 간선의 수)가 새 연결 생성에 영향을 준다는 것을 보여 준다. 초기 모델이 생성된 다음 확장돼 새 간선을 우선적으로 붙이거나 기존 간선을 다시 연결할 수도 있다.

바르바시-알베르트 모델은 그림 1.19와 같다.

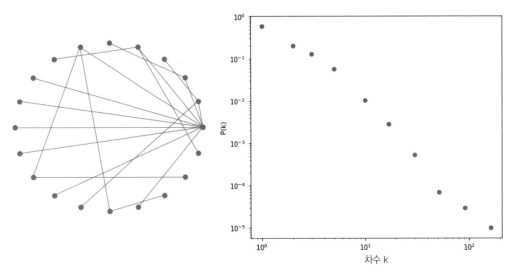

그림 1.19 $n = 100,000$개 노드 연결의 20개의 노드(오른쪽) 분포를 가진 바르바시-알베르트 모델(왼쪽)은 척도불변 멱법칙 분포를 따른다.

그림 1.19는 작은 네트워크에 대한 바라바시-알베르트 모델의 예다. 그림 1.19 왼쪽에서 허브의 출현과 척도불변 멱법칙 행동scale-free power-law behavior을 보여 주는 노

드 차수의 확률분포를 관찰할 수 있다. 다음 코드와 같이 networkx를 사용해 이 모델을 구현할 수 있다.

```
ba_model = nx.extended_barabasi_albert_graph(n,m=1,p=0,q=0)
degree = dict(nx.degree(ba_model)).values()
bins = np.round(np.logspace(np.log10(min(degree)),
np.log10(max(degree)), 10))
cnt = Counter(np.digitize(np.array(list(degree)), bins))
```

벤치마크

디지털화는 우리의 삶을 근본적으로 변화시켰다. 오늘날 모든 활동이나 사람 또는 프로세스는 데이터를 생성하고 데이터 기반 의사결정을 촉진하는 데 시험, 분석, 사용할 엄청난 양의 정보를 제공한다. 수십 년 전에는 새로운 알고리듬을 개발하거나 테스트하는 데 사용할 데이터셋을 찾기가 어려웠다. 그러나 오늘날에는 상당히 큰 차원의 데이터셋을 다운로드하고 분석할 수 있도록 데이터셋을 제공하는 저장소가 많다. 데이터셋을 공유할 수 있는 이러한 저장소는 알고리듬을 적용하고 검증하고 서로 비교할 수 있는 벤치마크도 제공한다.

이 절에서는 다양한 크기의 데이터셋을 가져와 분석하고 활용하는 데 필요한 모든 도구를 제공하고자 네트워크 이론에서 사용되는 주요 저장소와 파일 형식을 알아본다.

이러한 저장소에서는 소셜 네트워크와 생화학, 동적 네트워크, 문서, 공동 작성 및 인용 네트워크, 금융 거래에서 발생하는 네트워크와 같이 네트워크 이론의 공통 영역에서 가져온 네트워크 데이터셋을 찾을 수 있다. 3장에서는 가장 일반적인 유형의 네트워크(소셜 네트워크와 말뭉치 문서를 처리할 때 발생하는 그래프 및 금융 네트워크)를 설명하고, 2장에서 설명하는 기술과 알고리듬을 적용해 더 자세히 분석한다.

networkx는 다음 URL(https://networkx.org/documentation/stable/reference/generators.html#module-networkx.generators.social)에서 확인할 수 있는 알고리듬과 기본 측도measure를 설명하는 데 일반적으로 사용되는 몇 가지 기본(및 매우 작은) 네트워크를 제공한다.

그러나 이러한 데이터셋은 일반적으로 매우 작다. 더 큰 데이터셋의 경우 앞으로 소개할 저장소를 참조한다.

네트워크 데이터 저장소

네트워크 데이터 저장소 Network Data Repository(http://networkrepository.com/)는 수천 개의 서로 다른 네트워크가 있는 가장 큰 네트워크 데이터 저장소 중 하나다. 여기에는 전세계의 사용자와 최고 수준의 학술 기관이 기부한 네트워크가 있다. 무료로 사용할 수 있는 네트워크 데이터셋을 이곳에서 찾을 수 있다. 데이터셋은 생물학, 경제학, 인용, 소셜 네트워크 데이터, 산업 응용(에너지, 도로) 등을 포함해 약 30개 영역으로 분류돼 있다. 웹사이트는 데이터 제공 외에도 데이터셋의 대화형 시각화, 탐색, 비교를 위한 도구를 제공하므로 내용을 확인해 보면 많은 도움이 된다.

네트워크 데이터 저장소의 데이터는 일반적으로 **MTX**Matrix Market Exchange Format 파일 형식으로 제공된다. MTX 파일 형식은 기본적으로 읽을 수 있는 **ASCII**American Standard Code for Information Interchange 형식의 텍스트 파일을 통해 실수나 복소수 행렬, 또는 희소 행렬을 지정하기 위한 파일 형식이다. 자세한 내용은 다음 URL(http://math.nist.gov/MatrixMarket/formats.html#MMformat)에서 확인할 수 있다.

MTX 형식의 파일은 **scipy**를 사용해 파이썬에서 쉽게 읽을 수 있다. 네트워크 데이터 저장소에서 다운로드한 일부 파일이 약간 손상된 것으로 보이며 10.15.2 OSX 시스템에서 약간의 수정이 필요했다. 이를 수정하려면 파일의 헤더가 형식 사양format specification을 준수하는지 확인해야 한다. 헤더에는 다음과 같이 줄 시작 부분에 **%** 2개가 공백 없이 위치한다.

```
%%MatrixMarket matrix coordinate pattern symmetric
```

행렬은 좌표 형식이어야 한다. 이 경우는 (pattern(패턴) 및 symmetric(대칭)으로 이해할 수 있는) 가중값이 없는 무향그래프를 가리킨다. 일부 파일에는 첫 번째 헤더 행 뒤에 주석이 있으며 이때 앞에는 **%**가 1개 위치한다.

예를 들어 ASTRO-PH(Astro Physics) 협업 네트워크를 살펴보자. 그래프는 1993년 1월부터 2003년 4월까지 천체 물리학 범주에 게시된 e-print arXiv 저장소에서 확인할 수 있는 모든 과학 논문을 사용해 생성됐다. 네트워크는 논문을 공동 저술한 모든 저자를 (무향간선으로) 연결해 구축했으므로 주어진 논문의 모든 저자를 포함하는 클리크가 생성된다. 그래프를 생성하는 코드는 다음과 같다.

```
from scipy.io import mmread
adj_matrix = mmread("ca-AstroPh.mtx")
graph = nx.from_scipy_sparse_matrix(adj_matrix)
```

데이터셋에는 19만 6,072개의 간선으로 연결된 1만 7,903개의 노드가 있다. 너무 많은 노드를 시각화하는 것은 쉽지 않으므로 시각화하더라도 너무 많은 정보로 인해 기본 구조를 이해하는 것이 쉽지 않아 그다지 유익하지 않을 수 있다. 그러나 다음과 같이 특정 부분그래프를 보면 몇 가지 통찰력을 얻을 수 있다.

먼저 앞에서 설명한 몇 가지 기본 속성을 계산해 나중에 사용하거나 정렬 및 분석할 수 있도록 판다스pandas의 DataFrame에 넣을 수 있다. 이를 수행하는 코드는 다음과 같다.

```
stats = pd.DataFrame({
    "centrality": nx.centrality.betweenness_centrality(graph),
    "C_i": nx.clustering(graph),
    "degree": nx.degree(graph)
})
```

다음 코드에서 볼 수 있듯이 가장 큰 연결 중심성을 가진 노드가 ID 6933이고 503개의 근방으로 천체 물리학에서 매우 인기 있고 중요한 과학자라는 것을 쉽게 알 수 있다.

```
neighbors = [n for n in nx.neighbors(graph, 6933)]
```

물론 이 네트워크의 **에고 네트워크**ego network(모든 근방을 가진 노드)를 그리는 것은 여전히 다소 지저분할 것이다. 그릴 수 있는 일부 부분그래프를 만드는 한 가지 방법은 근방을 임의(무작위로 정렬된 인덱스로 정렬)로 선택하거나 가장 중심성이 높은 근방을 선택하거나 또는 가장 큰 C_i 값을 가진 근방을 선택하는 것과 같이 세 가지 다른 방법으로 (예를 들어 0.1 비율로) 표본추출하는 것이다. 에고 네트워크는 다음 코드로 구현할 수 있다.

```
nTop = round(len(neighbors)*sampling)
idx = {
    "random": stats.loc[neighbors].sort_index().index[:nTop],
    "centrality": stats.loc[neighbors]\
        .sort_values("centrality", ascending=False).index[:nTop],
    "C_i": stats.loc[neighbors]\
        .sort_values("C_i", ascending=False).index[:nTop]
}
```

그리고 나서 다음 코드와 같이 특정 인덱스와 관련된 노드만 포함하는 부분그래프를 추출하고 그리는 간단한 함수를 정의할 수 있다.

```
def plotSubgraph(graph, indices, center = 6933):
    draw_graph(
        nx.subgraph(graph, list(indices) + [center]),
        layout = nx.kamada_kawai_layout
    )
```

이 함수를 사용해 이전에 제시한 무작위 샘플링, 중심성, 군집계수를 기반으로 세 가지 다른 기준을 사용해 에고 네트워크를 필터링해 얻은 다른 부분그래프를 그릴 수 있다. 다음은 그 예시다.

```
plotSubgraph(graph, idx["random"])
```

그림 1.20에 random 네트워크를 centrality와 C_i로 키 값을 변경해 얻은 결과를 비교했다. 임의random 표현은 분리된 커뮤니티가 있는 새로운 구조를 보여 주는 것 같다. 중심에 노드를 가진 그래프는 거의 완전히 연결된 네트워크를 명확하게 보여 준다. 이 네트워크는 모든 전임 교수와 천체 물리학 과학의 영향력 있는 인물들이 여러 주제에 대해 논문을 작성하며 서로 자주 협업한다. 마지막 표현은 다른 한편으로 더 높은 군집계수를 가진 노드를 선택해 특정 주제와 연결된 일부 특정 커뮤니티

를 강조해 표시한다. 이러한 노드는 중심성이 크지 않을 수 있지만 특정 주제를 잘 보여 준다.

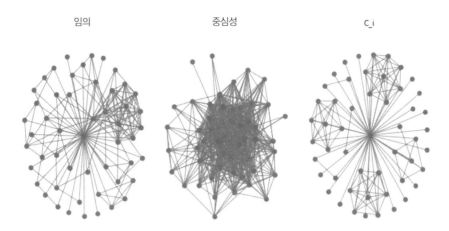

임의   중심성 c_i

그림 1.20 ASTRO-PH 데이터셋에서 차수가 가장 큰 노드에 대한 에고 부분그래프의 예. 근방은 0.1의 비율로 표본추출했다. 임의 표본추출(왼쪽), 가장 큰 매개 중심성을 갖는 노드(가운데), 군집계수가 가장 큰 꼭지점(오른쪽)

networkx에서 위 그림을 시각화하는 또 다른 옵션은 그래프의 빠른 필터링 및 시각화를 제공하는 Gephi 소프트웨어를 사용하는 것이다. Gephi를 사용하려면 먼저 다음과 같이 데이터를 Gephi에서 사용할 수 있는 파일 형식(GEXF, Graph Exchange XML Format)으로 내보내야 한다.

```
nx.write_gext(graph, "ca-AstroPh.gext")
```

(중심성 또는 차수에 따른) 필터를 거의 사용하지 않고 약간의 계산(모듈성)을 사용해 데이터를 Gephi로 가져오면 그림 1.21에 표시된 것처럼 멋진 그림을 쉽게 만들 수 있다. 여기서 노드는 클러스터를 강조하고자 모듈성을 사용해 색상이 지정된다. 또한 색을 통해 서로 다른 커뮤니티를 연결하고 그에 따라 큰 연결성을 갖는 노드를 쉽게 찾을 수 있다.

네트워크 데이터 저장소의 일부 데이터셋은 **EDGE 파일 형식**(예: 인용 네트워크)으로도 사용할 수 있다. EDGE 파일 형식은 동일한 정보를 나타내지만 MTX 파일 형식과 약간 다르다. EDGE 파일을 networkx로 가져오는 가장 쉬운 방법은 단순히 헤더를 다시 만들어 파일을 변환하는 것이다. 예를 들어 **디지털 참고 문헌 및 도서관**DBLP, Digital Bibliography and Library 인용 네트워크를 살펴보자.

샘플 그림은 그림 1.21과 같다.

그림 1.21 Gephi를 사용한 시각화 ASTRO-PH 데이터셋의 예. 노드는 연결 중심성에 따라 필터링되고 모듈화 클래스에 따라 색상이 지정된다. 노드 크기는 차수 값에 비례한다.

다음은 파일 헤더에 대한 코드다.

```
% asym unweighted
% 49743 12591 12591
```

위 코드를 다음과 같이 수정해 MTX 파일 형식을 준수하도록 쉽게 변환할 수 있다.

```
%%MatrixMarket matrix coordinate pattern general
12591 12591 49743
```

위와 같이 수정하면 앞에서 설명한 가져오기 기능을 사용할 수 있다.

스탠퍼드 대규모 네트워크 데이터셋 컬렉션

네트워크 데이터셋의 또 다른 귀중한 출처는 SNAP^{Stanford Network Analysis Platform} 웹사이트(https://snap.stanford.edu/index.html)로 수억 개의 노드와 수십억 개의 간선이 있는 상당히 큰 그래프를 처리하고자 작성된 범용 네트워크 분석 라이브러리다. 최고의 계산 성능을 달성하고자 C++로 작성됐지만 기본 파이썬 응용 프로그램에서 사용할 수 있도록 파이썬 인터페이스도 제공한다.

현재 networkx가 주요 라이브러리이지만 SNAP 또는 (뒤에서 자세히 설명할) 다른 라이브러리는 networkx보다 훨씬 더 빠를 수 있으며 더 높은 성능이 필요한 작업을 해야 할 경우 networkx 대신 사용할 수 있다. SNAP 웹사이트(https://snap.stanford.edu/data/index.html)에서 일반적인 네트워크 외에 Biomedical Network Datasets(https://snap.stanford.edu/biodata/index.html)에 대한 특정 웹 페이지를 찾을 수 있다. 여기에는 앞서 설명한 네트워크 데이터 저장소^{Network Data Repository}에 있는 유사한 도메인 및 데이터셋을 포함한다.

데이터는 일반적으로 간선 리스트가 포함된 **텍스트 파일 형식**으로 제공된다. 다음 코드와 같이 networkx를 사용해 해당 파일을 읽을 수 있다.

```
g = nx.read_edgelist("amazon0302.txt")
```

일부 그래프에는 간선 이외의 추가 정보가 있을 수 있다. 추가 정보는 데이터셋의 아카이브에 별도의 파일로 저장된다. 예를 들어 노드의 일부 메타데이터가 제공되고 메타데이터는 id 노드를 통해 그래프와 연관된다.

그래프는 파이썬에서 SNAP 라이브러리와 해당 인터페이스를 사용해 직접 읽을 수도 있다. 로컬 컴퓨터에 SNAP이 설치된 경우 다음과 같이 데이터를 쉽게 읽을 수 있다.

```
from snap import LoadEdgeList, PNGraph
graph = LoadEdgeList(PNGraph, "amazon0302.txt", 0, 1, '\t')
```

위의 코드를 실행하면 SNAP 라이브러리의 PNGraph 객체의 인스턴스를 갖게 되며 이 객체에서 networkx 기능을 직접 사용할 수 없다. 일부 networkx 기능을 사용하려면 먼저 PNGraph 객체를 networkx 객체로 변환해야 한다. 이 과정을 더 간단히 하도록 이 책의 보충 자료(https://github.com/PacktPublishing/Graph-Machine-Learning)에서 networkx와 PNGraph를 원활하게 전환할 수 있는 몇 가지 함수를 작성했다.

```
networkx_graph = snap2networkx(snap_graph)
snap_graph = networkx2snap(networkx_graph)
```

오픈 그래프 벤치마크

오픈 그래프 벤치마크OGB, Open Graph Benchmark는 그래프 벤치마크 환경에서 가장 최근 업데이트(2020년 5월)됐으며, 이 저장소는 향후 몇 년 동안 점점 더 중요해지고 많은 지원을 받을 것으로 예상된다. 오픈 그래프 벤치마크는 다음과 같은 특정 문제를 해결하고자 만들어졌다. 현재 벤치마크는 실제 응용 프로그램에 비해 너무 작아서 **머신러닝**ML, Machine Learning 발전에 유용하지 않다. 한편으로 작은 데이터셋에서 개발된 모델 중 일부는 큰 데이터셋으로 확장할 수 없는 것으로 판명돼 실제 응용 프로그램에 적합하지 않다는 것이 입증됐다. 반면에 대용량 데이터셋을 사용하면 머신러닝 작업에 사용되는 모델의 용량(계산 복잡도)을 늘리고, 큰 샘플 크기에서 효율적으로 학습할 수 있는 이점을 갖고 높은 성능을 보여 주는 새로운 알고리듬 솔루션(예: 신경망)을 연구할 수 있다. 데이터셋은 다양한 도메인에서 세 가지 다른 데이터셋 크기(소, 중, 대)로 순위가 매겨져 있다. 작은 크기의 그래프는 이름과 다르게 이미 10만 개 이상의 노드 및/또는 100만 개 이상의 간선을 갖고 있다. 반면에 대형 그래프에는 1억 개 이상의 노드와 10억 개 이상의 간선이 있는 네트워크가 있어 확장 가능한 모델 개발이 용이하다.

데이터셋 외에도 OGB는 데이터 로드, 실험 설정, 모델 평가를 표준화하는 머신러닝 파이프라인을 캐글Kaggle 방식으로 제공한다. OGB는 노드, 간선, 그래프 속성 예측과 같은 특정 작업에 대한 성능 발전과 이를 추적할 수 있는 리더보드leaderboard를 게시해 모델을 비교 및 평가하는 플랫폼을 제공한다. 데이터셋과 OGB 프로젝트에 대한 자세한 내용은 다음 URL(https://arxiv.org/pdf/2005.00687.pdf)을 참고한다.

큰 그래프 다루기

사용 사례나 분석에 접근할 때 데이터셋의 차원이 우리가 사용하는 기술과 분석 모두에 매우 큰 영향을 미칠 수 있기 때문에 우리가 사용하는 데이터가 실제 현실에서 얼마나 큰지 이해하는 것이 매우 중요하다. 이미 언급했듯이 작은 데이터셋에서 개발된 일부 접근 방식은 실제 응용 프로그램 및 더 큰 데이터셋으로 확장되지 않아 실제로 쓸모가 없다.

그래프를 다룰 때 우리가 사용하는 도구, 기술, 알고리듬의 잠재적인 병목 현상과 한계를 이해하고 노드가나 간선의 개수를 늘릴 때 응용 프로그램/분석의 어느 부분이 확장되지 않을 수 있는지 평가하는 것이 중요하다. 훨씬 더 중요한 것은 간단하거나 초기 **개념 증명**POC, Proof Of Concept 단계에서 데이터 기반 응용 프로그램을 구성하는 것이 중요하다. 이는 데이터/사용자가 증가할 때 응용 프로그램 전체를 다시 작성하지 않고 확장할 수 있는 방식이다.

그래픽 표현/모델링에 의존하는 데이터 기반 응용 프로그램을 만드는 것은 단순히 networkx를 가져오는 것보다 훨씬 더 복잡한 설계와 구현이 필요한 어려운 작업이다. 특히 **그래프 처리 엔진**graph processing engine이라는 그래프를 처리하는 구성 요소를 그래프 쿼리 및 탐색을 허용하는 구성 요소인 **그래프 저장 계층**graph storage layer과 분리하는 것이 유용하다. 이러한 개념에 대해서는 9장에서 더 자세히 설명한다. 그렇지만 머신러닝 및 분석 기술에 대한 책의 초점을 고려할 때 그래프 저장 계층보다 그래프 처리 엔진에 더 초점을 맞추도록 한다. 따라서 응용 프로그램을 확장할 때 중요한 큰 그래프를 처리하고자 그래프 처리 엔진에 사용되는 일부 기술을 설명한다.

이와 관련해 그래프가 공유 메모리 시스템에 적합한지 또는 처리 및 분석을 위해 분산 아키텍처가 필요한지 여부에 따라 그래프 처리 엔진을 (사용할 도구/라이브러리/알고리듬에 영향을 미치는) 두 가시 범주로 분류히는 것이 중요하다.

크고 작은 그래프에 대한 절대적인 정의는 없지만 이는 선택한 아키텍처에 따라 다르다. 오늘날 인프라의 수직적 확장 덕분에 **1테라바이트**TB, TeraByte보다 큰 **RAM**Random-Access Memory과 멀티스레딩을 위한 수만 개의 **중앙 처리 장치**CPU, Central Processing Unit가 있는 서버(일반적으로 팻 노드[fat node]라고 함)을 찾을 수 있다. 이러한 인프라가 경제적으로 실행 가능하지 않을 수 있지만 대부분의 클라우드에서 제공하고 있다. 이렇게 극단적인 아키텍처로 확장하지 않아도 수백만 개의 노드와 수천만 개의 간선이 있는 그래프는 100기가바이트[GB, Gigabyte] RAM 및 50 CPU가 있는 단일 서버에서 쉽게 처리할 수 있다.

networkx는 매우 인기 있고 사용자 친화적이며 직관적인 라이브러리이지만 큰 그래프로 확장할 때는 적합한 선택이 아닐 수 있다. 기본적으로 인터프리터 언어인 순수 파이썬으로 작성된 networkx는 더 성능이 뛰어난 프로그래밍 언어(C++ 및 Julia 같은)로 작성되고, 다음과 같은 멀티스레딩을 사용하는 다른 그래프 엔진으로 대체될 수 있다.

- SNAP(http://snap.stanford.edu/)은 앞 절에서 이미 설명한 것처럼 스탠퍼드[Stanford]에서 개발한 그래프 엔진으로 파이썬에서 사용할 수 있는 바인딩과 함께 C++로 작성됐다.
- igraph(https://igraph.org/)는 C 라이브러리로 파이썬, R, Mathematica의 바인딩을 제공한다.
- graph-tool(https://graph-tool.skewed.de/)은 파이썬 모듈임에도 불구하고 C++로 작성된 핵심 알고리듬과 데이터 구조를 갖고 있으며 OpenMP 병렬화를 사용해 다중 코어 아키텍처로 확장할 수 있다.
- NetworKit(https://networkit.github.io/)도 파이썬 모듈에 통합된 핵심 기능에 대한 병렬화를 위해 OpenMP boost를 사용해 C++로 작성됐다.
- LightGraphs(https://juliagraphs.org/)는 더 성능이 좋고 강력한 라이브러리에서 networkx 기능을 미러링하는 것을 목표로 Julia로 작성된 라이브러리다.

위의 모든 라이브러리는 networkx로 고성능을 달성하는 것이 문제가 될 때 사용할 수 있는 대안이다. 30배에서 300배까지 속도를 향상할 수 있으며 LightGraphs가 보통 최고 성능을 보여 준다.

하지만 앞으로 일관된 프레젠테이션을 제공하고 사용자에게 네트워크 분석에 대한 기본 개념을 제공하고자 주로 networkx에 초점을 맞춘다. 그러나 성능 관점에서 다른 옵션을 사용할 수 있다는 점을 기억하길 바란다.

요약

1장에서는 그래프, 노드, 간선과 같은 개념을 배웠다. 그래프 표현 방법을 검토하고 그래프를 시각화하는 방법을 살펴봤다. 또한 네트워크나 네트워크의 일부를 특성화하는 데 사용되는 속성을 정의했다.

그래프를 다루고자 잘 알려진 파이썬 라이브러리(networkx)를 살펴보고 이론적인 개념을 실제로 적용하는 데 사용하는 방법을 배웠다.

그런 다음 네트워크의 속성, 벤치마크 성능, 네트워크 알고리듬의 효율성을 연구하는 데 일반적으로 사용되는 예를 구현했다. 또한 네트워크 데이터셋을 찾고 다운로드할 수 있는 유용한 저장소 링크와 이를 구문 분석 및 처리하는 방법에 대한 몇 가지 팁을 제공했다.

2장에서는 그래프에서 머신러닝의 개념을 정의하는 것 이상으로 넘어간다. 머신러닝 알고리듬으로 잠재돼 있는 속성을 자동으로 찾을 수 있는 방법을 알아본다.

02

그래프 머신러닝

머신러닝은 시스템이 데이터를 학습해 성장하는 것을 목표로 하는 인공지능의 하위 집합이다. 특히 특정 작업을 해결하고자 규칙을 명시적으로 정의하는 것이 어렵거나 정의가 불가능한 다양한 분야에서 인상적인 결과를 보여 준다. 예를 들어 스팸 메일 인식, 언어 간 번역, 이미지 객체 인식 등의 알고리듬을 학습할 수 있다.

최근 들어 그래프 구조의 데이터에 머신러닝을 적용하는 방법에 대한 관심이 높아 지고 있다. 여기서 주요 목표는 '전통적인' 머신러닝 접근 방식으로 더 나은 예측을 수행하고, 새로운 패턴을 발견하고, 복잡한 역학을 이해하고자 적합한 표현을 자동 으로 학습하는 것이다.

2장에서는 먼저 몇 가지 기본적인 머신러닝 개념을 살펴본다. 그 후에 그래프 머신 러닝에 대해 소개하며, 특히 **표현 학습**representation learning에 중점을 둔다. 그리고 이론 적 개념의 이해를 돕는 실전 예제를 분석한다.

2장에서는 다음과 같은 내용을 다룬다.

- 머신러닝에 대한 복습

- 그래프에서 머신러닝이란 무엇이며 왜 중요한가?
- 그래프 머신러닝 알고리듬의 일반적인 분류

기술적 필요 사항

모든 예제는 파이썬 3.8 버전의 주피터 노트북을 사용한다. 다음 코드는 1장 실습에 필요한 라이브러리로, pip를 이용해 설치할 수 있다. 예를 들어 터미널에서 `pip install networkx==2.5` 명령을 실행하면 networkx 버전 2.5가 설치된다.

```
Jupyter==1.0.0
networkx==2.5
matplotlib==3.2.2
node2vec==0.3.3
karateclub==1.0.19
scipy==1.6.2
```

2장과 관련된 모든 코드 파일은 다음 URL(https://github.com/PacktPublishing/Graph-Machine-Learning/tree/main/Chapter02)에 있다.

그래프 머신러닝 이해하기

인공지능 분야 중 **머신러닝**은 최근 몇 년 동안 가장 주목받고 있는 분야다. 머신러닝은 명시적으로 프로그래밍하지 않고도 학습을 통해 자동으로 기술을 배우고 성장하는 컴퓨터 알고리듬의 한 분야다. 이러한 접근 방식은 자연에서 영감을 얻는다. 처음으로 새로운 움직임을 배워야 하는 운동 선수들을 상상해 보자. 천천히 시작해 조심스럽게 코치의 행동을 모방해 시도하고 실수하고 다시 시도한다. 결국 그들은 점차 성장해 자신감을 갖게 될 것이다.

그렇다면 이 개념이 기계로 어떻게 번역될까? 본질적으로는 최적화 문제다. 목표는 특정 작업에서 최상의 성능을 얻을 수 있는 수학적 모델을 찾는 것이다. 성능은 특정 성능 측정 지표(손실 함수$^{loss\ function}$ 또는 비용 함수$^{cost\ function}$라고도 한다)를 사용해 측정할 수 있다. 일반적인 학습 작업에서 알고리듬은 보통 많은 데이터를 제공받는다. 알고리듬은 이 데이터를 사용해 반복적으로 특정 작업에 대한 결정이나 예측을 출력한다. 각 반복에서 출력은 손실 함수를 사용해 평가된다. 결과 오류는 모델이 더 나은 결과를 출력할 수 있도록 모델 매개 변수를 업데이트하는 데 사용된다. 이 과정을 일반적으로 **학습**^{training}이라고 한다.

좀 더 수학적으로, 특정 작업 T와 T에 대한 알고리듬이 T에서 얼마나 좋은 잘 작동하는지를 정량화할 수 있는 성능 측정 지표 P를 고려해 보자. 미첼(Mitchell, 1997)은 작업 T에 대해 측정한 성능 P가 경험 E를 향상시킬 때 알고리듬은 경험 E로부터 학습한다고 정의했다.

머신러닝의 기본 원리

머신러닝 알고리듬은 지도 학습, 비지도 학습, 준지도 학습으로 알려진 세 가지 주요 범주로 나뉜다. 이러한 학습 패러다임은 데이터가 알고리듬에게 제공되는 방식과 성능이 평가되는 방식에 따라 다르다.

지도 학습$^{supervised\ learning}$은 그 문제에 대한 답을 알고 있을 때 사용하는 학습 패러다임이다. 이 상황에서 x가 이미지나 음성 신호와 같은 입력이고 y는 입력 이미지가 무엇인지 또는 음성 입력의 내용이 무엇인지를 나타내는 출력일 때 데이터셋은 $\langle x, y \rangle$ 형태의 쌍으로 구성된 데이터 표본의 모음이다. 입력 변수는 특성^{feature}이라고도 하며 출력은 일반적으로 라벨^{label}이나 대상^{target} 또는 어노테이션^{annotation}이라고 한다. 지도 학습에서는 거리 함수를 사용해 성능을 평가하는 경우가 많다. 이 함수는 정답과 출력의 차이를 측정한다. 라벨의 유형에 따라 지도 학습은 다음으로 더 나눌 수 있다.

- **분류**: 결과가 이산값이며 입력이 속한 '클래스'를 나타낸다. 분류의 예는 사진 속의 객체를 결정하거나 이메일이 스팸인지 여부를 예측하는 것이다.

- **회귀**: 결과가 연속값이다. 회귀 문제의 예로는 건물의 온도를 예측하거나 특정 제품의 판매 가격을 예측하는 것이다.

비지도 학습unsupervised learning은 문제에 대한 답을 알 수 없기 때문에 지도 학습과 다르다. 이러한 경우에는 라벨이 없고 입력 $\langle x \rangle$만 제공된다. 따라서 비지도 학습의 목표는 구조와 패턴을 추론해 유사점을 찾는 것이다.

유사한 그룹을 발견하는 군집화clustering는 이러한 문제 중 하나일 뿐만 아니라 고차원 공간의 데이터를 표현하는 새로운 방법이 된다.

준지도 학습semi-supervised learning에서 알고리듬은 라벨이 지정된 데이터와 라벨이 지정되지 않은 데이터의 조합을 사용해 학습한다. 일반적으로 라벨이 지정되지 않은 입력 데이터에 있는 구조의 연구 방향을 잡고자 제한된 양의 라벨이 지정된 데이터를 사용한다.

또한 **강화 학습**reinforcement learning은 일련의 결정을 내리기 위한 머신러닝 모델을 만들고자 사용된다는 점에서 중요한 분야다. 이 인공지능 알고리듬은 게임과 같은 상황에서 수행한 작업에 따라 벌점penalty 또는 보상reward을 받는다. 알고리듬의 역할은 보상을 최대화하고 벌점을 최소화하고자 행동하는 방법을 이해하는 것이다.

훈련 데이터에서의 오류를 최소화하는 것만으로 좋은 알고리듬이라고 할 수 없다. 머신러닝의 키워드는 학습이다. 이는 알고리듬이 학습하지 않은 데이터에서도 동일한 수준의 성능을 달성할 수 있어야 함을 뜻한다. 머신러닝 알고리듬의 일반화 기능을 평가하는 가장 일반적인 방법은 데이터셋을 **훈련 세트**training set와 **테스트 세트**test set로 나누는 것이다. 모델은 훈련 세트를 학습하고, 손실 함수를 사용해 매개 변수를 업데이트한다. 학습 후 모델의 성능은 테스트 세트에서 평가된다. 또한 더 많은 데이터를 사용할 수 있는 경우 테스트 세트를 **검증**validation 세트와 **테스트** 세트로 더 나눌 수 있다. 검증 세트는 일반적으로 학습 중 모델의 성능을 평가하는 데 사용된다.

머신러닝 알고리듬을 훈련할 때 다음 세 가지 상황이 있다.

- 첫 번째, 모델이 훈련 세트에서 낮은 수준의 성능을 나타낸다. 이 상황은 일

반적으로 과소적합underfitting이라 하는데, 이는 모델이 작업을 처리할 만큼 충분히 강력하지 않음을 의미한다.

- 두 번째, 모델이 훈련 세트에 대해 높은 수준의 성능을 달성했지만 테스트 데이터를 일반화하는 데 어려움을 겪는다. 이러한 상황을 **과대적합**overfitting이라고 한다. 이 경우 모델은 학습 데이터 간의 실제 관계를 실제로 이해하지 않고 단순히 학습 데이터를 기억하고 있다.

- 마지막으로 이상적인 상황은 모델이 훈련 데이터와 테스트 데이터 모두에서 최고 수준의 성능을 달성할 수 있는 경우다.

과대적합 및 과소적합의 예는 그림 2.1에 표시된 위험 곡선에 나타나 있다. 그림에서 모델의 복잡성(학습할 매개 변수의 수)에 따라 훈련 및 테스트 세트의 성능이 어떻게 변하는지 확인할 수 있다.

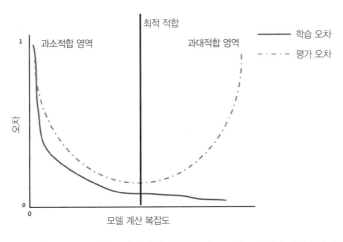

그림 2.1 모델 복잡성(모델의 매개 변수 수)에 따라 훈련 및 테스트 세트 오차에 대한 예측 오차를 설명하는 위험 곡선

과대적합은 머신러닝 실무자에게 주요 문제 중 하나다. 이는 여러 가지 이유로 발생할 수 있다. 그 이유는 대체로 다음과 같다.

- 데이터셋의 내용이 불분명하거나 작업을 제대로 표현하지 못하는 경우다.

이 경우 더 많은 데이터를 추가하면 문제를 완화하는 데 도움이 될 수 있다.

- 문제를 해결하는 데 사용되는 수학적 모델이 작업에 비해 너무 복잡한 경우다. 이 경우 모델의 복잡도를 줄이고자 손실 함수에 적절한 제약 조건을 추가할 수 있다. 이러한 제약 조건을 **정규화**regularization 항이라 한다.

머신러닝은 여러 분야에서 인상적인 결과를 얻었으며 무엇보다도 컴퓨터 비전, 패턴 인식, 자연어 처리에서 가장 널리 보급되고 효과적인 접근 방식 중 하나다.

그래프 머신러닝의 이점

여러 머신러닝 알고리듬이 개발돼 있지만 각각 고유한 장점과 한계가 있다. 그중에서 회귀regression 알고리듬(예: 선형 및 로지스틱 회귀), 인스턴스 기반 알고리듬(예: k-최근방nearest neighbor, 서포트 벡터 머신support vector machine), 의사결정 나무decision tree 알고리듬, 베이지안Bayesian 알고리듬(예: 단순 베이즈naive Bayes), 군집화clustering 알고리듬(예: k-평균means), 인공 신경망artificial neural network 등이 있다.

그러나 이 모든 성공의 열쇠는 무엇인가?

본질적인 한 가지: 머신러닝은 인간이 수행하기 쉬운 작업을 자동으로 해결할 수 있다. 이러한 작업은 기존 컴퓨터 알고리듬을 사용해 설명하기에는 너무 복잡할 수 있으며, 경우에 따라 머신러닝이 인간보다 훨씬 더 나은 성능을 보여 준다. 그래프를 다룰 때 특히 그렇다. 복잡한 구조 때문에 이미지나 오디오 신호 처리와는 여러 면에서 다를 수 있다. 그래프 머신러닝을 사용해 반복되는 잠재 패턴을 자동으로 감지하고 해석하는 알고리듬을 만들 수 있다.

이러한 이유로 그래프 구조 데이터에 대한 **학습 표현**learning representation에 관심이 높아지고 그래프를 처리하기 위한 많은 머신러닝 알고리듬이 개발됐다. 예를 들어 생물학적 상호 작용 그래프에서 단백질의 역할을 결정하고, 협업 네트워크의 진화를 예측하고, 소셜 네트워크에서 사용자에게 신제품을 추천하는 등의 작업에 적용할 수 있다. 10장에서 이러한 부분에 관해 그 응용까지 살펴볼 예정이다.

그래프는 그 특성으로 인해 그림 2.2에 표시된 것처럼 노드, 간선, 그래프(전체 그래프)와 같이 다양한 수준으로 세분화해서 분석할 수 있다. 각 수준에서 서로 다른 문제에 직면할 수 있으며 결과적으로 특정 알고리듬을 사용해야 한다.

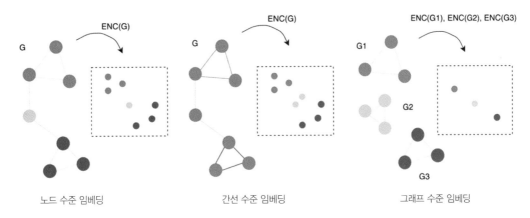

그림 2.2 그래프에서 세 가지 다른 세분화 수준의 시각적 표현

다음은 각 수준에서 직면할 수 있는 머신러닝 문제의 몇 가지 예시다.

- **노드 수준**: (큰) 그래프 $G = (V, E)$가 주어지면 목표는 각 정점($v \in V$)을 올바른 클래스로 분류하는 것이다. 이러한 환경의 데이터셋에는 G와 쌍 목록 $\langle v_i, y_i \rangle$가 포함된다. 여기서 v_i는 그래프 G의 노드이고 y_i는 노드가 속한 클래스다.

- **간선 수준**: (큰) 그래프 $G = (V, E)$가 주어지면 목표는 각 간선($e \in E$)을 올바른 클래스로 분류하는 것이다. 이러한 환경의 데이터셋에는 G와 쌍 목록 $\langle e_i, y_i \rangle$가 포함된다. 여기서 e_i는 그래프 G의 간선이고 y_i는 간선이 속한 클래스다. 이 세분화 수준에서 또 다른 일반적인 작업은 그래프에서 2개의 기존 노드 사이의 간선 존재를 예측하는 문제인 **연결 예측**link prediction이다.

- **그래프 수준**: m개의 다른 그래프가 있는 데이터셋이 주어지면, 그래프를 올바른 클래스로 분류할 수 있는 머신러닝 알고리듬을 구축하는 것이다. 이는 분류 문제로 볼 수 있다. 여기서 데이터셋은 $\langle G_i, y_i \rangle$ 쌍 목록으로 정의된다. 여

기서 G_i는 그래프이고 y_i는 그래프가 속한 클래스다.

이 절에서는 머신러닝의 몇 가지 기본 개념을 설명했다. 또한 그래프를 다룰 때 나타날 수 있는 일반적인 머신러닝 문제를 통해 이해를 도왔다. 이러한 이론적 원리를 근거로, 이제 그래프 머신러닝과 관련된 몇 가지 더 복잡한 개념을 소개할 것이다.

일반화된 그래프 임베딩 문제

기존 머신러닝 응용 프로그램에서 입력 데이터를 처리하는 일반적인 방법은 데이터셋에 존재하는 각 인스턴스를 작고 의미 있게 표현할 수 있는 **특성 공학**feature engineering 이라는 과정을 통해 일련의 특성feature을 기반으로 구축하는 것이다.

특성 공학 단계에서 얻은 데이터는 머신러닝 알고리듬의 입력으로 사용된다. 하지만 이 과정이 일반적으로 광범위한 문제에 대해 잘 작동한다면, 오히려 그래프를 다룰 때는 최적의 솔루션이 아닐 수 있다. 잘 정의된 구조로 인해 모든 유용한 정보를 통합할 수 있는 적절한 표현을 찾는 것은 어려울 수 있다.

그래프에서 구조 정보를 나타낼 수 있는 특성을 만드는 가장 간단한 첫 번째 방법은 특정 통계를 산출하는 것이다. 예를 들어 그래프는 차수 분포degree distribution, 효율성, 1장에서 설명한 모든 측정 지표로 나타낼 수 있다.

보다 복잡한 방법으로는 특정 커널 함수kernel function를 적용하거나 원하는 특성을 최종 머신러닝 모델로 통합할 수 있는 특정 특성 공학을 적용하는 것으로 구성된다. 그러나 예상할 수 있듯이 이 과정은 시간이 많이 소요될 수 있으며, 어떤 경우 모델에 사용된 특성이 최종 모델이 최상의 성능을 얻는 데 실제로 필요한 정보의 하위 집합만을 나타낼 수 있다.

지난 10년 동안 의미 있고 간결한 그래프 표현을 만들기 위한 새로운 접근 방식을 정의하고자 많은 작업이 수행됐다. 이러한 모든 접근 방식의 이면에 있는 일반적인 아이디어는 새 공간의 기하학적 관계가 기존 그래프의 구조를 반영하도록 기존 데이터셋의 좋은 표현을 학습할 수 있는 알고리듬을 만드는 것이다. 우리는 일반적으로 주어진 그래프 표현의 좋은 부분을 학습하는 과정을 **표현 학습**representation learning 또는 **네트워크 임베딩**network embedding이라고 한다. 이는 다음과 같이 조금 더 수학적으로 정의할 수 있다.

표현 학습(네트워크 임베딩)은 이산 그래프에서 연속 영역으로의 사상 함수mapping function $f : G \rightarrow \mathbb{R}^n$을 학습하는 것을 목표로 하는 작업이다. 함수 f는 그래프 G의 (국소 및 전역) 속성property이 보존되도록 저차원 벡터 표현으로 동작할 수 있다.

사상 f를 학습하면 그래프에 적용할 수 있으며, 결과 사상resulting mapping을 머신러닝 알고리듬의 특성 집합feature set으로 사용할 수 있다. 이 과정의 그림 예시는 그림 2.3에 나와 있다.

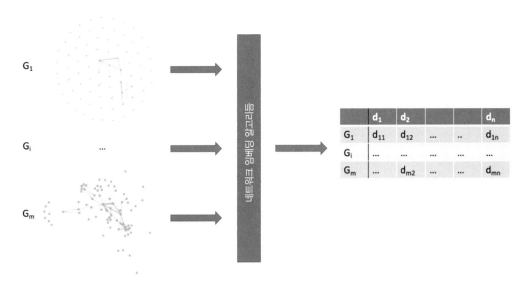

그림 2.3 네트워크 임베딩 알고리듬에 대한 워크플로의 예

노드와 간선에 대한 벡터 표현을 학습하고자 사상 함수 f를 적용할 수도 있다. 이미 언급했듯이 그래프 머신러닝 문제는 서로 다른 수준의 세분화로 나눌 수 있다. 결과적으로 노드($f : V \rightarrow \mathbb{R}^n$)(**노드 임베딩**node embedding이라고도 함) 또는 간선($f : E \rightarrow \mathbb{R}^n$)(**간선 임베딩**edge embedding이라고도 함)의 벡터 표현을 생성하는 기능을 학습하기 위한 다양한 임베딩 알고리듬이 개발됐다. 이러한 사상 함수mapping function는 새로운 공간에

서 기하학적 관계가 원래 그래프나 노드 또는 간선의 구조를 반영하도록 벡터 공간을 구축한다. 결과적으로 원래 공간에서 유사한 그래프나 노드 또는 간선은 새로운 공간에서도 유사하다.

즉 임베딩 함수로 생성된 공간에서 유사한 구조는 유클리드 거리가 짧지만, 유사하지 않은 구조는 유클리드 거리가 길게 된다. 임베딩 알고리듬 대부분이 유클리드 벡터 공간에서 사상을 생성하지만 최근에는 비유클리드 사상 함수에 관심이 높다는 점을 알아 두는 것도 중요하다.

이제 임베딩 공간이 어떻게 생겼는지, 그리고 새로운 공간에서의 유사성을 볼 수 있는지에 대한 실제 예를 살펴보자. 다음 코드 블록에서는 **노드투벡터**^{Node to Vector,} Node2Vec로 알려진 특정 임베딩 알고리듬을 사용하는 예를 보여 준다. 3장에서 임베딩 알고리듬이 어떻게 작동하는지 설명한다. 현재로서는 알고리듬이 그래프 G의 각 노드를 벡터로 사상한다고 이해하면 된다.

```
import networkx as nx
from node2vec import Node2Vec
import matplotlib.pyplot as plt

G = nx.barbell_graph(m1=7, m2=4)
node2vec = Node2Vec(G, dimensions=2)
model = node2vec.fit(window=10)

fig, ax = plt.subplots()
for x in G.nodes():
    v = model.wv.get_vector(str(x))
    ax.scatter(v[0],v[1], s=1000)
    ax.annotate(str(x), (v[0],v[1]), fontsize=12)
```

위 코드는 다음을 수행한다.

1. (1장에서 설명한) 바벨 그래프를 생성한다.

2. Node2Vec 임베딩 알고리듬을 사용해 그래프의 각 노드를 2차원 벡터로 사상한다.

3. 마지막으로 원본 그래프의 노드에 임베딩 알고리듬을 적용해 생성된 2차원

벡터를 그린다.

결과는 그림 2.4와 같다.

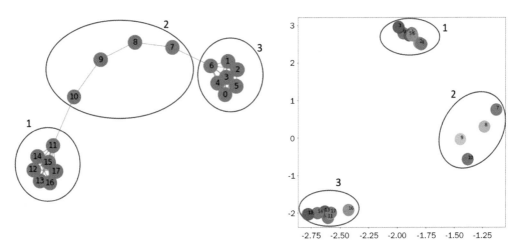

그림 2.4 노드의 임베딩 벡터를 생성하기 위한 그래프(왼쪽)에 Node2Vec 알고리듬을 적용한 경우(오른쪽)

그림 2.4에서 유사한 구조의 노드는 서로 가깝고 구조가 다른 노드와 멀리 떨어져 있음을 쉽게 알 수 있다. Node2Vec가 그룹 1과 그룹 3을 아주 잘 구별해 낸 것도 흥미롭다. 알고리듬은 각 노드의 주변 정보를 사용해 표현을 생성하기 때문에 두 그룹을 명확히 구별할 수 있다.

동일한 그래프 G의 간선에 대한 사상을 생성하고자 **에지투벡터**Edge2Vec 알고리듬을 사용해 동일한 그래프에 대한 또 다른 예를 수행해 보자.

```
from node2vec.edges import HadamardEmbedder
edges_embs = HadamardEmbedder(keyed_vectors=model.wv)
fig, ax = plt.subplots()
for x in G.edges():
    v = edges_embs[(str(x[0]), str(x[1]))]
    ax.scatter(v[0],v[1], s=1000)
    ax.annotate(str(x), (v[0],v[1]), fontsize=12)
```

위 코드는 다음을 수행한다.

1. 1장에 설명한 바벨 그래프를 생성한다.

2. HadamardEmbedder 임베딩 알고리듬을 Node2Vec 알고리듬(keyed_vectors=model. wv)의 결과에 적용해 그래프의 각 간선을 2차원 벡터로 사상한다.

3. 마지막으로 원본 그래프의 노드에 임베딩 알고리듬을 적용해 생성된 2차원 벡터를 그린다.

결과는 그림 2.5와 같다.

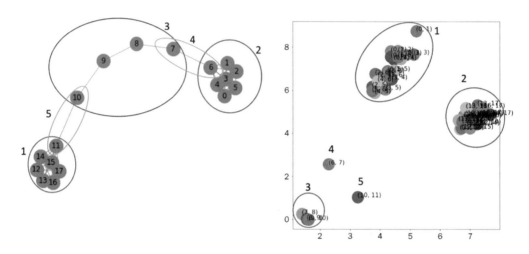

그림 2.5 Hadamard 알고리듬을 그래프(왼쪽)에 적용해 간선의 임베딩 벡터 생성(오른쪽)

그림 2.5는 노드 임베딩에 대한 간선 임베딩 알고리듬의 결과를 보여 준다. 그림에서 간선 임베딩 알고리듬이 유사한 간선을 명확하게 식별함을 쉽게 알 수 있다. 예상대로 그룹 1, 2, 3에 속하는 간선은 잘 정의되고 그룹화된 영역으로 군집된다. 또한 그룹 4와 그룹 5에 각각 속하는 (6, 7) 및 (10, 11) 간선은 특정 그룹에 잘 군집돼 있다.

마지막으로 **그래프투벡터**Graph2Vec 임베딩 알고리듬의 예를 살펴보자. 이 알고리듬은 단일 그래프를 벡터로 사상한다. 또 다른 예로서, 이 알고리듬을 3장에서 더 자세히 설명한다. 다음 코드 블록은 그래프 집합에서 임베딩 표현을 생성하고자 Graph2Vec 알고리듬의 사용법을 보여 주는 파이썬 예제다.

```
import random
import matplotlib.pyplot as plt
from karateclub import Graph2Vec
n_graphs = 20

def generate_random():
    n = random.randint(5, 20)
    k = random.randint(5, n)
    p = random.uniform(0, 1)
    return nx.watts_strogatz_graph(n,k,p)

Gs = [generate_random() for x in range(n_graphs)]
model = Graph2Vec(dimensions=2)
model.fit(Gs)
embeddings = model.get_embedding()

fig, ax = plt.subplots(figsize=(10,10))
for i,vec in enumerate(embeddings):
    ax.scatter(vec[0],vec[1], s=1000)
    ax.annotate(str(i), (vec[0],vec[1]), fontsize=16)
```

위 코드는 다음을 수행한다.

1. 임의의 매개 변수로 (1장에서 설명한) 와츠-스트로가츠^{Watts-Strogatz} 그래프 20개를 생성한다.

2. 각 그래프의 2차원 벡터 표현을 생성하고자 그래프 임베딩 알고리듬을 실행한다.

3. 마지막으로 생성된 벡터를 유클리드 공간에 표시한다.

결과는 그림 2.6과 같다.

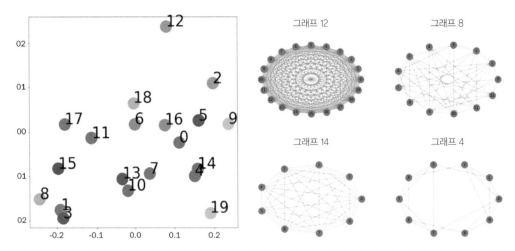

그림 2.6 Graph2Vec 알고리듬을 사용해 무작위로 생성한 20개의 와츠-스트로가츠 그래프에 적용한 임베딩 벡터(왼쪽). 유클리드 거리가 큰 두 그래프(오른쪽 상단의 그래프 12와 그래프 8)와 낮은 유클리드 거리를 가진 2개의 그래프(오른쪽 하단의 그래프 14와 그래프 4)(오른쪽).

그림 2.6에서 볼 수 있듯이 그래프 12 및 그래프 8과 같이 유클리드 거리가 큰 그래 프는 구조가 다르다. 전자는 nx.watts_strogatz_graph(20,20,0.2857) 매개 변수로 생 성됐고, 후자는 nx.watts_strogatz_graph(13,6,0.8621) 매개 변수로 생성됐다. 이에 반 해 그래프 14 및 그래프 4와 같이 유클리드 거리가 가까운 그래프는 유사한 구조를 갖는다. 그래프 14는 nx.watts_strogatz_graph(9,9,0.5091) 명령으로 생성됐고 그래프 4는 nx.watts_strogatz_graph(10,5,0.5659)로 생성됐다.

수많은 임베딩 방법이 학술 논문으로 공개돼 있다. 다음 절에서 그중 일부를 자세히 설명한다. 임베딩 방법은 일반적으로 새 샘플이 추가될 때 함수를 업데이트하는 방 법에 따라 **변환**transductive[1] 및 **귀납**inductive의 두 가지 주요 유형으로 분류된다. 새로운 노드가 추가될 때 변환 방법은 모델을 업데이트(예: 재학습)해 노드에 대한 정보를 추 가하는 반면, 귀납 방법의 모델은 학습 중에 관찰되지 않더라도 새로운 노드나 간 선 또는 그래프로 일반화한다.

---

1 변환 학습에 관한 용어는 Sequence prediction (1): transductive learning(https://dos-tacos.github.io/translation/transductive-learning/) 블로그 참고 – 옮긴이

그래프 임베딩 머신러닝 알고리듬의 분류

그래프 표현을 위한 간결한 공간을 생성하는 다양한 방법이 존재한다. 최근 몇 년 동안, 관련 연구자와 머신러닝 실무자들은 이러한 알고리듬들을 설명하기 위한 일반화된 정의를 제공하는 통합 표기법을 만들고 있다. 이 절에서는 'Machine Learning on Graphs: A Model and Comprehensive Taxonomy(https://arxiv.org/abs/2005.03675)' 논문에 정의된 분류 체계를 간략히 소개한다.

이 형식적 표현에서 모든 그래프나 노드 또는 간선 임베딩 방법은 인코더와 디코더라는 두 가지 기본 구성 요소로 설명될 수 있다. 인코더$^{ENC,\ ENCoder}$는 입력을 임베딩 공간에 사상하고 디코더$^{DEC,\ DECoder}$는 학습된 임베딩에서 그래프에 대한 구조적 정보를 디코딩한다(그림 2.7 참고).

위 논문에서 설명한 프레임워크는 직관적인 아이디어를 따른다. 만약 우리가 그래프를 인코딩해 디코더가 필요한 모든 정보를 검색할 수 있다면 임베딩은 이 모든 정보의 압축된 버전을 포함해야 하며 후속의 머신러닝 작업에 사용될 수 있다.

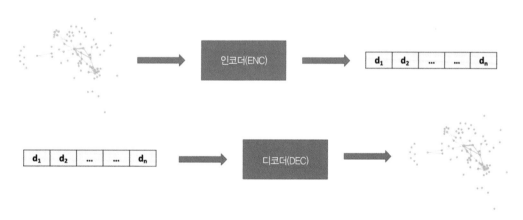

그림 2.7 임베딩 알고리듬을 위한 일반화된 인코더(ENC) 및 디코더(DEC) 구조

표현 학습$^{representation\ learning}$을 위한 많은 그래프 기반 머신러닝 알고리듬에서 디코더는 일반적으로 원본 그래프에서 노드의 근접성(거리)을 나타내는 실제 값에 노드 임

베딩 쌍을 사상하도록 설계돼 있다. 예를 들어 입력 그래프에서 두 노드 z_i와 z_j를 연결하는 간선이 연결돼 있고, 두 노드의 임베딩 표현이 $z_i = ENC(V_i)$, $z_j = DEC(z_i, z_j) = 1$이라면 디코더를 구현하는 것이 가능하다. 실제로 노드 간의 유사성을 측정하기 위해 보다 효과적인 근접함수proximity function를 사용할 수 있다.

임베딩 알고리듬의 분류

그림 2.7에 표시한 일반적인 프레임워크를 기반으로 다양한 임베딩 알고리듬을 네 가지 주요 그룹으로 분류할 수 있다. 또한 이 분류를 더 잘 이해할 수 있도록 간단한 의사코드pseudo-code를 제공한다. 의사코드 형식에서 G는 일반 networkx 그래프를 나타내고 graphs_list는 networkx 그래프 목록을, model은 일반 임베딩 알고리듬을 나타낸다.

- **얕은 임베딩**shallow embedding: 이 방법은 학습된 입력 데이터에 대한 임베딩 값만 학습하고 반환할 수 있다. 앞에서 설명한 Node2Vec, Edge2Vec, Graph2Vec 은 얕은 임베딩 방법의 예다. 실제로 이 방법은 적합 과정 동안 학습한 데이터의 벡터 표현만 반환할 수 있다. 보이지 않는 데이터에 대한 임베딩 벡터를 얻는 것은 불가능하다. 이러한 방법을 사용하는 일반적인 방법은 다음과 같다.

  ```
  model.fit(graphs_list)
  embedding = model.get_embedding()[i]
  ```

  위 코드처럼 일반 얕은 임베딩 방법은 graphs_list를 학습한다. 모델 학습이 끝나며 graphs_list에 속하는 i번째 그래프의 임베딩 벡터만 얻을 수 있다. 비지도 및 지도 얕은 임베딩 방법은 3장과 4장에서 각각 설명한다.

- **그래프 자동 인코딩**graph auto-encoding: 이 방법은 단순히 입력 그래프를 벡터로 사상하는 방법을 배우는 것이 아니다. 보이지 않는 인스턴스에 대한 임베딩 벡터도 생성할 수 있는 보다 일반적인 사상 함수 $f(G)$를 학습한다. 일반적인 사용 방법은 다음과 같다.

```
model.fit(graphs_list)
embedding = model.get_embedding(G)
```

모델은 graphs_list를 학습한다. 모델이 입력된 훈련 데이터셋을 학습하고 나면 이를 사용해 보이지 않는 새로운 그래프 G의 임베딩 벡터를 생성할 수 있다. 그래프 자동 인코딩 방법은 3장에서 설명한다.

- **근방 집계**neighborhood aggregation : 이 알고리듬은 그래프 수준에서 임베딩을 추출할 때 사용할 수 있다. 이때 노드는 일부 속성을 기반으로 라벨이 지정된다. 또한 그래프 자동 인코딩 방법처럼 이 클래스에 속하는 알고리듬은 일반 사상 함수 $f(G)$를 학습할 수 있으며 보이지 않는 인스턴스에 대한 임베딩 벡터도 생성할 수 있다.

  이러한 알고리듬의 좋은 속성은 그래프의 내부 구조뿐만 아니라 노드의 속성으로 정의된 일부 외부 정보도 반영되는 임베딩 공간을 구축할 수 있다는 것이다. 예를 들어 이 방법을 사용하면 유사한 구조를 갖지만 노드 속성이 다른 그래프를 식별할 수 있는 임베딩 공간을 가질 수 있다. 비지도 및 지도 근방 집계 방법은 각각 3장과 4장에서 설명한다.

- **그래프 정규화**graph regularization : 그래프 정규화에 기반한 방법은 위 항목의 방법과는 다소 다르다. 이 방법은 그래프를 입력으로 사용하지 않는다. 대신, 이 방법의 목표는 프로세스를 정규화하고자 '상호 작용'을 나타내는 특성 집합feature set을 학습하는 것이다. 보다 구체적으로, 특성 유사성을 고려해 특성으로부터 그래프를 구성할 수 있다. 그래프의 근처 노드nearby node가 동일한 라벨을 가질 가능성이 있다는 가정에 기반해 이러한 접근 방식이 가능하다. 따라서 손실 함수는 라벨이 그래프 구조와 일치하도록 제한한다. 예를 들어 정규화는 L2 노름 거리에 따라 유사 임베딩을 공유하도록 근방 노드neighboring node를 제한할 수 있다. 이러한 이유로 인코더는 X 노드 특성만 입력으로 사용한다.

  이 집단family에 속하는 알고리듬은 특정 특성 집합(X)을 임베딩 벡터에 사상하는 함수 $f(X)$를 학습한다. 그래프 자동 인코딩 및 근방 집계 방법에 비해서 이 알고리듬은 학습된 함수를 보이지 않는 새로운 함수에 적용할 수도 있다. 그래프 정규화 방법은 4장에서 설명한다.

얕은 임베딩 방법 및 근방 집계 방법 그룹에 속하는 알고리듬의 경우도 비지도 학습 버전과 지도 학습 버전으로 각각 정의할 수 있다. 그래프 자동 인코딩 방식에 속하는 알고리듬은 비지도 작업에 적합하고 그래프 정규화 방식에 속하는 알고리듬은 준지도/지도 학습 상황에서 사용된다.

비지도 알고리듬의 경우 특정 데이터셋의 삽입은 노드나 간선 또는 그래프와 같은 입력 데이터셋에 포함된 정보만을 사용한다. 지도 학습의 경우 입력 정보는 임베딩 프로세스의 길잡이 역할을 한다. 일반적으로 해당 정보는 각 그래프에 특정 클래스를 할당하는 $\langle G_i, y_i \rangle$ 쌍과 같은 라벨로 분류된다. 이 프로세스는 모델이 인스턴스에 대한 라벨의 최상의 할당을 찾고자 최상의 벡터 표현을 찾으려고 시도하기 때문에 비지도 학습 프로세스보다 더 복잡하다. 이 개념을 명확히 하고자, 예를 들어 이미지 분류를 위한 합성곱convolution 신경망을 생각할 수 있다. 훈련 과정에서 신경망은 다양한 합성곱 필터를 동시에 학습해 각 이미지를 올바른 클래스로 분류하려고 한다. 이러한 합성곱 필터의 목표는 예측 성능을 최대화하고자 입력 데이터의 간결한 표현을 찾는 것이다. 알고리듬이 클래스 할당 작업의 성능을 최대화하고자 최상의 그래프 표현을 찾으려고 시도하는 지도 그래프 임베딩에도 동일한 개념을 적용할 수 있다.

보다 수학적 관점에서 이러한 모든 모델은 적절한 손실 함수로 훈련된다. 이 함수는 두 가지 용어를 사용해 일반화할 수 있다.

- 첫 번째, 예측과 목표 간의 차이를 최소화하고자 지도 학습 상황에서 사용된다.
- 두 번째, 입력 그래프와 ENC + DEC 단계(구조 재구성 오류) 후에 재구성된 그래프 간의 유사성을 평가하는 데 사용된다.

수학적으로 다음과 같이 정의할 수 있다.

$$Loss = \alpha L_{sup}(y, \hat{y}) + L_{rec}(G, \hat{G})$$

여기서 $\alpha L_{sup}(y, \hat{y})$는 지도 학습의 손실 함수다. 모델은 각 인스턴스에 대해 정답(y)와 예측된 클래스($\hat{y}$) 간의 오류를 최소화하도록 최적화돼 있다. $L_{rec}(G, \hat{G})$는 입력 그래프(G)와 ENC + DEC 처리 후 얻은 그래프($\hat{G}$) 간의 재구성 오차를 나타내는 손실 함수다. 비지도 학습의 경우 손실 함수는 동일하지만 사용할 대상 변수가 없기 때문에 $\alpha = 0$이다.

그래프에서 머신러닝 문제를 풀려고 할 때 이러한 알고리듬이 수행하는 주요 역할을 기억하는 것이 중요하다. 고전적인 머신러닝 알고리듬이나 데이터 시각화 작업에 적합한 특성 벡터로 변환하고자 그래프를 수동적으로 사용할 수 있다. 그러나 머신러닝 알고리듬을 특정 문제에 대한 간결하고 의미 있는 솔루션을 찾는 학습 프로세스 중에 적극적으로 사용할 수도 있다.

요약

2장에서는 몇 가지 기본적인 머신러닝 개념을 살펴보고 그래프에 적용할 수 있는 방법을 알아봤다. 그래프 표현 학습에 특히 중점을 두고 그래프 머신러닝 용어를 정의했다. 수년에 걸쳐 개발된 다양한 솔루션 범위를 차별화하고자 주요 그래프 머신러닝 알고리듬의 분류를 제시했다. 마지막으로 이론이 실제 문제에 어떻게 적용될 수 있는지 이해할 수 있도록 실제 사례를 제시했다.

3장에서는 주요 그래프 기반 머신러닝 알고리듬을 개선한다. 알고리듬의 동작 방식을 분석하고 그들이 실제로 어떻게 사용될 수 있는지 볼 것이다.

그래프에서의 머신러닝

2부에서는 그래프 표현 학습을 위한 기존의 주요 머신러닝 모델의 목적, 작동 방식, 구현 방법을 소개한다.

2부는 다음과 같이 3개의 장으로 구성돼 있다.

- 3장, 비지도 그래프 학습
- 4장, 지도 그래프 학습
- 5장, 그래프에서의 머신러닝 문제

03

비지도 그래프 학습

비지도 머신러닝은 학습 중에 정답 정보를 이용하지 않는 머신러닝 알고리듬의 하위 집합이다. 이러한 알고리듬은 스스로 클러스터cluster를 찾고, 패턴을 발견하고, 이상을 감지하고, 선험적(경험이 없이도 참임을 알 수 있는)으로 알려진 정확한 정답이 없는 기타 많은 문제를 해결한다. 다른 많은 머신러닝 알고리듬처럼 비지도 모델은 그래프 표현 학습 영역에서 좋은 응용 방안이 된다. 실제로 노드 분류 및 커뮤니티 탐지와 같은 다양한 다운스트림 작업을 해결하는 데 매우 유용한 도구다.

3장에서는 최근의 비지도 그래프 임베딩 방법에 대한 개요를 제공한다. 주어진 그래프에서 이러한 기술의 목표는 주요 구조 구성 요소가 보존되는 그래프의 잠재 표현을 자동으로 학습하는 것이다.

3장에서는 다음과 같은 내용을 다룬다.

- 비지도 그래프 임베딩 로드맵
- 얕은 임베딩 방법

- 오토인코더

- 그래프 신경망 GNN, Graph Neural Network

기술적 필요 사항

모든 예제는 파이썬 3.9와 함께 주피터 노트북 Jupyter Notebook 을 사용한다. 다음 코드는 3장 실습에 필요한 라이브러리로, pip를 이용해 설치할 수 있다. 예를 들어 터미널 command line 에서 pip install networkx==2.5 등을 실행하면 networkx 버전 2.5가 설치된다.

```
Jupyter==1.0.0
networkx==2.5
matplotlib==3.2.2
karateclub==1.0.19
node2vec==0.3.3
tensorflow==2.4.0
scikit-learn==0.24.0
git+https://github.com/palash1992/GEM.git
git+https://github.com/stellargraph/stellargraph.git
```

이 책의 나머지 부분에서 명확하게 언급되지 않은 경우 networkx를 import networkx as nx로 참조할 것이다.

3장과 관련된 모든 코드 파일은 다음 URL(https://github.com/PacktPublishing/Graph-Machine-Learning/tree/main/Chapter03)에 있다.

비지도 그래프 임베딩 로드맵

그래프는 비유클리드 공간 non-Euclidean space 에서 정의된 복잡한 수학적 구조다. 쉽게 설명하자면, 두 대상의 거리를 정의하는 것이 항상 쉽지만은 않다는 것을 의미한다. 또한 '가깝다'는 것이 무엇을 의미하는지 말하기 어려울 수도 있다. 소셜 네트워크 그래프를 상상해 보자. 두 사용자가 서로 연결돼 있으면서도 매우 다른 특징을 나타낼 수 있다. 한 사용자는 패션과 옷에 관심이 있고 다른 사용자는 스포츠와 비디오 게임에 관심이 있을 수 있다. 그들을 '가까운' 것으로 간주할 수 있을까?

이러한 이유로 비지도 머신러닝 알고리듬은 그래프 분석에서 활용도가 매우 높다. 비지도 머신러닝은 수동으로 주석을 추가한 데이터 없이도 훈련할 수 있는 머신러닝 알고리듬 클래스다. 이러한 모델의 대부분은 지도 학습 시에 필요한 정보 없이 오직 인접행렬 및 노드 특징 정보만 사용한다.

이것이 어떻게 가능할까? 가장 많이 사용되는 솔루션 중 하나는 그래프 구조를 보존하는 임베딩을 학습하는 것이다. 학습된 표현은 일반적으로 인접행렬과 같은 쌍별 노드 유사성을 재구성하는 데 사용할 수 있도록 최적화된다. 이러한 기술은 중요한 특징을 제공한다. 학습된 표현은 노드 또는 그래프 간의 잠재 관계를 인코딩할 수 있으므로 복잡하게 숨겨진 새로운 패턴을 발견할 수 있다.

비지도 그래프 머신러닝 기술과 관련해 많은 알고리듬이 존재한다. 이는 2장에서 소개한 논문(https://arxiv.org/abs/2005.03675, 임베딩 알고리듬 분류에 관한 논문)에서 본 바와 같이 매크로 그룹(얕은 임베딩, 오토인코더, **그래프 신경망**^{GNN})으로 그룹화할 수 있다. 이는 그림 3.1에 나와 있다.

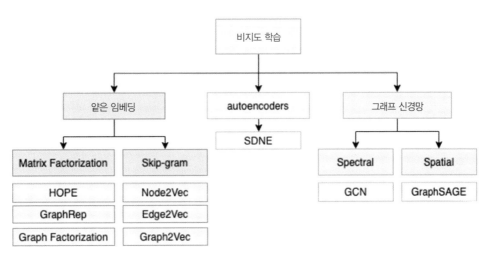

그림 3.1 이 책에서 설명하는 다양한 비지도 임베딩 알고리듬의 계층 구조

다음 절에서는 각 알고리듬 그룹의 기본 원칙을 설명한다. 이어지는 내용을 통해 현장에서 가장 잘 알려진 알고리듬의 이면에 있는 아이디어와 실제 문제를 해결하는 데 사용할 수 있는 방법을 제공할 것이다.

얕은 임베딩 방법

2장에서 이미 소개한 바와 같이 얕은 임베딩 방법을 사용해 학습한 입력 데이터에 대한 임베딩 값만 학습하고 반환할 수 있는 알고리듬 집합을 알아본다.

이 절에서는 이러한 알고리듬 중 일부를 자세히 설명한다. 또한 파이썬에서 이러한 알고리듬을 사용하는 방법에 대한 몇 가지 예시를 살펴볼 것이다. 이 절에서 설명하는 모든 알고리듬은 **GEM**^{Graph Embedding Methods}, **Node2Vec**^{Node to Vector}, Karate Club 라이브러리를 이용한다.

행렬 분해

행렬 분해는 다른 도메인에서도 널리 사용되는 일반적인 분해 기술이다. 일반적인 그래프 임베딩 알고리듬은 그래프의 노드 임베딩을 계산하고자 행렬분해를 사용한다.

행렬 분해 문제에 대한 기본적인 내용부터 살펴보자. 기본 원리를 설명한 후 그래프의 노드 임베딩을 구축하고자 행렬 인수분해를 사용하는 두 가지 알고리듬인 **그래프 분해**^{GF, Graph Factorization}와 **고차 근접 보존 임베딩**^{HOPE, Higher-Order Proximity Preserved Embedding}에 대해 설명한다.

$W \in \mathbb{R}^{m \times n}$을 입력 데이터라고 해보자. 행렬 분해는 $W \approx V \times H$를 $W \in \mathbb{R}^{m \times d}$ 및 $H \in \mathbb{R}^{d \times n}$으로 각각 **원천**^{source} 및 **과잉**^{abundance} 행렬이라고 하는 것으로 분해하며, d는 생성된 임베딩 공간의 차원 수다. 행렬 분해 알고리듬은 풀고자 하는 특정 문제에 따라 설정된 손실 함수를 최소화해 V 및 H 행렬을 학습한다. 일반적인 공식에서

손실 함수는 프로베니우스 노름^{Frobenius norm} $||W - V \times H||_F^2$을 사용해 재구성 오류를 계산한다.

일반적으로 행렬 인수분해에 기반한 모든 비지도 임베딩 알고리듬은 동일한 원리를 사용한다. 그들은 모두 다른 구성 요소의 행렬로 표현된 입력 그래프를 인수분해한다. 각 방법의 주요 차이점은 최적화 과정에서 사용되는 손실 함수에 있다. 실제로 다양한 손실 함수를 사용하면 입력 그래프의 특정 속성을 강조하는 임베딩 공간을 만들 수 있다.

그래프 분해

그래프 분해 알고리듬은 주어진 그래프의 노드 임베딩을 만드는 데에 있어 우수한 성능에 도달한 최초의 모델 중 하나다. 앞에서 설명한 행렬 분해의 원리에 따라 그래프 분해 알고리듬은 주어진 그래프의 인접행렬을 분해한다.

수학적으로 표현하면, 노드 임베딩을 계산하려는 그래프를 $G = (V, E)$라 하고, $A \in \mathbb{R}^{|V| \times |V|}$를 인접행렬이라고 한다. 이러한 행렬 분해 문제에 사용된 손실 함수(L)는 다음과 같다.

$$L = \frac{1}{2} \sum_{(i,j) \in E} (A_{i,j} - Y_{i,:} Y_{j,:}^T)^2 + \frac{\lambda}{2} \sum_{i} ||Y_{i,:}||^2$$

앞의 방정식에서 $(i, j) \in E$는 G의 간선 중 하나를 나타내고 $Y \in \mathbb{R}^{|V| \times d}$는 d-차원 임베딩 행렬이다. 행렬의 각 행은 주어진 노드의 임베딩을 나타낸다. 또한 임베딩 행렬의 정규화 항(λ)은 충분한 데이터가 없는 경우에도 일반적인 성능을 나타낼 수 있게 도움을 준다.

이 방법에 사용된 손실 함수는 주로 그래프 분해 성능과 확장성을 향상시키고자 설계됐다. 따라서 이 방법으로 생성된 솔루션은 노이즈가 있을 수 있다. 또한 행렬 인수분해 공식을 보면 그래프 분해가 강력한 대칭 인수분해를 수행한다는 점에 유의해야 한다. 이 속성은 인접행렬이 대칭인 무향 그래프에 적합하지만 동시에 잠재적인 제약 조건이 될 수도 있다.

다음 코드에서는 파이썬과 GEM 라이브러리를 사용해 주어진 networkx 그래프의 노드 임베딩을 수행하는 방법을 보여 준다.

```
import networkx as nx
from gem.embedding.gf import GraphFactorization
G = nx.barbell_graph(m1=10, m2=4)
gf = GraphFactorization(d=2, data_set=None, max_iter=10000,
eta=1*10**-4, regu=1.0)
gf.learn_embedding(G)
embeddings = gf.get_embedding()
```

위 코드는 다음을 수행한다.

1. networkx로 그래프 분해 알고리듬에 대한 입력으로 사용되는 **바벨 그래프**(G)를 생성한다.

2. GraphFactorization 클래스는 2차원(d=2) 임베딩 공간을 생성한다.

3. 입력 그래프의 노드 임베딩 계산은 gf.learn_embedding(G)를 사용해 수행한다.

4. 계산된 임베딩은 gf.get_embedding() 메서드를 호출해 추출된다.

이전 코드의 결과는 그림 3.2에 나와 있다.

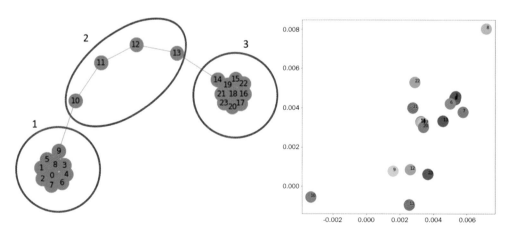

그림 3.2 노드의 임베딩 벡터를 생성하고자 그래프(왼쪽)에 그래프 분해 알고리듬 적용(오른쪽)

그림 3.2에서 그룹 1과 그룹 3에 속하는 노드가 동일한 공간 영역에서 함께 매핑되는 방식을 볼 수 있다. 이러한 점은 그룹 2에 속하는 노드로 구분된다. 이 매핑을 통해 그룹 1과 3을 그룹 2에서 잘 분리할 수 있다. 하지만 그룹 1과 3 사이에는 명확한 구분이 없다.

고차 근접 보존 임베딩

고차 근접 보존 임베딩HOPE은 행렬 분해 원리를 기반으로 하는 또 다른 그래프 임베딩 기술이다. 이 방법을 사용하면 고차 근접성을 유지할 수 있으며, 임베딩이 대칭 속성을 갖도록 강제하지 않는다. 방법을 설명하기 전에 1차 근접과 고차 근접이 무엇을 의미하는지 알아야한다.

- **1차 근접**first-order proximity: 각 정점 쌍 (v_i, v_j)에 대해 간선 가중치 W_{ij}를 갖는 그래프 $G = (V, E)$가 주어지면, 이것을 간선 $(v_i, v_j) \in E$가 W_{ij} 만큼의 1차 근접도를 갖는다고 말한다. 그렇지 않으면 두 노드 사이의 1차 근접도는 0이다.
- **2차 및 고차 근접**second-and high-order proximity: 2차 근접성을 사용하면 각 정점 쌍 사이의 2단계 관계를 포착할 수 있다. 각 정점 쌍 (v_i, v_j)에 대해 2차 근접성을 v_i에서 v_j로 2단계 전환으로 볼 수 있다. 고차 근접성은 이 개념을 일반화하고 전체적인 구조를 포착할 수 있게 한다. 결과적으로, 고차 근접성은 v_i에서 v_j로의 k-단계 $(k \geq 3)$ 전환으로 볼 수 있다.

근접성의 정의가 주어지면 이제 HOPE 방법을 설명할 수 있다. 수학적으로 표현하면 임베딩을 계산하려는 그래프 $G = (V, E)$라 하고, 인접행렬을 $A \in \mathbb{R}^{|V| \times |V|}$라 했을 때, 이 문제에서 사용하는 손실 함수(L)는 다음과 같다.

$$L = \|S - Y_s \times Y_t^T\|_F^2$$

앞의 방정식에서 $S \in \mathbb{R}^{|V| \times |V|}$는 그래프 G에서 생성된 유사 행렬이고 $Y_s \in \mathbb{R}^{|V| \times d}$와 $Y_t \in \mathbb{R}^{|V| \times d}$는 d-차원 임베딩 공간을 나타내는 2개의 임베딩 행렬이다. 구체적으로

Y_s는 원천 임베딩을 나타내고 Y_t는 대상 임베딩을 나타낸다.

HOPE는 원천 노드와 대상 노드의 방향이 존재하는 방향성 네트워크에서 비대칭 근접성을 포착하고자 이 두 행렬을 사용한다. 최종 임베딩 행렬은 단순히 열 방향으로 Y_s 및 Y_t 행렬을 연결해 얻는다. 이 작업으로 인해 HOPE가 생성한 최종 임베딩 공간은 $2 * d$ 차원이 된다.

이미 언급했듯이 S 행렬은 원본 그래프 G에서 얻은 유사 행렬이다. S의 목표는 고차 근접 정보를 얻는 것이다. 수학적으로는 $S = M_g \cdot M_l$로 계산되며, 여기서 M_g와 M_l은 모두 행렬의 다항식이다.

원래 공식에서 HOPE의 저자는 M_g와 M_l을 계산하는 다양한 방법을 제안했다. 여기에서 이러한 행렬을 계산하는 일반적이고 쉬운 방법인 AA[Adamic Adar]를 살펴본다. 이 공식에서 $M_g = I$(단위 행렬)이고 $M_l = A \cdot D \cdot A$이며, 여기서 D는 $D_{ij} = 1/(\Sigma(A_{ij} + A_{ji}))$로 계산된 대각 행렬이다. M_g 및 M_l을 계산하기 위한 다른 공식은 Katz Index, RPR[Rooted PageRank], CN[Common Neighbor]이다.

다음 코드는 파이썬과 GEM 라이브러리를 사용해 주어진 networkx 그래프의 노드 임베딩을 수행하는 방법이다.

```
import networkx as nx
from gem.embedding.hope import HOPE
G = nx.barbell_graph(m1=10, m2=4)
gf = HOPE(d=4, beta=0.01)
gf.learn_embedding(G)
embeddings = gf.get_embedding()
```

앞의 코드는 그래프 분해에 사용된 것과 유사하다. HOPE를 사용하기 위한 유일한 차이점은 클래스 초기화다. GEM을 사용할 때 임베딩 공간의 차원을 나타내는 매개변수 d는 Y_s 및 Y_t의 열 단위 연결 후 얻은 최종 임베딩 행렬 Y의 열 개수를 뜻한다.

결과적으로 Y_s와 Y_t의 열 개수는 d에 할당된 값을 나눈 몫(파이썬의 // 연산자)으로 정의된다. 코드 결과는 그림 3.3의 그래프에 나와 있다.

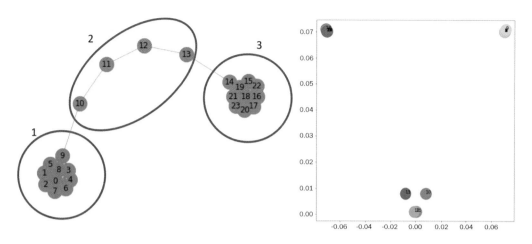

그림 3.3 노드의 임베딩 벡터를 생성하고자 그래프(왼쪽)에 HOPE 알고리듬을 적용(오른쪽)

이 경우 그래프는 방향이 없으므로 원천 노드와 대상 노드 간에 차이가 없다. 그림 3.3은 를 나타내는 임베딩 행렬의 처음 두 차원을 보여 준다. 이 경우에서는 HOPE 에 의해 생성된 임베딩 공간이 다른 노드를 더 잘 분리하고 있음을 볼 수 있다.

전역 구조 정보를 통한 그래프 표현

HOPE와 같은 전역 구조 정보(GraphRep)를 사용한 그래프 표현을 사용하면 임베딩이 대칭 속성을 갖도록 하지 않고도 고차 근접성을 유지할 수 있다. 수학적으로 표현하면, $G = (V, E)$를 노드 임베딩을 계산하려는 그래프라고 하고 $A \in \mathbb{R}^{|V| \times |V|}$를 인접 행렬이라고 했을 때, 이 문제에서 사용하는 손실 함수(L)는 다음과 같다.

$$L_k = \|X^k - Y_s^k \times Y_t^{k^T}\|_F^2 \ \ 1 \le k \le K$$

앞의 식에서 $X^k \in \mathbb{R}^{|V| \times |V|}$는 노드 간 근접노의 k차를 얻고자 그래프 G에서 생성된 행렬이다.

$Y_s^k \in \mathbb{R}^{|V| \times d}$ 및 $Y_t^k \in \mathbb{R}^{|V| \times d}$는 각각 원천 및 대상 노드에 대한 k차 근접도의 d차원 임베딩 공간을 나타내는 2개의 임베딩 행렬이다.

X^k 행렬은 다음 방정식에 따라 계산된다. $X^k = \prod_k (D^{-1} A)$. 여기서 D는 다음 방정식을 사용해 계산된 차수 행렬로 알려진 대각 행렬이다.

$$D_{ij} = \begin{cases} \sum_p A_{ip}, & i = j \\ 0, & i \neq j \end{cases}$$

$X^1 = D^{-1} A$는 (1단계) 확률 전이 행렬을 나타내며, 여기서 X^1_{ij}은 한 단계 내에서 노드 v_i에서 노드 v_j로의 전이 확률이다. 일반적으로 일반값 k에 대해, X^k_{ij}는 k단계 내에서 노드 v_i에서 노드 v_j로의 전이 확률을 나타낸다.

각 근접 차수 k에 대해 독립 최적화가 적합하다. 생성된 모든 k 임베딩 행렬은 최종 원천 임베딩 행렬을 얻고자 열 방향으로 연결된다.

다음 코드는 파이썬과 karateclub 라이브러리를 사용해 주어진 networkx 그래프의 노드 임베딩을 수행하는 방법이다.

```
import networkx as nx
from karateclub.node_embedding.neighbourhood.grarep import GraRep
G = nx.barbell_graph(m1=10, m2=4)
gr = GraRep(dimensions=2, order=3)
gr.fit(G)
embeddings = gr.get_embedding()
```

karateclub 라이브러리에서 GraRep 클래스를 초기화한다. 위 코드에서 dimension 매개 변수는 임베딩 공간의 차원을 나타내는 반면 order 매개 변수는 노드 사이의 최대 근접 차수를 정의한다. 최종 임베딩 행렬의 열 개수(예제에서는 embeddings 변수에 저장됨)는 차원 * 차수(dimension*order)이다. 앞서 말했듯이 각 근접 차수에 대해 임베딩이 계산되고 최종 임베딩 행렬에서 연결되기 때문이다.

예제에서 두 차원이 계산되므로 embeddings[:,:2]는 $k = 1$에 대해 얻은 임베딩을 나타내고, $k = 2$에 대해서는 embeddings[:,2:4], $k = 3$에서는 embeddings[:,4:]에 나타난다. 코드 결과는 그림 3.4의 그래프에 나와 있다.

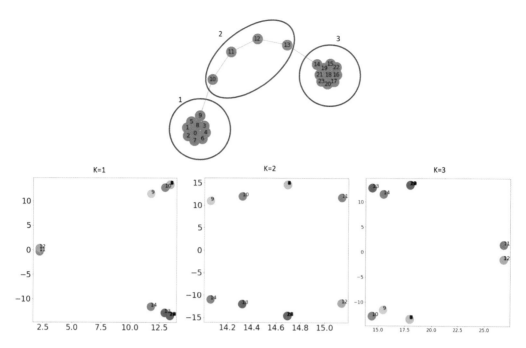

그림 3.4 그래프(위)에 GraphRep 알고리듬을 적용해 각각의 k값에 대한 노드의 임베딩 벡터 생성(아래)

그림 3.4의 그래프에서 서로 다른 근접 차수가 어떻게 서로 다른 임베딩을 얻을 수 있는지 쉽게 알 수 있다. 입력 그래프가 매우 단순하기 때문에 이 경우 이미 $k = 1$인 경우 잘 분리된 임베딩 공간을 얻는다. 모든 근접 순서에서 그룹 1 및 3에 속하는 노드는 동일한 임베딩 값을 갖는다(산점도에서 중첩된다).

이 절에서는 비지도 그래프 임베딩을 위한 몇 가지 행렬 분해 방법을 설명했다. 다음 절에서는 skip-gram 모델을 사용해 비지도 그래프 임베딩을 수행하는 다른 방법을 소개한다.

skip-gram

이 절에서는 skip-gram 모델을 간략히 설명한다. skip-gram 모델은 다양한 임베딩 알고리듬으로 널리 사용되기 때문에 다양한 방법을 잘 알려면 높은 수준의 이해가 필요하다. 자세한 설명에 앞서 먼저 간략한 개요를 살펴보자.

skip-gram 모델은 입력 단어가 존재할 때 주어진 단어가 존재할 확률을 예측하고자 학습된 하나의 은닉층이 있는 간단한 신경망이다. 신경망은 텍스트 말뭉치를 참조로 사용해 구축한 학습 데이터로 학습된다. 이 과정은 그림 3.5에 나와 있다.

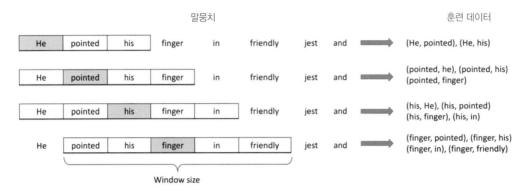

그림 3.5 주어진 말뭉치에서 훈련 데이터 생성의 예. 배경이 칠해진 상자는 대상 단어. 주변 상자는 길이 2의 창 크기로 식별되는 문맥 단어

그림 3.5에 설명된 예는 훈련 데이터를 생성하는 알고리듬이 어떻게 작동하는지 보여 준다. 대상 단어가 선택되고 고정 크기 w의 롤링 창이 해당 단어 주위에 구축된다. 롤링 창 내부의 단어는 문맥 단어라 한다. 롤링 창 내부의 단어에 따라 여러 쌍의 (대상 단어, 문맥 단어)가 작성된다.

전체 말뭉치에서 학습 데이터가 생성되면 skip-gram 모델은 단어가 주어진 대상에 대한 문맥 단어일 확률을 예측하도록 학습된다. 학습 과정에서 신경망은 입력 단어의 간결한 표현을 배운다. 이것이 skip-gram 모델을 Word2Vec^{Word to Vector}라고도 하는 이유다.

skip-gram 모델을 나타내는 신경망의 구조는 다음 차트에 설명돼 있다.

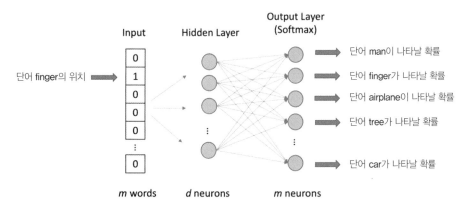

그림 3.6 skip-gram 모델의 신경망 구조. 은닉층의 d개 뉴런의 수는 임베딩 공간의 최종 크기를 나타낸다.

신경망의 입력은 크기가 m인 이진 벡터다. 벡터의 각 요소는 단어를 삽입하려는 언어 사전에 있는 단어를 나타낸다. 학습 과정에서 (대상 단어, 문맥 단어) 쌍이 주어지면 입력 배열은 '대상' 단어를 나타내는 항목을 제외하고 모든 단어에서 0을 갖고, 대상 단어를 나타내는 항목은 1을 갖는다. 은닉층에는 d개의 뉴런이 있다. 은닉층은 각 단어의 임베딩 표현을 학습해 d차원 임베딩 공간을 생성한다.

마지막으로, 신경망의 출력 레이어는 소프트 맥스 활성화 함수가 있는 m개의 뉴런 (입력 벡터와 동일한 크기)으로 이뤄져 있다. 각 뉴런은 사전의 단어를 나타낸다. 뉴런에 의해 할당된 값은 해당 단어가 입력 단어와 '관련'될 확률에 해당한다. m의 크기가 증가하면 softmax를 계산하기 어려울 수 있으므로 계층적 softmax 접근 방식이 항상 사용된다.

skip-gram 모델의 최종 목표는 우리가 이전에 설명한 작업을 실제로 학습하는 것이 아니라 입력 단어의 축약된 d-차원 표현을 구축하는 것이다. 이러한 표현 덕분에 은닉층의 가중치를 이용해 단어의 임베딩 공간을 쉽게 추출할 수 있다. 여기에서 설명하지 않을 skip-gram 모델을 만드는 또 다른 일반적인 접근 방식은 문맥 기반이다 (CBOW^Continuous Bag-Of-Words).

skip-gram 모델의 기본 개념이 도입됐으므로 이 모델을 기반으로 구축된 일련의 비지도 그래프 임베딩 알고리듬을 설명할 수 있다. 일반적으로 skip-gram 모델을 기반으로 하는 모든 비지도 임베딩 알고리듬은 동일한 원리를 사용한다.

입력 그래프에서 시작해 일련의 걸음(경로)을 추출한다. 이러한 경로는 각 노드가 단어를 나타내는 텍스트 말뭉치로 볼 수 있다. 두 단어(노드를 나타냄)가 간선으로 연결돼 있는 경우 텍스트에서 서로 가깝게 위치한다고 볼 수 있다. 다음 절들에서 사용할 방법의 주요 차이점은 이러한 경로가 계산되는 방식에 있다. 앞으로 살펴보겠지만, 실제로 다양한 경로 생성 알고리듬은 그래프의 특정 지역 또는 전역 구조를 강조할 수 있다.

DeepWalk

DeepWalk 알고리듬은 skip-gram 모델을 사용해 주어진 그래프의 노드 임베딩을 생성한다. 이 모델을 이해하려면 **랜덤 워크**random walk 개념을 알아야 한다.

수학적으로 표현해 그래프를 G, 시작점으로 선택한 노드를 v_i라 했을 때 v_i의 이웃 노드를 무작위로 선택하고 그쪽으로 이동한다. 이 지점에서 이동할 다른 지점을 무작위로 선택한다. 이 과정을 여러 번 반복한다. 이러한 방식으로 선택된 t 정점의 임의 시퀀스는 길이가 t인 랜덤 워크다. 랜덤 워크를 생성하는 데 사용되는 알고리듬이 경로 생성 방식에 제약을 가하지 않는다는 점을 조심해야 한다. 결과적으로 노드의 지역 근방이 잘 보존된다는 보장이 없다.

랜덤 워크의 개념을 사용한 DeepWalk 알고리듬은 각 노드에 대해 최대 t 크기의 랜덤 워크를 생성한다. 이러한 랜덤 워크는 skip-gram 모델에 대한 입력으로 제공된다. skip-gram을 사용해 생성된 임베딩은 최종 노드 임베딩으로 사용된다. 그림 3.7에서 알고리듬의 단계별 그래픽 표현을 볼 수 있다.

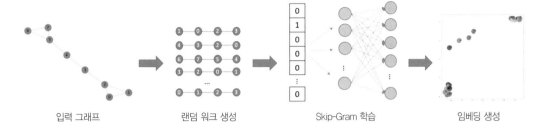

| 입력 그래프 | 랜덤 워크 생성 | Skip-Gram 학습 | 임베딩 생성 |

그림 3.7 주어진 그래프의 노드 임베딩을 생성하고자 DeepWalk 알고리듬이 사용하는 모든 단계

다음은 이전 차트에서 그래픽으로 설명된 알고리듬에 대한 단계별 설명이다.

1. **랜덤 워크 생성**: 입력 그래프 G의 각 노드에 대해 고정된 최대 길이(t)를 갖는 랜덤 워크 세트를 계산한다. 길이 t는 상한이라는 점에 유의해야 한다. 모든 경로가 동일한 길이를 갖도록 강제하는 제약은 없다.

2. **skip-gram 학습**: 이전 단계에서 생성된 모든 랜덤 워크를 사용해 skip-gram 모델을 학습한다. 앞에서 설명한 것처럼 skip-gram 모델은 단어와 문장에서 작동한다. 그림 3.7에서 볼 수 있듯이 skip-gram 모델에 대한 입력으로 그래프가 제공되면 그래프는 입력 텍스트 말뭉치로 볼 수 있고, 그래프의 단일 노드는 말뭉치의 단어로 볼 수 있다.

   랜덤 워크는 단어 시퀀스(문장)로 볼 수 있다. 그런 다음 skip-gram은 랜덤 워크를 이용해 생성한 노드들로 구성된 '가짜' 문장을 학습한다. 이전에 설명한 skip-gram 모델에 대한 매개 변수(창 크기 w 및 임베딩 크기 d)가 이 단계에서 사용된다.

3. **임베딩 생성**: 학습된 skip-gram 모델의 은닉층에 포함된 정보는 각 노드의 임베딩을 추출하는 데 사용된다.

다음 코드는 파이썬과 `karateclub` 라이브러리를 사용해 주어진 `networkx` 그래프의 노드 임베딩을 수행하는 방법이다.

```
import networkx as nx
from karateclub.node_embedding.neighbourhood.deepwalk import DeepWalk
G = nx.barbell_graph(m1=10, m2=4)
```

```
dw = DeepWalk(dimensions=2)
dw.fit(G)
embeddings = dw.get_embedding()
```

코드는 매우 간단하다. karateclub 라이브러리에서 DeepWalk 클래스를 초기화한다. 이 코드에서 dimensions 매개 변수는 임베딩 공간의 차원을 나타낸다. DeepWalk 클래스가 허용하는 다른 매개 변수는 다음과 같다.

- walk_number: 각 노드에 대해 생성할 랜덤 워크 수

- walk_length: 생성된 랜덤 워크의 길이

- window_size: skip-gram 모델의 창 크기

마지막으로 모델은 dw.fit(G)를 사용해 그래프 G를 학습하고, 임베딩은 dw.get_embedding()을 사용해 추출된다.

코드 결과는 다음 그림 3.8과 같다.

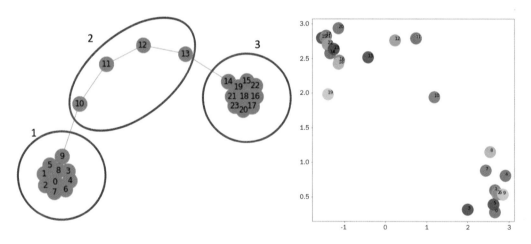

그림 3.8 DeepWalk 알고리듬을 그래프(왼쪽)에 적용해 노드의 임베딩 벡터(오른쪽)를 생성한다.

왼쪽 그래프에서 DeepWalk가 영역 1을 영역 3과 분리하는 모습을 볼 수 있다. 하지만 이 두 그룹은 영역 2에 속하는 노드에 의해 오염됐다. 실제로 해당 노드의 경우 임베딩 공간에서 명확한 구분이 보이지 않는다.

116

Node2Vec

Node2Vec 알고리듬은 DeepWalk의 확장으로 볼 수 있다. 실제로 DeepWalk와 마찬가지로 Node2Vec은 skip-gram 모델의 입력으로 사용될 일련의 랜덤 워크를 생성한다. 학습이 끝나면 skip-gram 모델의 은닉층은 그래프에 있는 노드의 임베딩을 생성하는 데 사용된다. 두 알고리듬의 주요 차이점은 랜덤 워크가 생성되는 방식에 있다.

DeepWalk는 완전히 무작위로 경로를 생성했다면, Node2Vec에서는 그래프에 편향된 무작위 경로를 생성하는 새로운 기술이 도입됐다. Node2Vec의 랜덤 워크를 생성하는 알고리듬은 **너비 우선 탐색**BFS, Breadth-First Search과 **깊이 우선 탐색**DFS, Depth-First Search을 병합해 그래프 탐색을 진행한다. 랜덤 워크 생성에서 이 두 알고리듬이 결합되는 방식은 p와 q라는 두 매개 변수에 의해 정규화된다. p는 랜덤 워크가 이전 노드로 돌아갈 확률을 정의하는 반면, q는 랜덤 워크가 그래프의 이전에 보지 못한 부분을 통과할 수 있는 확률을 정의한다.

이 조합으로 인해 Node2Vec은 그래프의 지역 구조와 전역 커뮤니티 구조를 보존해 고차 근접성을 유지할 수 있다. 이 새로운 랜덤 워크 생성 방법을 사용하면 노드의 지역 근방 속성 보존에 대한 DeepWalk의 한계를 해결할 수 있다.

다음 코드는 파이썬과 node2vec 라이브러리를 사용해 주어진 networkx 그래프의 노드 임베딩을 수행하는 방법이다.

```
import networkx as nx
from node2vec import Node2Vec
G = nx.barbell_graph(m1=10, m2=4)
draw_graph(G)
node2vec = Node2Vec(G, dimensions=2)
model = node2vec.fit(window=10)
embeddings = model.wv
```

Node2Vec의 경우 코드가 간단하다. node2vec 라이브러리에서 Node2Vec 클래스를 초기화한다. 이 코드에서 dimensions 매개 변수는 임베딩 공간의 차원을 나타낸다. 그런 다음 node2vec.fit(window=10)을 사용해 모델을 학습한다. 마지막으로 model.wv를 사용해 임베딩을 얻는다.

model.wv는 Word2VecKeyedVectors 클래스의 객체다. 특정 nodeid에 대해 노드의 임베딩 벡터를 얻고자 model.wv[str(nodeId)]와 같이 학습된 모델을 사용할 수 있다. Node2Vec 클래스가 허용하는 다른 매개 변수는 다음과 같다.

- num_walks: 각 노드에 대해 생성할 랜덤 워크 수

- walk_length: 생성된 랜덤 워크의 길이

- p, q: 랜덤 워크 생성 알고리듬의 p 및 q매개 변수

코드 결과는 그림 3.9에 나와 있다.

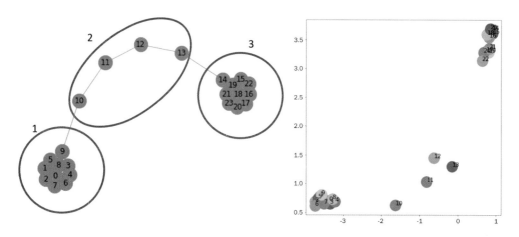

그림 3.9 노드의 임베딩 벡터를 생성하고자 그래프(왼쪽)에 Node2Vec 알고리듬을 적용한 경우(오른쪽)

그림 3.9에서 볼 수 있듯이 Node2Vec을 사용하면 DeepWalk에 비해 임베딩 공간에서 노드 간 더 나은 분리도를 얻을 수 있다. 특히 영역 1과 3은 공간의 두 영역에 잘 클러스터링돼 있다. 영역 2는 겹치지 않고 두 그룹의 중간에 배치된다.

Edge2Vec

다른 임베딩 함수와 달리 **Edge2Vec**^{Edge to Vector} 알고리듬은 노드 대신 간선에 대해

임베딩 공간을 생성한다. 이 알고리듬은 Node2Vec을 사용해 생성된 임베딩의 간단한 응용이다. 주요 아이디어는 인접한 두 노드의 노드 임베딩을 사용해 간선의 임베딩을 추출하고자 몇 가지 기본적인 수학 연산을 하는 것이다.

v_i와 v_j를 2개의 인접한 노드라고 하고, $f(v_i)$와 $f(v_j)$를 Node2Vec으로 계산된 임베딩이라고 하면, 표 3.1에 설명된 연산자를 사용해 간선의 임베딩을 계산할 수 있다.

연산자	방정식	클래스 이름
평균	$\dfrac{f(v_i) + f(v_j)}{2}$	`AverageEmbedder`
아다마르	$f(v_i) * f(v_j)$	`HadamardEmbedder`
L1 가중	$\left| f(v_i) - f(v_j) \right|$	`WeightedL1Embedder`
L2 가중	$\left| f(v_i) - f(v_j) \right|^2$	`WeightedL2Embedder`

표 3.1 Node2Vec 라이브러리의 방정식 및 클래스 이름이 있는 간선 임베딩 연산자

다음 코드는 파이썬과 Node2Vec 라이브러리를 사용해 주어진 networkx 그래프의 노드 임베딩을 수행하는 방법이다.

```
from node2vec.edges import HadamardEmbedder
embedding = HadamardEmbedder(keyed_vectors=model.wv)
```

코드는 매우 간단하다. HadamardEmbedder 클래스는 keyed_vectors 매개 변수만으로 인스턴스화된다. 이 매개 변수의 값은 Node2Vec에 의해 생성된 임베딩 모델이다. 간선 임베딩을 생성하고자 다른 기술을 사용하려면 클래스를 변경하고 표 3.1에 나열된 것 중 하나를 선택하기만 하면 된다. 이 알고리듬의 적용 예는 그림 3.11에 나와 있다.

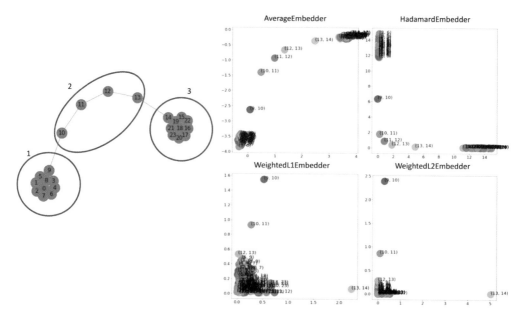

그림 3.10 다른 방법을 사용해 노드의 임베딩 벡터(오른쪽)를 생성하고자 그래프(왼쪽)에 Edge2Vec 알고리듬 적용

그림 3.10에서 각각의 임베딩 방법이 완전히 다른 공간을 생성하는 것을 볼 수 있다. 이 예에서 AverageEmbedder 및 HadamardEmbedder는 영역 1, 2, 3에 대해 잘 분리된 임베딩을 생성하고 있다. 그러나 WeightedL1Embedder 및 WeightedL2Embedder의 경우 명확한 클러스터를 표시하지 않고 간선 임베딩이 단일 영역에 집중돼 임베딩 공간이 잘 분리되지 않았다.

Graph2Vec

이전에 설명한 방법들은 주어진 그래프의 각 노드 또는 간선에 대한 임베딩 공간을 생성했다. Graph2Vec^{Graph to Vector}는 이 개념을 일반화하고 전체 그래프에 대한 임베딩을 생성한다.

Graph2Vec 알고리듬의 특징은 주어진 그래프 세트에서 각 점이 그래프를 나타내는 임베딩 공간을 생성한다는 것이다. 이 알고리듬은 Doc2Vec^{Document to Vector}로 알려진 Word2Vec skip-gram 모델을 사용해 임베딩을 생성한다. 다음 그림 3.11에서 이 모델의 개요를 볼 수 있다.

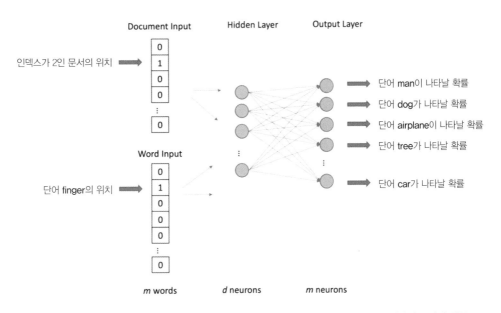

그림 3.11 Doc2Vec skip-gram 모델의 단순화된 그래픽 표현. 은닉층의 d개 뉴런의 수는 임베딩 공간의 최종 크기를 나타낸다.

간단한 Word2Vec과 비교해 Doc2Vec은 입력 단어를 포함하는 문서를 나타내는 또 다른 이진 배열을 허용한다. '대상' 문서와 '대상' 단어가 주어지면 모델은 입력 '대상' 단어 및 문서와 관련해 가장 가능성 있는 '문맥' 단어를 예측하려고 시도한다.

Doc2Vec 모델을 기반으로 이제 Graph2Vec 알고리듬을 설명할 수 있다. 이 방법의 기본 아이디어는 전체 그래프를 문서로 보고, 각 노드의 자아 그래프(1장 참고)로 생성된 각 하위 그래프를, 문서를 구성하는 단어로 보는 것이다.

즉 문서가 문장으로 구성돼 있는 것처럼 그래프는 하위 그래프로 구성된다. 이 설명에 따르면 알고리듬은 다음 단계로 요약될 수 있다.

1. **하위 그래프 생성**: 모든 노드 주위에 하위 그래프 세트가 생성된다.

2. **Doc2Vec 학습**: Doc2Vec skip-gram은 이전 단계에서 생성된 하위 그래프를 사용해 학습한다.

3. **임베딩 생성**: 학습된 Doc2Vec 모델의 은닉층에 포함된 정보는 각 노드의 임베딩을 추출하는 데 사용한다.

다음 코드는 이미 2장에서 했던 것처럼 파이썬과 karateclub 라이브러리를 사용해 networkx 그래프 세트의 노드 임베딩을 수행하는 방법이다.

```python
import matplotlib.pyplot as plt
from karateclub import Graph2Vec
n_graphs = 20
def generate_random():
    n = random.randint(5, 20)
    k = random.randint(5, n)
    p = random.uniform(0, 1)
    return nx.watts_strogatz_graph(n,k,p)

Gs = [generate_random() for x in range(n_graphs)]

model = Graph2Vec(dimensions=2)
model.fit(Gs)
embeddings = model.get_embedding()
```

위 코드는 다음을 수행한다.

1. 20개의 와츠-스트로가츠 그래프를 임의의 매개 변수로 생성한다.

2. karateclub 라이브러리에서 Graph2Vec 클래스를 2차원으로 초기화한다. 이 코드에서 dimensions 매개 변수는 임베딩 공간의 차원을 나타낸다.

3. model.fit(Gs)를 사용해 입력 데이터에 대해 모델을 학습한다.

4. 임베딩 벡터는 model.get_embedding()를 사용해 추출한다.

코드 결과는 그림 3.12와 같다.

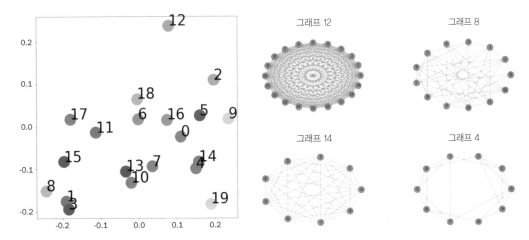

그림 3.12 다양한 방법을 사용해 노드의 임베딩 벡터(왼쪽)를 생성하고자 그래프(오른쪽)에 Graph2Vec 알고리듬 적용

그림 3.12에서 다른 그래프에 대해 생성된 임베딩 공간을 볼 수 있다.

이 절에서는 행렬 분해와 skip-gram 모델을 기반으로 하는 다양한 얕은 임베딩 방법을 설명했다. 그러나 이 밖에도 라플라시안^Laplacian 방법과 같은 많은 비지도 임베딩 알고리듬이 존재한다. 이러한 방법을 탐색하는 데 관심이 있다면 다음 논문(Machine Learning on Graphs: A Model and Comprehensive Taxonomy, https://arxiv.org/pdf/2005.03675.pdf)을 참고하기 바란다.

다음 절에서 비지도 그래프 임베딩 방법에 대한 설명을 계속할 것이다. 오토인코더를 기반으로 하는 보다 복잡한 그래프 임베딩 알고리듬을 설명할 것이다.

오토인코더

오토인코더는 데이터 과학자가 고차원 데이터셋을 처리할 때 도움이 되는 매우 강력한 도구다. 약 30년 전에 처음 제시됐지만, 최근 몇 년 동안 오토인코더는 신경망 기반 알고리듬의 전반적인 진보와 함께 더욱 널리 보급됐다. 희소 표현을 압축할 수 있을 뿐만 아니라 제프리 힌튼^Geoffrey Hinton의 말로 유명한 GAN^Generative Adversarial Network

의 첫 시작을 나타내는 생성 모델의 기반이 될 수도 있다.

'머신러닝 분야에서 지난 10년 동안 가장 흥미로운 아이디어'

오토인코더는 입력과 출력이 기본적으로 동일하지만 은닉층에서 적은 수의 유닛을 사용하는 것이 특징인 신경망이다. 쉽게 말해서 상당히 적은 수의 변수 및 자유도를 사용해 입력을 재구성하도록 학습되는 신경망이다.

오토인코더는 라벨이 있는 데이터셋이 필요하지 않기 때문에 비지도 학습 및 차원 축소 기법의 예로 볼 수 있다. 그러나 **PCA**Principal Component Analysis 및 행렬 인수분해와 같은 다른 기술과 달리 오토인코더는 뉴런의 비선형 활성화 함수 덕분에 비선형 변환을 학습할 수 있다.

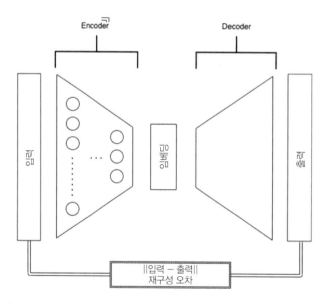

그림 3.13 오토인코더의 구조 다이어그램. 입력 및 출력 레이어의 색상은 값이 최대한 유사해야 한다는 사실을 나타낸다. 실제로 네트워크의 학습은 이러한 값을 일치시키고 재구성 오류를 최소화하고자 수행된다.

그림 3.13은 오토인코더의 간단한 예를 보여 준다. 이를 통해 오토인코더가 일반적으로 다음과 같이 두 부분으로 구성된다는 것을 알 수 있다.

- 하나 이상의 단위를 통해 입력을 처리하고, 입력의 차원을 줄이고(완전한 오토

인코더에서) 희소성을 제한하는(과도하게 정규화된 오토인코더) 인코딩된 표현으로 매핑하는 인코더 네트워크

- 중간 계층의 인코딩된 표현에서 입력 신호를 재구성하는 디코더 네트워크

이러한 인코더-디코더 구조의 네트워크는 입력과 출력의 차이를 최소화하도록 학습된다. 오토인코더를 완성하려면 손실 함수가 필요하다. 입력과 출력 사이의 오류는 여러 가지 다른 측정 지표를 사용해 계산할 수 있으며, 가장 중요한 점은 '재구성' 오류에 대한 올바른 측정 지표를 선택하는 것이다.

재구성 오차를 측정하는 손실 함수에 대한 몇 가지 일반적인 선택은 **평균 제곱 오차, 평균 절대 오차, 교차 엔트로피, KL 발산**이다.

다음 절에서는 몇 가지 기본 개념으로 시작해 이러한 개념을 그래프 구조에 적용하는 오토인코더를 구축하는 방법을 설명한다. 하지만 본격적으로 시작하기 전에 텐서플로TensorFlow와 케라스Keras라는 프레임워크에 대해 아주 간략하게 소개하겠다.

텐서플로와 케라스-강력한 조합

2017년 구글Google에서 오픈 소스로 출시한 텐서플로는 기호 계산 및 차동 프로그래밍을 위한 사실상의 표준 프레임워크다. 이는 기본적으로 계산 그래프 또는 상태 데이터 흐름 그래프라고 하는 것을 정의해 출력을 생성하고자 입력을 결합하는 방법을 설명하는 기호 구조를 구축할 수 있다. 이 그래프에서 노드는 변수(스칼라, 배열, 텐서)이고 간선은 단일 작업의 입력(원천 간선)과 출력(대상 간선)을 연결하는 작업을 나타낸다.

텐서플로에서 이러한 그래프는 정적이며(이는 실제로 이 분야에서 매우 인기 있는 또 다른 프레임워크인 토치torch와 관련된 주요 차이점 중 하나다) 데이터를 입력하고 이전에 언급된 'dataflow' 속성을 명시해 실행할 수 있다.

계산을 추상화함으로써 텐서플로는 여러 백엔드에서 실행할 수 있는 매우 일반적인 도구다. CPU, GPU, ad hoc으로 구동되는 머신, TPU와 같이 특별히 설계된 처리

장치에서 실행된다. 또한 텐서플로 기반 응용 프로그램은 단일 및 분산 서버에서 모바일 장치에 이르기까지 다양한 장치에 배포할 수 있다.

계산을 추상화하는 것 외에도 텐서플로를 사용하면 모든 변수에 대해 계산 그래프를 기호로 구분할 수 있으므로, 결과적으로 고차 도함수를 생성하기 위한 차별화된 새로운 계산 그래프가 생성된다. 이 접근 방식은 일반적으로 기호 대 기호 도함수라고 하며 특히 기울기 추정(예: 경사 하강 기법)이 필요한 일반 손실 함수의 최적화와 관련해 매우 강력하다.

많은 매개 변수와 관련해 손실 함수를 최적화하는 문제는 역전파를 통한 모든 신경망 학습의 핵심이다. 이것이 텐서플로가 지난 몇 년 동안 매우 인기를 얻은 주된 이유이자 구글에서 설계 및 생산한 이유다.

텐서플로 사용법에 대해 자세히 알아보는 것은 이 책의 범위를 벗어나며 관련 책에 제공된 설명을 통해 더 자세히 알아볼 수 있다. 다음 절에서는 주요 기능 중 일부를 사용해 신경망 구축을 위한 기본 도구를 설명한다.

마지막 주요 릴리스인 2.x 이후로 텐서플로로 모델을 구축하는 표준 방법은 케라스 API를 사용하는 것이다. 케라스는 원래 텐서플로와 관련된 외부 프로젝트였으며, 신경망 모델을 구현하고자 텐서플로, 테아노Teano, CNTK와 같은 여러 차등 프로그래밍 프레임워크를 사용하는 공통적이고 간단한 API를 제공하는 것을 목표로 했다. 일반적으로 계산 그래프의 저수준 구현을 추상화하고 다음과 같이 신경망을 구축할 때 사용되는 가장 일반적인 레이어들을 제공한다(사용자 지정 레이어도 쉽게 구현할 수 있다).

- 합성곱 레이어convolutional layer
- 순환 레이어recurrent layer
- 정규화 레이어regularization layer
- 손실 함수loss function

또한 케라스는 파이썬에서 가장 인기 있는 머신러닝 라이브러리인 사이킷런scikit-learn

과 매우 유사한 API를 제공하므로 데이터 과학자가 응용 프로그램에서 신경망 기반 모델을 매우 쉽게 구축, 교육, 통합할 수 있다.

다음 절에서는 케라스를 사용해 오토인코더를 빌드하고 학습하는 방법을 알아본다. 핵심 개념을 그래프 구조에 점진적으로 적용하고자 이러한 기술을 이미지에 적용하는 예시부터 살펴본다.

첫 번째 오토인코더

가장 간단한 형태, 즉 입력을 재구성하도록 훈련된 간단한 피드 포워드 네트워크^{FFN,} Feed Forward Network로 오토인코더를 구현하는 것부터 시작하겠다. 이것을 Fashion-MNIST 데이터셋에 적용할 것이다. 이 데이터셋은 흑백 이미지에 손으로 쓴 숫자를 특징으로 하는 유명한 MNIST 데이터셋과 유사한 데이터셋이다.

MNIST에는 10개의 카테고리가 있으며 60k + 10k(훈련 데이터셋 + 테스트 데이터셋) 28x28 픽셀 회색조 이미지로 구성돼 의류(티셔츠, 바지, 풀오버, 드레스, 코트, 샌들, 셔츠, 운동화, 가방, 앵클 부츠)를 나타낸다. Fashion-MNIST 데이터셋은 원래의 MNIST 데이터셋보다 어려운 작업이며 일반적으로 알고리듬 벤치마킹에 사용된다.

데이터셋은 이미 케라스 라이브러리에 통합돼 있으며 다음 코드를 사용해 쉽게 가져올 수 있다.

```
from tensorflow.keras.datasets import fashion_mnist
(x_train, y_train), (x_test, y_test) = fashion_mnist.load_data()
```

일반적으로 입력 크기를 약 1(활성화 함수가 가장 효율적인 경우)로 재조정하고 숫자 데이터가 배정밀도(64비트) 대신 단정밀도(32비트)인지 확인하는 것이 좋다. 이는 일반적으로 계산 비용이 많이 느는 프로세스인 신경망을 훈련할 때 정밀도보다 속도를 높이는 것이 바람직하기 때문이다. 어떤 경우에는 정밀도가 반정밀도(16비트)로 낮아질 수도 있다. 다음과 같이 입력을 변환한다.

```
x_train = x_train.astype('float32') / 255.
x_test = x_test.astype('float32') / 255.
```

다음 코드를 사용해 훈련 세트의 일부 샘플을 플로팅해 처리 중인 입력 유형을 파악할 수 있다.

```
n = 10
plt.figure(figsize=(20, 4))
for i in range(n):
    ax = plt.subplot(1, n, i + 1)
    plt.imshow(x_train[i])
    plt.title(classes[y_train[i]])
    plt.gray()
    ax.get_xaxis().set_visible(False)
    ax.get_yaxis().set_visible(False)
plt.show()
```

앞의 코드에서 classes는 정수와 클래스 이름 간의 매핑을 나타낸다(예: 티셔츠, 바지, 풀오버, 드레스, 코트, 샌들, 셔츠, 운동화, 가방, 앵클 부츠).

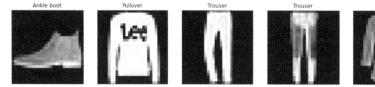

그림 3.14 Fashion-MNIST 데이터셋의 훈련 세트에서 가져온 일부 샘플

이제 입력을 가져왔으므로 인코더와 디코더를 만들어 오토인코더 네트워크를 구축할 수 있다. Sequential API에 비해서 더 나은 일반성과 유연성을 제공하는 Keras functional API를 사용해 이를 수행할 것이다. 인코더 네트워크를 정의하는 것으로 시작해 보자.

```
from tensorflow.keras.layers import Conv2D, Dropout, MaxPooling2D,
UpSampling2D, Input
input_img = Input(shape=(28, 28, 1))
x = Conv2D(16, (3, 3), activation='relu', padding='same')(input_img)
x = MaxPooling2D((2, 2), padding='same')(x)
x = Conv2D(8, (3, 3), activation='relu', padding='same')(x)
x = MaxPooling2D((2, 2), padding='same')(x)
x = Conv2D(8, (3, 3), activation='relu', padding='same')(x)
encoded = MaxPooling2D((2, 2), padding='same')(x)
```

네트워크는 동일한 2계층 빌딩 블록으로 구성된 동일한 패턴의 3개 레벨 스택으로
구성된다.

- Conv2D, 입력에 적용되고 모든 입력 뉴런에서 가중치를 공유하는 데 효과적으
  로 대응하는 2차원 합성곱 커널이다. 합성곱 커널을 적용한 후 출력은 ReLU
  활성화 함수를 사용해 변환된다. 이 구조는 n개의 은닉 평면에 대해 복제되
  며, n은 첫 번째 스택 레이어에서 16이고 두 번째 및 세 번째 스택 레이어에
  서 8이다.

- MaxPooling2D, 지정된 창(이 경우 2x2)에서 최대값을 취해 입력을 다운샘플링
  한다.

케라스 API를 사용하면 사용자 친화적인 모델로 변환하는 Model 클래스를 사용해 계
층의 입력이 어떻게 변환되는지에 대한 개요도 얻을 수 있다.

```
Model(input_img, encoded).summary()
```

위 코드는 그림 3.15와 같이 인코더 네트워크의 요약을 제공한다.

```
Model: "model_4"

Layer (type)                    Output Shape              Param #
=================================================================
input_2 (InputLayer)            [(None, 28, 28, 1)]       0

gaussian_noise (GaussianNois    (None, 28, 28, 1)         0

conv2d_7 (Conv2D)               (None, 28, 28, 16)        160

max_pooling2d_3 (MaxPooling2    (None, 14, 14, 16)        0

conv2d_8 (Conv2D)               (None, 14, 14, 8)         1160

max_pooling2d_4 (MaxPooling2    (None, 7, 7, 8)           0

conv2d_9 (Conv2D)               (None, 7, 7, 8)           584

max_pooling2d_5 (MaxPooling2    (None, 4, 4, 8)           0
=================================================================
Total params: 1,904
Trainable params: 1,904
Non-trainable params: 0
```

그림 3.15 인코더 네트워크 개요

그림 3.15에서 볼 수 있듯 인코딩 단계가 끝나면 원래 초기 입력(28x28)보다 6배 이상 작은 (4, 4, 8) 텐서가 된다. 이제 디코더 네트워크를 구축할 수 있다. 인코더와 디코더는 동일한 구조 및 공유 가중치를 가질 필요는 없다.

```
x = Conv2D(8, (3, 3), activation='relu', padding='same')(encoded)
x = UpSampling2D((2, 2))(x)
x = Conv2D(8, (3, 3), activation='relu', padding='same')(x)
x = UpSampling2D((2, 2))(x)
x = Conv2D(16, (3, 3), activation='relu')(x)
x = UpSampling2D((2, 2))(x)
decoded = Conv2D(1, (3, 3), activation='sigmoid', padding='same')(x)
```

이 경우 디코더 네트워크는 MaxPooling2D 레이어를 사용해 달성한 입력의 다운 샘플링이 UpSampling2D 레이어로 대체된 인코더 구조와 유사하다. 이 레이어는 기본적으로 지정된 창(이 경우 2x2, 텐서를 효과적으로 2배)에서 입력을 각 방향으로 반복한다.

이제 인코더 및 디코더 계층으로 네트워크 구조를 완전히 정의했다. 오토인코더를 완전히 지정하려면 손실 함수도 지정해야 한다. 또한 계산 그래프를 작성하고자 케라스는 네트워크 가중치를 최적화하는 데 어떤 알고리듬을 사용해야 하는지도 알아야 한다. 손실 함수와 옵티마이저라는 두 가지 정보 모두 일반적으로 모델을 컴파일할 때 케라스에서 제공한다.

```
autoencoder = Model(input_img, decoded)
autoencoder.compile(optimizer='adam', loss='binary_crossentropy')
```

이제 드디어 오토인코더를 훈련할 수 있다. 케라스 Model 클래스는 사이킷런과 유사한 API를 제공하며, 신경망을 학습하고자 fit 메서드를 사용한다. 오토인코더의 특성으로 인해 네트워크의 입력 및 출력과 동일한 정보를 사용하고 있다.

```
autoencoder.fit(x_train, x_train,
                epochs=50,
                batch_size=128,
                shuffle=True,
                validation_data=(x_test, x_test))
```

학습이 끝나면 입력 이미지를 재구성된 버전과 비교해 입력을 재구성하는 네트워크의 능력을 검사할 수 있다. 이는 다음과 같이 케라스 Model 클래스의 예측 방법을 사용해 쉽게 계산할 수 있다.

```
decoded_imgs = autoencoder.predict(x_test)
```

그림 3.16은 재구성된 이미지다. 보다시피 네트워크는 특히 전반적인 특징을 고려할 때 보이지 않는 이미지를 재구성하는 데 상당히 능숙하다. 압축 시 세부 정보가 손실됐을 수 있지만(예: 티셔츠의 로고 참조) 전반적인 관련 정보는 네트워크에 포함됐다.

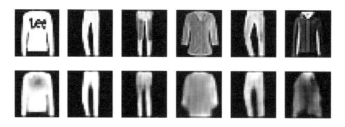

그림 3.16 훈련된 자동 인코더에 의해 테스트 세트에서 수행된 재구성의 예

T-SNE를 사용해 2차원 평면에서 이미지의 인코딩된 버전을 표현하는 것도 매우 흥미로울 수 있다.

```
from tensorflow.keras.layers import Flatten
embed_layer = Flatten()(encoded)
embeddings = Model(input_img, embed_layer).predict(x_test)
tsne = TSNE(n_components=2)
emb2d = tsne.fit_transform(embeddings)
x, y = np.squeeze(emb2d[:, 0]), np.squeeze(emb2d[:, 1])
```

T-SNE에서 제공하는 좌표는 그림 3.17에 나와 있으며 샘플이 속한 클래스에 따라 색상이 지정돼 있다. 서로 다른 의류의 클러스터링을 명확하게 볼 수 있다. 특히 나머지 클래스와 매우 잘 분리된 일부 클래스의 경우 극명하게 나타난다.

그림 3.17 테스트 세트에서 추출한 임베딩의 T-SNE 변환, 샘플이 속한 클래스로 채색

그러나 오토인코더는 학습된 이미지를 정확하게 재생성하고 일반화하지 않는 경향이 있기 때문에 오히려 과적합되기 쉽다. 다음 하위 절에서는 더 강력하고 신뢰할 수 있는 조밀한 표현을 만들고자 과적합을 방지할 수 있는 방법을 살펴보겠다.

노이즈 제거 오토인코더

희소 표현을 더 조밀한 벡터로 압축할 수 있는 것 외에도 오토인코더는 노이즈를 필터링하고 관련(특성) 신호만 추출하기 위한 신호 처리 방법으로도 널리 사용된다. 이것은 많은 응용 프로그램, 특히 이상값을 식별할 때 매우 유용할 수 있다.

노이즈 제거 오토인코더는 앞서 구현한 것의 간단한 변형이다. 이전 절에서 설명한 대로 기본 오토인코더는 입력 및 출력과 동일한 이미지를 사용해 학습된다. 노이즈 제거 오토인코더는 다양한 강도의 노이즈를 사용해 손상된 입력에 대해 노이즈 없는 답안을 사용하는 것이다. 이것은 단순히 입력에 약간의 가우스 노이즈를 추가해 만들 수 있다.

```
noise_factor = 0.1
x_train_noisy = x_train + noise_factor * np.random.
normal(loc=0.0, scale=1.0, size=x_train.shape)
x_test_noisy = x_test + noise_factor * np.random.
normal(loc=0.0, scale=1.0, size=x_test.shape)

x_train_noisy = np.clip(x_train_noisy, 0., 1.)
x_test_noisy = np.clip(x_test_noisy, 0., 1.)
```

손상된 입력을 사용해 네트워크를 훈련할 수 있으며 출력에는 노이즈가 없는 이미지가 사용된다.

```
noisy_autoencoder.fit(x_train_noisy, x_train,
                epochs=50,
                batch_size=128,
                shuffle=True,
                validation_data=(x_test_noisy, x_test))
```

이러한 접근 방식은 일반적으로 데이터셋이 크고 노이즈를 과적합할 위험이 적을 때 유효하다. 데이터셋이 더 작을 때 네트워크가 노이즈를 '학습'하지 않도록 하는 대안(따라서 정적 노이즈 이미지와 노이즈 없는 버전 간의 매핑을 학습)은 GaussianNoise 레이어를 사용해 학습 중에 확률적 노이즈를 추가하는 것이다.

이러한 방식으로 노이즈는 에포크^{epoch} 사이에 변경될 수 있고 네트워크가 훈련 세트에 중첩된 정적 손상을 학습하는 것을 방지할 수 있다. 이를 위해 다음과 같이 네트워크의 첫 번째 레이어를 변경한다.

```
input_img = Input(shape=(28, 28, 1))
noisy_input = GaussianNoise(0.1)(input_img)
x = Conv2D(16, (3, 3), activation='relu', padding='same')(noisy_input)
```

차이점은 정적으로 손상된 샘플(시간에 따라 변경되지 않음) 대신 노이즈가 있는 입력이 에포크 간에 계속 변경되므로 네트워크가 노이즈를 학습하는 것을 방지할 수 있다.

GaussianNoise 레이어는 정규화 레이어의 한 예시다. 즉 네트워크에 임의의 부분을 삽입해 신경망의 과적합을 줄이는 데 도움이 되는 레이어다. GaussianNoise 레이어는 모델을 더 강력하게 만들고 더 나은 일반화를 가능하게 해 오토인코더가 항등 함수를 학습하는 것을 방지한다.

정규화 계층의 또 다른 일반적인 예는 일부 입력(확률 p_0만큼 무작위로)을 0으로 설정하고 다른 입력을 $a^{1/(1-p_0)}$ 계수로 해 (통계적으로) 모든 단위의 합계를 일정하게 유지하며 재조정하는 드롭아웃^{dropout} 레이어다.

드롭아웃은 특정 뉴런에 대한 출력 의존성을 줄이고자 레이어 간의 연결 중 일부를 무작위로 죽이는 것에 해당한다. 이러한 정규화 계층은 훈련 시에만 활성화된다는 점을 명심해야 한다.

그림 3.18에서 이전의 정규화되지 않은 훈련된 네트워크와 GaussianNoise 레이어가 있는 네트워크에 대해 노이즈 입력에 따른 네트워크 재구성을 비교한다. 그림에서 볼 수 있듯이(예를 들어 바지 이미지 비교) 정규화를 사용한 모델은 더 강력한 성능으로 노이즈 없는 출력을 재구성하는 경향이 있다.

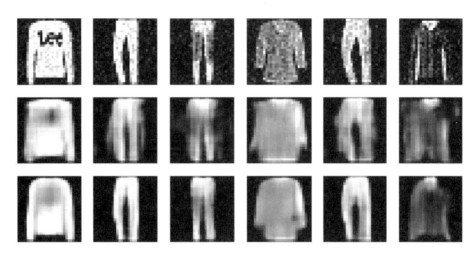

그림 3.18 잡음이 있는 샘플에 대한 재구성과의 비교. 첫 번째 행: 노이즈 입력, 중간 행: 바닐라 오토인코더를 사용해 재구성된 출력, 마지막 행: 잡음 제거 오토인코더를 사용해 재구성된 출력

정규화 계층은 과적합 경향이 있고 오토인코더에 대한 항등 함수를 학습할 수 있는 심층 신경망을 처리할 때 자주 사용된다. 종종 앞서 설명한 드롭아웃 또는 GaussianNoise 레이어와 같이 일반적으로 **적층식 노이즈 제거**stacked denoising 레이어라고 부르는 정규화 및 학습 가능한 레이어로 구성된 유사한 패턴을 반복한다.

그래프 오토인코더

오토인코더의 기본 개념을 이해했다면 이제 이 프레임워크를 그래프 구조에 적용할 수 있다. 저차원 표현을 포함하는 인코더-디코더 구조의 네트워크가 그대로 적용된다면 손실 함수의 정의에 약간의 주의가 필요하다. 먼저 그래프 구조의 특성에 적용할 수 있는 의미 있는 공식에 재구성 오류를 적용해야 한다. 그렇게 하려면 먼저 1차 및 고차 근접성의 개념을 알아야 한다.

오토인코더를 그래프 구조에 적용할 때 네트워크의 입력 및 출력은 인접행렬과 같은 그래프 표현이어야 한다. 재구성 손실은 입력 행렬과 출력 행렬 간의 차이에 대한 프로베니우스 노름Frobenius Norm으로 정의할 수 있다. 그러나 이러한 그래프 구조와 인접행렬에 오토인코더를 적용할 때 두 가지 중요한 문제가 있다.

- 간선의 존재는 두 노드 간의 관계 또는 유사성을 나타내는 반면, 간선의 부재는 일반적으로 노드 간의 유사성을 나타내지 않는다.
- 인접행렬은 극도로 희소하므로 모델은 자연스럽게 양수 값보다는 0을 예측하는 경향이 있다.

이러한 그래프 구조의 특성을 해결하고자 재구성 손실을 정의할 때 0 요소에 대한 오류보다 0이 아닌 요소에 대해 수행된 더 많은 오류에 대해 페널티를 부여해야 한다. 이것은 다음 손실 함수를 사용해 수행할 수 있다.

$$\mathcal{L}_{2nd} = \sum_{i=1}^{n} \|(\tilde{X}_i - X_i) \odot b_i\|$$

여기서 $\odot$는 아다마르^{Hadamard} 요소별 곱이다. 여기서 노드 i 와 j 사이에 간선이 있으면 $b_{ij} = \beta > 1$이고 그렇지 않으면 0이다. 위의 손실 함수는 근방을 공유하는 노드(즉 인접 벡터가 유사함)도 임베딩 공간에서 가까울 것임을 보장한다. 따라서 앞서 소개한 공식은 재구성된 그래프에 대한 2차 근접성을 자연스럽게 보존한다.

다른 한편으로, 재구성된 그래프에서 1차 근접성을 촉진해 연결된 노드가 임베딩 공간에서 가까워지도록 할 수도 있다. 이 조건은 다음 손실 함수를 사용해 수행할 수 있다.

$$\mathcal{L}_{1th} = \sum_{i,j=1}^{n} s_{ij} \|y_j - y_i\|_2^2$$

여기서 y_i와 y_j는 임베딩 공간에서 노드 i와 j의 두 표현이다. 이 손실 함수는 임베딩 공간에서 인접 노드를 강제로 가깝게 만든다. 실제로 두 노드가 밀접하게 연결돼 있으면 s_{ij}가 커진다. 결과적으로, 손실 함수를 작게 유지하려면 임베딩 공간의 차이 $\|y_j = y_i\|_2^2$가 제한돼야 한다(두 노드가 임베딩 공간에서 가깝다는 것을 나타낸다). 두 손실 함수는 단일 손실 함수로 결합될 수 있다. 여기서 과적합을 방지하고자 가중치 계수

의 표준에 비례하는 정규화 항을 추가할 수 있다.

$$\mathcal{L}_{tot} = \mathcal{L}_{2nd} + \alpha \cdot \mathcal{L}_{tot} + \nu \cdot \mathcal{L}_{reg} = \mathcal{L}_{2nd} + \alpha \cdot \mathcal{L}_{tot} + \nu \cdot \|W\|_F^2$$

앞의 방정식에서 W는 네트워크에서 사용된 모든 가중치를 나타낸다. 앞의 공식은 왕Wang에 의해 2016년에 제안됐으며 현재는 **구조적 심층 네트워크 임베딩**SDNE, Structural Deep Network Embedding으로 알려져 있다.

앞의 손실은 텐서플로 및 케라스로 직접 구현할 수도 있지만 이전에 언급한 GEM 패키지에 통합된 이 네트워크를 이미 찾을 수 있다. 이전과 마찬가지로 노드 임베딩을 추출하는 것은 다음과 같이 몇 줄의 코드로 유사하게 수행할 수 있다.

```
G=nx.karate_club_graph()
sdne=SDNE(d=2, beta=5, alpha=1e-5, nu1=1e-6, nu2=1e-6,
         K=3, n_units=[50, 15,], rho=0.3, n_iter=10,
         xeta=0.01, n_batch=100,
         modelfile=['enc_model.json','dec_model.json'],
         weightfile=['enc_weights.hdf5','dec_weights.hdf5'])
sdne.learn_embedding(G)
embeddings = m1.get_embedding()
```

이러한 그래프 오토인코더는 매우 강력한 성능을 가졌지만 큰 그래프를 처리할 때 몇 가지 문제가 발생한다. 오토인코더의 입력은 네트워크의 노드 수만큼 요소가 있는 인접행렬의 한 행이다. 대규모 네트워크에서 이 크기가 수백만 또는 수천만이 될 수 있다.

다음 절에서 우리는 네트워크 정보를 인코딩하기 위한 다른 전략을 설명한다. 어떤 경우에는 지역 근방에 대해서만 반복적으로 임베딩을 집계해 큰 그래프로 확장할 수 있다.

그래프 신경망

그래프 신경망GNN은 그래프 구조의 데이터에서 작동하는 딥러닝 방법이다. 이 방법군은 **기하 딥러닝**geometric deep learning이라고도 하며 소셜 네트워크 분석 및 컴퓨터 그래픽을 비롯한 다양한 분야에서 점점 더 많은 관심을 받고 있다.

2장에서 정의한 분류법에 따르면 인코더 부분은 그래프 구조와 노드 특징을 모두 입력으로 받는다. 이러한 알고리듬은 지도 여부에 관계없이 학습할 수 있다. 3장에서는 비지도 학습에 초점을 맞추고 지도 학습은 4장에서 설명한다.

합성곱 신경망CNN, Convolutional Neural Network의 개념에 익숙하다면 텍스트(1차원), 이미지(2차원), 비디오(3차원)와 같은 일반 유클리드 공간을 처리할 때, CNN으로 인상적인 결과를 얻을 수 있다는 것을 이미 알고 있을 것이다. 고전적인 CNN은 일련의 레이어로 구성되며 각 레이어는 다축적의 지역화된 공간 특징을 추출한다. 이러한 특징은 더 복잡하고 표현력이 뛰어난 표현을 구성하고자 더 깊은(많은) 레이어가 필요하다.

최근에는 다층 및 지역성과 같은 개념이 그래프 구조의 데이터를 처리하는 데에도 유용하다는 것이 관찰됐다. 그러나 그래프는 비유클리드 공간에서 정의되며 그림 3.19에 설명된 것처럼 그래프에 대한 CNN의 일반화를 찾는 것은 간단하지 않다.

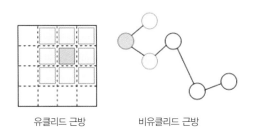

유클리드 근방   비유클리드 근방

그림 3.19 유클리드 근방과 비유클리드 근방 간의 시각적 차이

GNN의 원래 공식은 스카셀리Scarselli에 의해 2009년에 제안됐다. 이는 각 노드가 고유 특징과 근방으로 설명될 수 있다는 사실에 의거한다. 그래프 도메인에서 지역성의 개념을 나타내는 근방 정보는 함축되고, 더 복잡하고 높은 수준의 특징을 계산하는 데 사용할 수 있다. 어떻게 할 수 있는지 더 자세히 살펴보자.

처음에 각 노드 v_i는 상태와 연결된다. 무작위 임베딩, h_i^t(단순화를 위해 노드 속성 무시)부터 시작해 보자. 알고리듬의 각 반복에서 노드는 간단한 신경망 계층을 사용해 이웃의 입력을 누적한다.

$$h_i^t = \sum_{v_j \in N(v_i)} \sigma\left(W h_j^{t-1} + b\right)$$

여기서 $W \in \mathbb{R}^{d \times d}$ 및 $b \in \mathbb{R}^d$는 학습 가능한 매개 변수(d는 임베딩 차원)이고, 비선형 함수이며, t는 알고리듬의 t번째 반복을 나타낸다. 방정식은 특정 목표에 도달할 때까지 재귀적으로 적용된다. 각 반복에서, 순환 신경망의 새 상태를 계산하고자 이전 상태(이전 반복에서 계산된 상태)가 활용된다.

GNN의 변형

이 첫 번째 아이디어를 시작으로 최근 몇 년 동안 그래프 데이터에서 학습하는 문제를 다시 해결하려는 여러 시도가 있었다. 특히, 표현 학습 능력을 향상시키고자 이전에 설명한 GNN의 변형이 제안됐다. 그중 일부는 특정 유형의 그래프(직접, 간접, 가중치, 가중치 없음, 정적, 동적 등)를 처리하도록 특별히 설계됐다.

또한 여러 수준에서 표현을 개선하고자 전파 단계(합성곱, 게이트 메커니즘, 어텐션 메커니즘, 연결 건너뛰기 등)에 대해 여러 수정이 제안됐다. 또한 학습을 향상시키고자 다양한 훈련 방법이 제안됐다.

비지도 표현 학습을 처리할 때 가장 일반적인 접근 방식 중 하나는 인코더를 사용해 그래프를 삽입한 다음(인코더는 GNN 변형 중 하나로 공식화됨) 간단한 디코더를 사용해 인접행렬을 재구성하는 것이다. 손실 함수는 일반적으로 원래 인접행렬과 재구성된 행렬 간의 유사도로 정의된다. 수학적으로 다음과 같이 정의할 수 있다.

$$Z = GNN(X, A)$$
$$\hat{A} = ZZ^T$$

여기서 $A \in \mathbb{R}^{N \times N}$은 인접행렬 표현이고 $X \in \mathbb{R}^{N \times d}$는 노드 속성의 행렬이다. 특히 그래프 분류/표현 학습을 다룰 때 사용되는 이 접근 방식의 또 다른 일반적인 변형은 대상 거리에 대해 학습하는 것이다. 이는 결합된 표현을 얻고자 동시에 두 쌍의 그래프를 포함하는 것이다. 그런 다음 이 표현이 거리와 일치하도록 모델을 학습하는 것이다. 노드 유사성 함수를 사용해 노드 분류/표현 학습을 다룰 때도 유사한 전략을 채택할 수 있다.

그래프 합성곱 신경망GCN, Graph Convolutional Neural Network 기반 인코더는 비지도 학습을 위한 GNN의 가장 확산된 변형 중 하나다. GCN은 CNN의 기본 아이디어에서 영감을 받은 GNN 모델이다. 필터 매개 변수는 일반적으로 그래프의 모든 위치에서 공유되며 여러 레이어가 연결된 깊은 네트워크를 형성한다.

기본적으로 그래프 데이터에 대한 두 가지 유형의 합성곱 연산, 즉 **스펙트럼 접근 방식과 비스펙트럼**(공간적) 접근 방식이 있다. 첫 번째는 이름에서 알 수 있듯이 스펙트럼 영역에서 합성곱을 정의한다(즉 더 간단한 요소의 조합으로 그래프를 분해). 공간 합성곱은 합성곱을 이웃의 특징 정보를 집계하는 형태를 갖는다.

스펙트럼 그래프 합성곱

스펙트럼 접근법은 스펙트럼 그래프 이론, 특성 다항식과 관련된 그래프의 특성 연구, 그래프와 관련된 행렬의 고유값, 고유 벡터와 관련이 있다. 합성곱 연산은 커널에 의한 신호(노드 특징)의 곱으로 정의된다. 좀 더 자세하게는, 그래프 라플라시안의 고유 분해를 결정함으로써 푸리에Fourier 영역에서 정의된다(그래프 라플라시안은 특별한 방법으로 정규화된 인접행렬로 생각할 수 있다).

스펙트럼 합성곱의 이러한 정의는 강력한 수학적 기반을 갖고 있지만 연산에 대한 계산 비용이 많이 든다. 이러한 이유로 효율적인 방법으로 근사화하고자 여러 작업이 필요하다. 예를 들어 데페라르Defferrard의 ChebNet은 스펙트럼 그래프 합성곱에 대한 최초의 획기적인 작업 중 하나다. 여기서 연산은 K차의 체비셰프Chebyshev 다항식(함수를 효율적으로 근사하는 데 사용되는 특별한 종류의 다항식)의 개념을 사용해 근사된다.

여기서 K는 필터의 지역성을 결정하는 매우 유용한 매개 변수다. 직관적으로 $K = 1$의 경우 노드 특징만 네트워크에 제공된다. $K = 2$일 때 2-hop 이웃(이웃의 이웃) 등을 평균한다.

$X \in \mathbb{R}^{N \times d}$를 노드 특징의 행렬이라고 하자. 기존 신경망 처리에서 이 신호는 다음 형식의 레이어로 구성된다.

$$H^l = \sigma(XW)$$

여기서 $W \in \mathbb{R}^{N \times N}$은 레이어 가중치이며 일부 비선형 활성화 함수를 나타낸다. 이 연산의 단점은 노드 간의 연결을 고려하지 않고 각 노드 신호를 독립적으로 처리한다는 것이다. 이 한계를 극복하고자 다음과 같이 간단하지만 효과적인 변형이 있다.

$$H^l = \sigma(AXW)$$

인접행렬 $A \in \mathbb{R}^{N \times N}$을 도입함으로써 각 노드와 해당 이웃 간의 새로운 선형 조합이 추가된다. 이런 식으로 정보는 이웃에만 의존하고 매개 변수는 모든 노드에 동시에 적용된다.

이 작업을 순서대로 여러 번 반복해 깊은 네트워크를 만들 수 있다는 점은 주목할 가치가 있다. 각 레이어에서 노드 설명자 X는 이전 계층 H^{l-1}의 출력으로 대체된다.

그러나 앞서 제시한 방정식은 몇 가지 제한 사항이 있어 그대로 적용할 수 없다. 첫 번째 제한은 A를 곱하면 노드 자체가 아닌 노드의 모든 이웃을 고려한다는 것이다. 이 문제는 그래프에 자체 루프를 추가해 쉽게 극복할 수 있다. 즉 $\hat{A} = A + I$ 단위 행렬을 추가하면 된다.

두 번째 제한은 인접행렬 자체와 관련이 있다. 일반적으로 정규화되지 않기 때문에 고차 노드의 특징 표현에서 큰 값을 관찰하고 저차 노드의 특징 표현에서 작은 값을 관찰한다. 최적화 알고리듬은 종종 특징 규모에 민감하기 때문에 학습 중에 여러 문제가 발생한다. A를 정규화하는 데 여러 가지 방법이 있다.

예를 들어 키프Kipf와 웰링Welling이 2017년에 제안한(잘 알려진 GCN 모델 중 하나) 정규화는 A에 대각 노드 차수 행렬 D를 곱해 모든 행의 합이 $1(D^{-1}A)$이 되도록 한다. 보다 구체적으로, 그들은 전파 규칙이 다음과 같이 되도록 대칭 정규화$(D^{-1/2}AD^{-1/2})$를 사용했다.

$$H^l = \sigma(\hat{D}^{-\frac{1}{2}}\hat{A}\hat{D}^{-\frac{1}{2}}XW)$$

여기서 $\hat{D}$는 $\hat{A}$의 대각 노드 차수 행렬이다.

다음 예에서는 키프와 웰링이 정의한 대로 GCN을 만들고 잘 알려진 네트워크의 임베딩 생성을 위해 이 전파 규칙을 적용한다(재커리[Zachary]의 공수도 클럽 그래프).

1. 시작하려면 모든 파이썬 모듈을 가져와야 한다. 바벨 그래프를 로드하고자 networkx를 사용할 것이다.

    ```
    import networkx as nx
    import numpy as np
    G = nx.barbell_graph(m1=10,m2=4)
    ```

2. GC 전파 규칙을 구현하려면 G를 나타내는 인접행렬이 필요하다. 이 네트워크에는 노드 특징이 없으므로 노드 설명자로 $I \in \mathbb{R}^{N \times N}$ 단위 행렬을 사용한다.

    ```
    A = nx.to_numpy_matrix(G)
     I = np.eye(G.number_of_nodes())
    ```

3. 이제 자체 루프를 추가하고 대각 노드 차수 행렬을 준비한다.

    ```
    from scipy.linalg import sqrtm

    A_hat = A + I
    D_hat = np.array(np.sum(A_hat, axis=0))[0]
     D_hat = np.array(np.diag(D_hat))
     D_hat = np.linalg.inv(sqrtm(D_hat))
     A_norm = D_hat @ A_hat @ D_hat
    ```

4. 이제 2개의 레이어로 구성된 GCN을 만들 것이다. 레이어의 가중치와 전파 규칙을 정의하자. 레이어 가중치 W는 글로롯[Glorot] 균일 초기화를 사용해 초

기화된다(예: 가우시안 또는 균일 분포에서 샘플링해 다른 초기화 방법을 사용할 수도 있다).

```python
def glorot_init(nin, nout):
    sd = np.sqrt(6.0 / (nin + nout))
    return np.random.uniform(-sd, sd, size=(nin, nout))
class GCNLayer():
  def __init__(self, n_inputs, n_outputs):
    self.n_inputs = n_inputs
    self.n_outputs = n_outputs
    self.W = glorot_init(self.n_outputs, self.n_inputs)
    self.activation = np.tanh
  def forward(self, A, X):
    self._X = (A @ X).T
    H = self.W @ self._X
    H = self.activation(H)
    return H.T # (n_outputs, N)
```

5. 마지막으로 네트워크를 만들고 순방향 패스를 계산해 보자. 즉 네트워크를 통해 신호를 전파하는 것이다.

```python
gcn1 = GCNLayer(G.number_of_nodes(), 8)
gcn2 = GCNLayer(8, 4)
gcn3 = GCNLayer(4, 2)
H1 = gcn1.forward(A_norm, I)
H2 = gcn2.forward(A_norm, H1)

H3 = gcn3.forward(A_norm, H2)
```

H3에는 이제 GCN 전파 규칙을 사용해 계산된 임베딩이 포함된다. 출력의 수가 2임을 주목하자. 이는 임베딩이 2차원이고 쉽게 시각화될 수 있음을 의미한다. 그림 3.20에서 출력을 볼 수 있다.

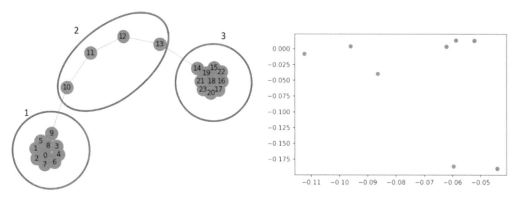

그림 3.20 노드의 임베딩 벡터를 생성하고자 그래프(왼쪽)에 그래프 합성곱 레이어 적용(오른쪽)

위 그림을 통해 아주 잘 분리된 두 커뮤니티의 존재를 관찰할 수 있다. 이것은 아직 네트워크를 훈련시키지 않았다는 점을 고려할 때 좋은 결과다.

스펙트럼 그래프 합성곱 방법은 많은 영역에서 주목할 만한 결과를 얻었으나 몇 가지 단점이 있다. 예를 들어 수십억 개의 노드가 있는 매우 큰 그래프를 생각해 보자. 스펙트럼 접근 방식에서는 그래프를 동시에 처리해야 하며, 이는 계산적 관점에서 비실용적일 수 있다.

또한 스펙트럼 합성곱은 종종 고정된 그래프를 가정하므로 새로운 그래프에서의 일반화 성능이 저하된다. 이러한 문제를 극복하고자 공간 그래프 합성곱이 흥미로운 대안이 된다.

공간 그래프 합성곱

공간 그래프 합성곱 네트워크spatial graph convolutional network는 공간적으로 가까운 이웃들의 정보를 집계해 그래프에서 직접 작업을 수행한다. 공간 합성곱에는 많은 장점이 있다. 가중치를 그래프의 다른 위치에서 쉽게 공유할 수 있으므로 다른 그래프에서 우수한 일반화 성능을 제공한다. 또한 전체 그래프 대신 노드의 하위 집합을 고려해 계산을 수행할 수 있으므로 잠재적으로 계산 효율성이 향상된다.

GraphSAGE는 공간 합성곱을 구현하는 알고리듬 중 하나다. 주요 특징 중 하나는 다양한 유형의 네트워크로 확장할 수 있다는 것이다. GraphSAGE는 3단계로 구성돼 있다고 생각할 수 있다.

1. **근방 샘플링**neighborhood sampling: 그래프의 각 노드에 대해 첫 번째 단계는 k-이웃을 찾는 것이다. 여기서 k는 고려할 홉(이웃의 이웃) 수를 결정하고자 사용자가 정의한다.

2. **집계**: 두 번째 단계는 각 노드에 대해 해당 이웃을 설명하는 노드 특징을 집계하는 것이다. 평균, 풀링(예: 특정 기준에 따라 최상의 특징 선택) 또는 반복 단위 사용(예: LSTMLong Short-Term Memory)과 같은 훨씬 더 복잡한 작업을 포함해 다양한 유형의 집계를 수행할 수 있다.

3. **예측**: 각 노드에는 이웃의 집계된 특징을 기반으로 예측을 수행하는 방법을 학습하는 간단한 신경망이 장착돼 있다.

GraphSAGE는 4장에서 볼 수 있듯이 지도 환경에서 자주 사용된다. 그러나 유사성 함수를 대상 거리로 사용하는 것과 같은 전략을 채택함으로써 명시적으로 비지도 임베딩을 학습하는 데에도 효과적일 수 있다.

예제로 보는 그래프 합성곱

실제로 GNN은 텐서플로, 케라스, 파이토치를 포함한 많은 머신러닝 및 딥러닝 프레임워크에 구현돼 있다. 다음 예제에서는 그래프에 대한 머신러닝을 위한 파이썬 라이브러리인 StellarGraph를 사용한다.

다음 예제에는 대상 변수 없이 비지도 방식으로 벡터를 삽입하는 방법이 나와 있다. 이 방법은 2019년 바이Bai의 연구로부터 영감을 받았다. 이 방법은 그래프 쌍의 동시 임베딩을 기반으로 한다. 이 임베딩은 그래프 간의 실제 거리와 일치해야 한다.

1. 먼저 필요한 파이썬 모듈을 로드한다.

```
import numpy as np
import stellargraph as sg
from stellargraph.mapper import FullBatchNodeGenerator
from stellargraph.layer import GCN

import tensorflow as tf
from tensorflow.keras import layers, optimizers, losses,
metrics, Model
```

2. 이 예에서는 PROTEINS 데이터셋을 사용할 것이다. 이 데이터셋은 StellarGraph
   에서 사용할 수 있으며 각 그래프에 대해 평균적으로 39개의 노드와 73개의
   간선이 있는 1,114개의 그래프로 구성된다. 각 노드는 4개의 속성으로 설명
   되며 두 클래스 중 하나에 속한다.

```
dataset = sg.datasets.PROTEINS()
graphs, graph_labels = dataset.load()
```

3. 다음 단계는 모델을 만드는 것이다. 모델은 각각 ReLU로 활성화된 64, 32차
   원의 출력을 가진 2개의 GC 레이어로 구성된다. 출력은 두 임베딩의 유클리
   드 거리로 계산된다.

```
generator = sg.mapper.PaddedGraphGenerator(graphs)

# 64, 32 사이즈 레이어 2개를 포함한 GCN model 정의.
# ReLU 활성화 함수는 레이어 간 비선형성을 추가하고자 사용.
gc_model = sg.layer.GCNSupervisedGraphClassification(
  [64, 32], ["relu", "relu"], generator, pool_all_layers=True)
# 다음 레이어에 연결할 수 있도록 GC 레이어의 입력 및 출력 텐서를 확인.

inp1, out1 = gc_model.in_out_tensors()
inp2, out2 = gc_model.in_out_tensors()
vec_distance = tf.norm(out1 - out2, axis=1)

# 모델 생성. 임베딩을 찾기 쉽게 반사 모델을 생성.
pair_model = Model(inp1 + inp2, vec_distance)
 embedding_model = Model(inp1, out1)
```

4. 이제 훈련을 위해 데이터셋을 준비하자. 입력 그래프의 각 쌍에 유사성 점수
   를 할당한다. 이 경우 그래프 편집 거리를 포함해 그래프 유사성에 대한 모
   든 개념을 사용할 수 있다. 단순화를 위해 그래프의 라플라시안 스펙트럼 사

이의 거리를 사용한다.

```python
def graph_distance(graph1, graph2):
    spec1 = nx.laplacian_spectrum(graph1.to_
networkx(feature_attr=None))
    spec2 = nx.laplacian_spectrum(graph2.to_
networkx(feature_attr=None))
    k = min(len(spec1), len(spec2))
    return np.linalg.norm(spec1[:k] - spec2[:k])


graph_idx = np.random.RandomState(0).randint(len(graphs),
size=(100, 2))
targets = [graph_distance(graphs[left], graphs[right])
for left, right in graph_idx]
train_gen = generator.flow(graph_idx, batch_size=10, targets=targets)
```

5. 마지막으로 모델을 컴파일하고 학습을 시작해 보자. 학습률 매개 변수가 1e-2
    로 설정된 적응형 모멘트 추정 옵티마이저(Adam)를 사용할 것이다. 사용할
    손실 함수는 예측과 이전에 계산된 실제 거리 사이의 최소 제곱 오차로 정의
    된다. 모델은 500에포크 동안 학습된다.

```python
pair_model.compile(optimizers.Adam(1e-2), loss="mse")
pair_model.fit(train_gen, epochs=500, verbose=0)
```

6. 학습이 끝나면 이제 학습된 표현을 검사하고 시각화할 수 있다. 출력이 32차
    원이므로 임베딩을 2차원 공간에 플로팅해 임베딩을 정성적으로 평가하는 방
    법이 필요하다. 이를 위해 T-SNE를 사용할 것이다.

```python
# 임베딩 검색
embeddings = embedding_model.predict(generator.flow(graphs))
# 차원 축소를 위해 TSNE 사용
from sklearn.manifold import TSNE
tsne = TSNE(2)
 two_d = tsne.fit_transform(embeddings)
```

임베딩을 플로팅해 보자. 그림에서 각 점(임베딩된 그래프)은 해당 라벨(파란색=0, 빨간
색=1)에 따라 색상이 지정된다. 결과는 그림 3.21에 나와 있다.

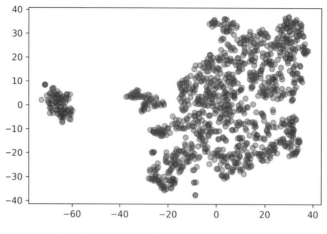

그림 3.21 GCN을 사용한 PROTEINS 데이터셋 임베딩

앞선 예제는 그래프에 대한 임베딩을 학습하는 여러 방법 중 하나일 뿐이다. 특정 문제에 대해서는 이보다 최적화된 고급 솔루션이 존재할 수 있다.

요약

3장에서는 노드 및 그래프 표현 학습과 같은 실제 문제를 해결하고자 비지도 머신러닝을 그래프에 효과적으로 적용하는 방법을 소개했다.

먼저 학습된 입력 데이터에 대한 임베딩 값만 학습하고 반환할 수 있는 알고리듬 집합인 얕은 임베딩 방법을 분석했다.

그리고 오토인코더 알고리듬을 사용해 저차원 공간에서 중요한 정보를 보존함으로써 입력을 인코딩하는 방법을 설명했다. 또한 쌍별 노드/그래프 유사성을 재구성할 수 있는 임베딩에 대해 학습해 이 아이디어를 그래프에 적용할 수 있는 방법을 봤다.

마지막으로 GNN의 기본 개념을 소개했다. 합성곱과 같은 잘 알려진 개념을 그래프에 적용할 수 있는 방법을 살펴봤다.

4장에서는 지도 학습 환경에서 이러한 개념을 수정할 것이다. 지도 학습에서는 대상 라벨이 제공되고 학습의 목표는 입력과 출력 간의 매핑을 배우는 것이다.

04

지도 그래프 학습

지도 학습SL은 **머신러닝**ML 작업의 대부분을 차지한다. 활발하고 효과적인 데이터 수집 활동 덕분에 오늘날에는 라벨이 지정된 데이터셋을 처리하는 것이 매우 일반적이다.

노드, 커뮤니티 또는 전체 구조에 라벨을 할당할 수 있는 그래프 데이터의 경우에도 마찬가지다. 그런 다음 작업은 입력과 라벨(대상target 또는 주석annotation이라고도 한다) 간의 매핑 기능을 학습하는 것이다.

예를 들어 소셜 네트워크를 나타내는 그래프에서 어떤 사용자(노드)가 계정을 폐쇄할지 추측하라는 문제를 받을 수 있다. **회고 데이터**retrospective data에 대한 그래프 머신러닝을 훈련함으로써 이 예측 기능을 학습할 수 있다. 여기서 각 사용자는 몇 달 후에 계정을 폐쇄했는지 여부에 따라 '충실함' 또는 '탈퇴자'로 분류된다.

4장에서는 지도 학습의 개념과 이를 그래프에 적용하는 방법을 살펴본다. 따라서 주요 지도 그래프 임베딩 방법에 대한 개요도 제공한다.

4장에서는 다음과 같은 내용을 다룬다.

- 지도 그래프 임베딩 로드맵

- 특징 기반 방법

- 얕은 임베딩 방법

- 그래프 정규화 방법

- 그래프 **합성곱 신경망**CNN, Convolutional Neural Network

기술적 필요 사항

모든 예제는 파이썬 3.8과 함께 주피터 노트북Jupyter Notebook을 사용한다. 아래 코드
는 4장 실습에 필요한 라이브러리로, pip를 이용해 설치할 수 있다. 예를 들어 터미
널command line에서 pip install networkx==2.5 등을 실행하면 networkx 버전 2.5가 설
치된다.

```
Jupyter==1.0.0
networkx==2.5
matplotlib==3.2.2
karateclub==1.0.19
node2vec==0.3.3
karateclub==1.0.19
scikit-learn==0.24.0
pandas==1.1.3
numpy==1.19.2
tensorflow==2.4.1
neural-structured-learning==1.3.1
stellargraph==1.2.1
```

이 책의 나머지 부분에서 명확하게 언급되지 않은 경우 networkx를 import networkx
as nx로 참조할 것이다.

4장과 관련된 모든 코드 파일은 다음 URL(https://github.com/PacktPublishing/Graph-
Machine-Learning/tree/main/Chapter04)에 있다.

지도 그래프 임베딩 로드맵

지도 학습에서 훈련 세트는 순서쌍(x, y)의 시퀀스로 구성되며, 여기서 x는 입력 특징(보통 그래프에서 정의된 신호) 세트이고 y는 할당된 출력 라벨이다. 머신러닝 모델의 목표는 x 값을 y 값에 매핑하는 함수를 배우는 것이다. 일반적인 지도 학습에는 대규모 소셜 네트워크에서 사용자 속성 예측 또는 각 분자가 그래프인 분자의 속성 예측이 포함된다.

그러나 때로는 모든 인스턴스에 라벨을 제공할 수 있는 것은 아니다. 이 시나리오에서 일반적인 데이터셋은 라벨이 지정된 인스턴스의 작은 세트와 라벨이 지정되지 않은 인스턴스의 큰 세트로 구성된다. 이러한 상황을 위해 라벨이 지정되지 않은 샘플에 대한 예측 함수를 학습하기 위해 사용 가능한 라벨 정보에 의해 반영된 라벨 종속성 정보를 활용하는 것을 목표로 하는 **준지도 학습**SSL, Semi-SL이 있다.

지도 그래프 머신러닝 기술과 관련된 많은 알고리듬이 있다. 그러나 다른 논문 (https://arxiv.org/abs/2005.03675)에 의해 이전에 보고된 바와 같이 **특징 기반 방법, 얕은 임베딩 방법, 정규화 방법, 그래프 신경망**GNN과 같은 매크로 그룹으로 다음 다이어그램과 같이 그룹화할 수 있다.

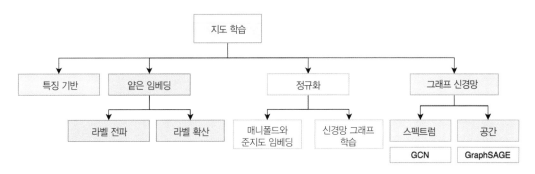

그림 4.1 이 책에서 설명하는 다양한 지도 임베딩 알고리듬의 계층 구조

다음 절에서는 각 알고리듬 그룹의 기본 원칙을 배운다. 실제 문제를 해결하는 데 사용할 수 있으므로 현장에서 가장 잘 알려진 알고리듬에 대한 통찰력을 제공하려고 노력할 것이다.

특징 기반 방법

그래프에 머신러닝을 적용하는 매우 간단하지만 강력한 방법 중 하나는 인코딩 함수를 간단한 임베딩 조회로 간주하는 것이다. 지도 작업을 처리할 때 이를 수행하는 한 가지 간단한 방법은 그래프 속성을 활용하는 것이다. 1장에서 그래프 자체에서 중요한 정보를 '인코딩'하는 구조적 속성을 통해 그래프(또는 그래프의 노드)를 설명하는 방법을 배웠다.

잠시 동안 그래프 머신러닝을 잊어 보자. 고전적인 지도 머신러닝에서 작업은 인스턴스의 (설명적) 특징 집합을 특정 출력에 매핑하는 함수를 찾는 것이다. 이러한 특징은 해당 개념을 학습할 수 있을 만큼 전체를 충분히 대표할 수 있도록 주의 깊게 설계돼야 한다. 따라서 꽃잎 수와 꽃받침 길이가 꽃에 대한 좋은 설명자가 될 수 있는 것처럼 그래프를 설명할 때 평균 차수, 전체 효율성, 특징적인 경로 길이에 의존할 수 있다.

이 얕은 접근 방식은 다음과 같이 요약된 두 단계로 작동한다.

1. 좋은 설명이 되는 그래프 속성 집합을 선택한다.
2. 이러한 속성을 기존 머신러닝 알고리듬에 대한 입력으로 사용한다.

불행하게도 좋은 기술 속성에 대한 일반적인 정의는 없으며, 그 선택은 풀어야 할 특정 문제에 따라 매우 달라진다. 그러나 여전히 다양한 그래프 속성을 계산한 다음 **특징 선택**을 수행해 가장 유익한 것을 선택할 수 있다. 특징 선택은 머신러닝에서 널리 연구된 주제이지만 다양한 방법에 대한 세부 정보를 제공하는 것은 이 책의 범위를 벗어난다. 그러나 이 주제에 대한 자세한 내용은 다음 URL(https://subscription. packtpub.com/book/big_data_and_business_Intelligence/9781789347999)을 참고하면 된다.

이제 이러한 기본 방법을 적용할 수 있는 실제 예를 살펴보자. PROTEINS 데이터셋을 사용해 지도 그래프 분류 작업을 수행한다. PROTEINS 데이터셋에는 단백질 구조를 나타내는 여러 그래프가 포함돼 있다. 각 그래프에는 단백질이 효소인지 여부를 정의하는 라벨이 지정돼 있다. 다음 단계를 따라 진행할 것이다.

1. 먼저 다음과 같이 stellargraph 파이썬 라이브러리를 통해 데이터셋을 로드한다.

```
from stellargraph import datasets
from IPython.display import display, HTML
dataset = datasets.PROTEINS()
graphs, graph_labels = dataset.load()
```

2. 그래프 속성을 계산하고자 1장에서 설명한 대로 networkx를 사용할 것이다. 이를 위해 stellargraph 형식에서 networkx 형식으로 그래프를 변환해야 한다. 이것은 두 단계를 거쳐 수행된다. 첫째, stellargraph 표현에서 numpy 인접행렬로 그래프를 변환한다. 그런 다음 인접행렬을 사용해 networkx 표현으로 되돌린다. 또한 라벨(pandas Series로 저장됨)을 numpy 배열로 변환한다. 이는 다음 단계에서 볼 수 있듯이 평가 함수에서 이를 더 잘 활용할 수 있다. 코드는 다음과 같다.

```
# StellarGraph 형태에서 numpy 인접행렬로 변환
adjs = [graph.to_adjacency_matrix().A for graph in graphs]
# Pandas.Series로 구성된 라벨을 numpy array로 변환
labels = graph_labels.to_numpy(dtype=int)
```

3. 각 그래프에 대해 설명하고자 전역 측정 지표를 계산한다. 이 예에서는 간선 수, 평균 클러스터 계수, 전역 효율성을 선택했다. 그러나 탐색할 가치가 있는 몇 가지 다른 속성을 계산하는 것이 좋다. 다음과 같이 networkx를 사용해 그래프 측정 지표를 추출할 수 있다.

```
import numpy as np
import networkx as nx
metrics = []
for adj in adjs:
  G = nx.from_numpy_matrix(adj)
  # 기본 속성
  num_edges = G.number_of_edges()
  # 클러스터링 방법
  cc = nx.average_clustering(G)
  # 효율성 측정
  eff = nx.global_efficiency(G)
  metrics.append([num_edges, cc, eff])
```

4. 이제 scikit-learn 유틸리티를 활용해 훈련 및 테스트 세트를 생성할 수 있다. 실험에서는 데이터셋의 70%를 훈련 세트로 사용하고 나머지를 테스트 세트로 사용한다. 다음과 같이 scikit-learn에서 제공하는 train_test_split 함수를 사용해 이를 수행할 수 있다.

```
from sklearn.model_selection import train_test_split
X_train, X_test, y_train, y_test = train_test_
split(metrics, labels, test_size=0.3, random_state=42)
```

5. 이제 머신러닝 알고리듬의 학습을 시작한다. 예제에서는 머신러닝 알고리듬 중 **서포트 벡터 머신**^{SVM, Support Vector Machine}을 선택했다. SVM은 예측된 라벨과 실제 라벨(정답) 간의 차이를 최소화하도록 학습된다. 다음과 같이 scikit-learn의 SVC 모듈을 사용해 이를 수행할 수 있다.

```
from sklearn import svm
from sklearn.metrics import accuracy_score, precision_
score, recall_score, f1_score
clf = svm.SVC()
clf.fit(X_train, y_train)
 y_pred = clf.predict(X_test)
print('Accuracy', accuracy_score(y_test,y_pred))
 print('Precision', precision_score(y_test,y_pred))
 print('Recall', recall_score(y_test,y_pred))
 print('F1-score', f1_score(y_test,y_pred))
```

출력은 다음과 같다.

```
Accuracy 0.7455
Precision 0.7709
Recall 0.8413
F1-score 0.8045
```

정밀도, 정밀도, 재현율, F1 점수를 사용해 알고리듬이 테스트 세트에서 얼마나 잘 수행되는지 평가했다. F1 점수에서 약 80%를 달성했으며, 이는 이러한 간단한 작업에 대해 이미 상당히 좋은 것이다.

얕은 임베딩 방법

3장에서 이미 설명했듯이 얕은 임베딩 방법은 유한한 입력 데이터 집합에 대해서만 노드, 간선 또는 그래프 표현을 학습하는 그래프 임베딩 방법의 하위 집합이다. 얕은 임베딩 방법은 모델 학습에 사용된 것과 다른 데이터를 다른 인스턴스에는 적용할 수 없다. 논의를 시작하기 전에 지도 및 비지도 얕은 임베딩 알고리듬이 어떻게 다른지 정의하는 것이 중요하다.

비지도 임베딩 방법과 지도 임베딩 방법의 주요 차이점은 본질적으로 해결하려는 작업에 있다. 실제로, 비지도 얕은 임베딩 알고리듬이 잘 정의된 클러스터를 구축하고자 좋은 그래프, 노드 또는 간선 표현을 학습하려고 하면 지도 알고리듬은 노드, 라벨 또는 그래프 분류와 같은 예측 작업에 대한 최상의 솔루션을 찾으려고 한다.

이 절에서는 지도 학습을 통한 얕은 임베딩 알고리듬 중 일부를 자세히 설명한다. 또한 파이썬에서 이러한 알고리듬을 사용하는 방법에 대한 몇 가지 예를 제공할 것이다. 이 절에서 설명하는 모든 알고리듬에 대해 scikit-learn 라이브러리에서 사용할 수 있는 기본 클래스를 사용해 맞춤형 구현 방법을 제시한다.

라벨 전파 알고리듬

라벨 전파 알고리듬은 데이터 과학에 널리 적용되고 노드 분류 작업을 해결하는 데 사용되는 잘 알려진 준지도 알고리듬이다. 보다 정확하게 설명하면, 알고리듬은 주어진 노드의 라벨을 인접 노드 또는 해당 노드에서 도달할 가능성이 높은 노드로 전파하는 것이다.

이 접근 방식의 기본 개념은 매우 간단하다. 라벨이 지정된 노드와 라벨이 지정되지 않은 노드 집합이 있는 그래프가 주어지면 라벨이 지정된 노드가 도달할 가능성이 가장 높은 노드에 라벨을 전파한다. 그림 4.2에서 라벨이 지정된 노드와 라벨이 지정되지 않은 노드가 있는 그래프의 예를 볼 수 있다.

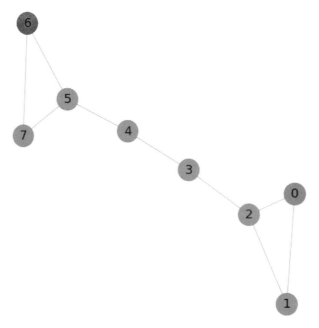

그림 4.2 2개의 라벨이 지정된 노드(빨간색은 클래스 0, 녹색은 클래스 1)와 라벨이 지정되지 않은 6개의 노드가 있는 그래프의 예

그림 4.2에 따르면 라벨이 지정된 노드(노드 0 및 6)의 정보를 사용해 알고리듬은 라벨이 지정되지 않은 다른 노드로 이동할 확률을 계산한다. 라벨이 지정된 노드에서 가장 높은 확률을 갖는 노드는 해당 노드의 라벨을 얻는다.

수학적으로 표현하면, $G = (V, E)$를 그래프라고 하고 $Y = \{y_1, \ldots, y_p\}$를 라벨 집합이라고 하자. 준지도 알고리듬이므로 노드의 하위 집합에만 라벨이 할당된다. 또한, $A \in \mathbb{R}^{|V| \times |V|}$을 입력 그래프 G의 인접행렬이라고 하고 $D \in \mathbb{R}^{|V| \times |V|}$을 대각 차수 행렬로 하면 각 원소 $d_{ij} \in D$는 다음과 같이 정의된다.

$$d_{ij} = \{ \begin{matrix} 0 \; if \; i \neq j \\ \deg(v_i) \; if \; i = j \end{matrix}$$

즉 차수 행렬의 0이 아닌 유일한 원소는 행이 나타내는 노드의 차수로 값이 지정되는 대각선 원소다. 다음 그림 4.3에서 그림 4.2에 표시된 그래프의 대각 차수 행렬을 볼 수 있다.

$$D = \begin{bmatrix} 2 & 0 & 0 & 0 & 0 & 0 & 0 & 0 \\ 0 & 2 & 0 & 0 & 0 & 0 & 0 & 0 \\ 0 & 0 & 3 & 0 & 0 & 0 & 0 & 0 \\ 0 & 0 & 0 & 2 & 0 & 0 & 0 & 0 \\ 0 & 0 & 0 & 0 & 2 & 0 & 0 & 0 \\ 0 & 0 & 0 & 0 & 0 & 3 & 0 & 0 \\ 0 & 0 & 0 & 0 & 0 & 0 & 2 & 0 \\ 0 & 0 & 0 & 0 & 0 & 0 & 0 & 2 \end{bmatrix}$$

그림 4.3 그림 4.2의 그래프에 대한 대각 차수 행렬

그림 4.3에서 행렬의 대각선 요소에만 0이 아닌 값이 포함돼 있고 해당 값이 특정 노드의 차수를 나타내는 것을 볼 수 있다. 또한 전이 행렬 $L = D^{-1}A$를 도입해야 한다. 이 행렬은 다른 노드에서 노드에 도달할 확률을 정의한다. 보다 정확하게는 $l_{ij} \in L$은 노드 v_i에서 노드 v_j에 도달할 확률이다. 다음 그림 4.4는 그림 4.2에 묘사된 그래프의 전이 행렬을 보여 준다.

$$L = \begin{bmatrix} 0 & 0.5 & 0.5 & 0 & 0 & 0 & 0 & 0 \\ 0.5 & 0 & 0.5 & 0 & 0 & 0 & 0 & 0 \\ 0.33 & 0.33 & 0 & 0.33 & 0 & 0 & 0 & 0 \\ 0 & 0 & 0.5 & 0 & 0.5 & 0 & 0 & 0 \\ 0 & 0 & 0 & 0.5 & 0 & 0.5 & 0 & 0 \\ 0 & 0 & 0 & 0 & 0.33 & 0 & 0.33 & 0.33 \\ 0 & 0 & 0 & 0 & 0 & 0.5 & 0 & 0.5 \\ 0 & 0 & 0 & 0 & 0 & 0.5 & 0.5 & 0 \end{bmatrix}$$

그림 4.4 그림 4.2의 그래프에 대한 전이 행렬

그림 4.4에서 행렬은 시작 노드가 주어졌을 때 끝 노드에 도달할 확률을 보여 준다. 예를 들어 행렬의 첫 번째 행에서 노드 0에서 0.5의 동일한 확률로 노드 1과 2에만 도달할 수 있음을 볼 수 있다. Y^0로 초기 라벨 할당을 정의하면 라벨의 확률 행렬을 사용해 얻은 각 노드에 대한 할당은 $Y^1 = LY^0$로 계산할 수 있다. 그림 4.2의 그래프에 대해 계산된 Y^1 행렬은 다음 그림 4.5와 같다.

$$Y^1 = \begin{bmatrix} 0 & 0.5 & 0.5 & 0 & 0 & 0 & 0 & 0 \\ 0.5 & 0 & 0.5 & 0 & 0 & 0 & 0 & 0 \\ 0.33 & 0.33 & 0 & 0.33 & 0 & 0 & 0 & 0 \\ 0 & 0 & 0.5 & 0 & 0.5 & 0 & 0 & 0 \\ 0 & 0 & 0 & 0.5 & 0 & 0.5 & 0 & 0 \\ 0 & 0 & 0 & 0 & 0.33 & 0 & 0.33 & 0.33 \\ 0 & 0 & 0 & 0 & 0 & 0.5 & 0 & 0.5 \\ 0 & 0 & 0 & 0 & 0 & 0.5 & 0.5 & 0 \end{bmatrix} * \begin{bmatrix} 1 & 0 \\ 0 & 0 \\ 0 & 0 \\ 0 & 0 \\ 0 & 0 \\ 0 & 0 \\ 0 & 1 \\ 0 & 0 \end{bmatrix} = \begin{bmatrix} 0 & 0 \\ 0.5 & 0 \\ 0.33 & 0 \\ 0 & 0 \\ 0 & 0 \\ 0 & 0.33 \\ 0 & 0 \\ 0 & 0.5 \end{bmatrix}$$

그림 4.5 **그림 4.2**의 그래프에 대한 행렬을 사용해 얻은 솔루션

그림 4.5에서 전환 행렬을 사용하면 노드 1과 노드 2가 각각 0.5와 0.33의 확률로 [1 0] 라벨에 할당될 수 있는 반면 노드 5와 노드 6은 [0 1] 라벨에 할당될 확률이 각각 0.33과 0.5임을 알 수 있다.

또한 그림 4.5를 더 잘 분석하면 다음과 같은 두 가지 주요 문제를 볼 수 있다.

- 이 솔루션을 사용하면 라벨과 관련된 확률을 노드 [1 2] 및 [5 7]에만 할당할 수 있다.
- 노드 0과 6의 초기 라벨은 Y^0에 정의된 라벨과 다르다.

첫 번째 문제점을 풀고자 알고리듬은 n번의 반복을 수행한다. 각 반복에서 알고리듬은 다음과 같이 해당 반복에 대한 솔루션을 계산한다.

$$Y^t = LY^{t-1}$$

알고리듬은 특정 조건이 충족되면 반복을 중지한다. 두 번째 문제는 주어진 반복의 솔루션에서 라벨이 지정된 노드가 초기 클래스 값을 갖도록 부과함으로써 라벨 전파 알고리듬에 의해 해결된다. 예를 들어 그림 4.5에서 볼 수 있는 결과를 계산한 후 알고리듬은 결과 행렬의 첫 번째 행이 [1 0]이 되고 행렬의 일곱 번째 행이 [0 1]이 되도록 강제한다.

이번 절에서는 scikit-learn 라이브러리에서 사용할 수 있는 LabelPropagation 클래스의 수정된 버전을 제안한다. 이 선택의 주된 이유는 LabelPropagation 클래스가 데이터셋을 나타내는 행렬을 입력으로 사용하기 때문이다. 행렬의 각 행은 샘플을 나타

내고 각 열은 특징을 나타낸다.

fit 작업을 수행하기 전에 LabelPropagation 클래스는 내부적으로 _build_graph 함수를 실행한다. 이 함수는 입력 데이터셋을 설명하는 그래프를 매개 변수 커널(k-최근접 이웃^{kNN, k-Nearest Neighbor} 및 방사형 기저 함수를 _get_kernel 함수 내에서 사용할 수 있다)을 사용해 빌드한다. 결과적으로 원본 데이터셋은 각 노드가 샘플(입력 데이터셋의 행)이고 각 간선이 샘플 간의 상호 작용인 그래프(인접행렬 표현에서)로 변환된다.

이처럼 특별한 경우에는 입력 데이터셋이 이미 그래프이므로 networkx 그래프를 처리하고 원본 그래프에서 계산 작업을 수행할 수 있는 새 클래스를 정의해야 한다. ClassifierMixin, BaseEstimator, ABCMeta 기본 클래스를 확장해 GraphLabelPropagation 이라는 새 클래스를 만들어 주어진 목표를 달성한다. 여기서 제안하는 알고리듬은 주로 알고리듬 이면의 개념을 이해하는 데 도움을 주고자 사용된다. 전체 알고리듬은 이 책의 깃허브^{GitHub} 저장소에 있는 04_supervised_graph_machine_learning/02_Shallow_embeddings.ipynb 주피터 노트북으로 제공된다. 알고리듬을 설명하고자 fit (X,y) 함수만 참조로 사용한다. 코드는 다음과 같다.

```python
class GraphLabelPropagation(ClassifierMixin, BaseEstimator,
metaclass=ABCMeta):

    def fit(self, X, y):
        X, y = self._validate_data(X, y)
        self.X_ = X
        check_classification_targets(y)
        D = [X.degree(n) for n in X.nodes()]
        D = np.diag(D)

        # 라벨 데이터 구축
        # 분류 전용 범주형 데이터 구축
        unlabeled_index = np.where(y==-1)[0]
        labeled_index = np.where(y!=-1)[0]
        unique_classes = np.unique(y[labeled_index])

        self.classes_ = unique_classes
        Y0 = np.array([self.build_label(y[x], len(unique_
classes)) if x in labeled_index else np.zeros(len(unique_
classes)) for x in range(len(y))])
```

```
        A = inv(D)*nx.to_numpy_matrix(G)
        Y_prev = Y0
        it = 0
        c_tool = 10

    while it < self.max_iter & c_tool > self.tol:
        Y = A*Y_prev
        # 라벨 강제 할당
        Y[labeled_index] = Y0[labeled_index]
        it +=1
        c_tol = np.sum(np.abs(Y-Y_prev))
        Y_prev = Y

    self.label_distributions_ = Y
    return self
```

fit(X,y) 함수는 networkx 그래프 X와 각 노드에 할당된 라벨을 나타내는 배열 y를 입력으로 사용한다. 라벨이 없는 노드는 -1의 대표값을 가져야 한다. while 루프는 실제 계산을 수행한다. 보다 정확하게는 각 반복에서 Y^t값을 계산하고 라벨이 지정된 노드가 원래 입력값과 같도록 강제한다. 알고리듬은 두 가지 정지 조건이 충족될 때까지 계산을 수행한다. 위 구현에서는 다음 두 가지 기준이 사용됐다.

- **반복수**: 알고리듬은 주어진 반복 횟수가 수행될 때까지 계산을 실행한다.
- **솔루션 허용 오차**: 알고리듬은 2개의 연속 반복 Y^{t-1} 및 Y^t에서 얻은 솔루션의 절대 차이가 주어진 임계값보다 낮을 때까지 계산을 실행한다.

알고리듬은 다음 코드를 이용해 그림 4.2에 표시된 예제 그래프에 적용할 수 있다.

```
glp = GraphLabelPropagation()
y = np.array([-1 for x in range(len(G.nodes()))])
y[0] = 0
y[6] = 1
glp.fit(G,y)
 glp.predict_proba(G)
```

알고리듬으로 얻은 결과는 그림 4.6과 같다.

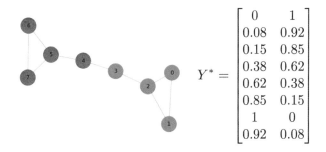

그림 4.6 그림 4.2의 그래프에 대한 라벨 전파 알고리듬의 결과: 왼쪽에는 최종 라벨이 지정된 그래프, 오른쪽은 최종 확률 할당 행렬

그림 4.6에서 그림 4.2와 같은 예제에 알고리듬을 적용한 결과를 볼 수 있다. 최종 확률 할당 행렬에서 알고리듬의 제약으로 인해 초기 라벨이 지정된 노드의 확률이 1인 방법과 라벨이 지정된 노드에 '가까운' 노드가 라벨을 얻는 방법을 확인할 수 있다.

라벨 확산 알고리듬

라벨 확산 알고리듬은 또 다른 준지도 얕은 임베딩 알고리듬이다. 라벨 전파 방식의 큰 한계인 **초기 라벨링**을 극복하고자 만들어졌다. 실제로 라벨 전파 알고리듬에 따르면 초기 라벨은 학습 과정에서 수정할 수 없으며 각 반복에서 원래 값과 같아야 한다. 이 제약 조건은 초기 라벨 지정이 오류나 노이즈의 영향을 받은 경우 잘못된 결과를 생성할 수 있다. 결과적으로 오류는 입력 그래프의 모든 노드에 전파된다.

이 제한을 해결하고자 라벨 확산 알고리듬은 라벨이 지정된 원래 데이터의 제약을 완화해 라벨이 지정된 입력 노드가 교육 프로세스 중에 라벨을 변경할 수 있도록 한다.

수학적으로 표현하면, $G = (V, E)$를 그래프라고 하고 $Y = \{y_1, \ldots, y_p\}$을 라벨 집합이라고 하고(준지도 알고리듬이므로 노드의 하위 집합에만 라벨이 할당됨) $A \in \mathbb{R}^{|V| \times |V|}$과 $D \in \mathbb{R}^{|V| \times |V|}$을 그래프 G의 대각 차수행렬인 인접행렬이라 하자. 확률 전이 행렬을 계

산하는 대신 라벨 확산 알고리듬은 다음과 같이 정의된 정규화된 그래프 **라플라시안 행렬**을 사용한다.

$$\mathcal{L} = D^{-1/2}AD^{-1/2}$$

라벨 전파와 마찬가지로 이 행렬은 전체 그래프에 정의된 연결의 일종의 압축된 저차원 표현으로 볼 수 있다. 이 행렬은 다음 코드와 함께 networkx를 이용해 쉽게 계산할 수 있다.

```
from scipy.linalg import fractional_matrix_power
D_inv = fractional_matrix_power(D, -0.5)
 L = D_inv*nx.to_numpy_matrix(G)*D_inv
```

결과적으로 다음을 얻을 수 있다.

$$\mathcal{L} = \begin{bmatrix} 0 & 0.5 & 0.40824829 & 0 & 0 & 0 & 0 & 0 \\ 0.5 & 0 & 0.40824829 & 0 & 0 & 0 & 0 & 0 \\ 0.40824829 & 0.40824829 & 0 & 0.40824829 & 0 & 0 & 0 & 0 \\ 0 & 0 & 0.40824829 & 0 & 0.5 & 0 & 0 & 0 \\ 0 & 0 & 0 & 0.5 & 0 & 0.40824829 & 0 & 0 \\ 0 & 0 & 0 & 0 & 0.40824829 & 0 & 0.40824829 & 0.40824829 \\ 0 & 0 & 0 & 0 & 0 & 0.40824829 & 0 & 0.5 \\ 0 & 0 & 0 & 0 & 0 & 0.40824829 & 0.5 & 0 \end{bmatrix}$$

그림 4.7 정규화된 그래프 라플라시안 행렬

라벨 확산과 라벨 전파 알고리듬의 가장 중요한 차이점은 라벨을 추출하는 데 사용되는 함수와 관련이 있다. 초기 라벨 할당을 Y^0로 정의하면 $\mathcal{L}$행렬을 사용해 얻은 각 노드에 대한 라벨 할당 확률은 다음과 같이 계산할 수 있다.

$$Y^1 = \alpha\mathcal{L}Y^0 + (1-\alpha)Y^0$$

라벨 전파와 마찬가지로 라벨 확산에는 최종 솔루션을 계산하는 반복 프로세스가 있다. 알고리듬은 n번의 반복을 수행한다. 각 반복 t에서 알고리듬은 다음과 같이 해당 반복에 대한 솔루션을 계산한다.

$$Y^t = \alpha\mathcal{L}Y^{t-1} + (1-\alpha)Y^0$$

알고리듬은 특정 조건이 충족되면 반복을 중지한다. 방정식의 $(1-\alpha)Y^0$ 항이 매우 중요하다. 실제로 라벨 확산은 솔루션의 라벨이 지정된 요소가 원래 값과 같도록 강제하지 않는다. 대신 알고리듬은 정규화 매개 변수 $\alpha \in [0,1)$을 사용해 각 반복에서 원래 솔루션의 영향을 가중한다. 이를 통해 원본 솔루션의 '품질'과 최종 솔루션의 영향을 명시적으로 부과할 수 있다.

다음 코드에서는 이전 절에서 이미 언급한 바와 같은 이유로 scikit-learn 라이브러리에서 사용할 수 있는 LabelSpreading 클래스의 수정된 버전을 사용한다. GraphLabelPropagation 클래스를 상속해 클래스의 fit() 메서드를 수정하는 GraphLabelSpreading 클래스를 사용한다. 전체 알고리듬은 이 책의 깃허브 저장소에서 사용할 수 있는 04_supervised_graph_machine_learning/02_Shallow_embeddings. ipynb 주피터 노트북으로 제공된다.

```python
class GraphLabelSpreading(GraphLabelPropagation):

    def fit(self, X, y):
        X, y = self._validate_data(X, y)
        self.X_ = X
        check_classification_targets(y)
        D = [X.degree(n) for n in X.nodes()]
        D = np.diag(D)
        D_inv = np.matrix(fractional_matrix_power(D,-0.5))
        L = D_inv*nx.to_numpy_matrix(G)*D_inv

        # 라벨 데이터 구축
        # 분류 전용 범주형 데이터 구축
        labeled_index = np.where(y!=-1)[0]
        unique_classes = np.unique(y[labeled_index])
        self.classes_ = unique_classes

        Y0 = np.array([self.build_label(y[x], len(unique_
classes)) if x in labeled_index else np.zeros(len(unique_
classes)) for x in range(len(y))])

        Y_prev = Y0
        it = 0
        c_tool = 10
        while it < self.max_iter & c_tool > self.tol:
            Y = (self.alpha*(L*Y_prev))+((1-self.alpha)*Y0)
```

```
     it +=1
     c_tol = np.sum(np.abs(Y-Y_prev))
    Y_prev = Y
    self.label_distributions_ = Y
    return self
```

이 클래스에서 fit() 함수가 주요 포인트다. 이 함수는 networkx 그래프와 각 노드에 할당된 라벨을 나타내는 배열을 입력으로 받는다. 라벨이 없는 노드는 대표값 -1을 가져야 한다. while 루프는 각 반복에서 Y^t값을 계산하고 매개 변수 α를 통해 초기 라벨 지정의 영향을 가중한다. 또한 이 알고리듬의 경우 반복 횟수와 2개의 연속 솔루션 간의 차이가 반복 중지 기준으로 사용된다.

다음 코드를 이용해 그림 4.2에 표시된 예제 그래프에 이 알고리듬을 적용할 수 있다.

```
gls = GraphLabelSpreading()
y = np.array([-1 for x in range(len(G.nodes()))])
y[0] = 0
y[6] = 1
gls.fit(G,y)
 gls.predict_proba(G)
```

다음 다이어그램은 라벨 확산 알고리듬에 의해 얻은 결과다.

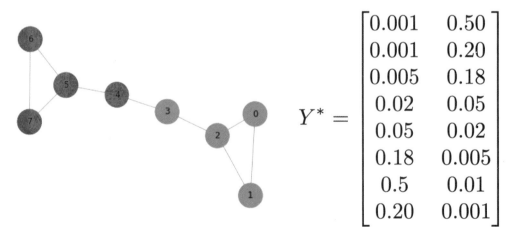

그림 4.8 그림 4.2의 그래프에 대한 라벨 전파 알고리듬의 결과: 왼쪽은 최종 라벨이 지정된 그래프, 오른쪽은 최종 확률 할당 행렬

그림 4.8의 다이어그램에서 볼 수 있는 결과는 라벨 전파 알고리듬을 사용해 얻은 결과와 유사하다. 주요 차이점은 라벨 할당 확률과 관련이 있다. 실제로 이 경우 노드 0과 노드 6(초기 라벨이 있는 노드)이 라벨 전파 알고리듬을 사용해 얻은 확률 1에 비해 현저히 낮은 0.5의 확률을 갖는 것을 확인할 수 있다. 초기 라벨 할당의 영향이 정규화 매개 변수 α에 의해 가중되기 때문에 이러한 동작이 나타난다.

다음 절에서는 지도 그래프 임베딩 방법에 대한 설명을 계속할 것이다. 네트워크 기반 정보가 학습을 정규화하고 보다 강력한 모델을 만드는 데 어떻게 도움이 되는지 설명한다.

그래프 정규화 방법

이전 절에서 설명한 얕은 임베딩 방법은 위상 정보와 데이터 포인트 간의 관계를 인코딩해 보다 강력한 분류기를 구축하고 이를 이용해 준지도 작업을 처리하는 방법이다. 일반적으로 네트워크 정보는 모델을 제한하고 출력이 인접 노드 내에서 원활하도록 강제하는 데 매우 유용할 수 있다. 이전 절에서 이미 봤듯이 이 아이디어는 라벨이 지정되지 않은 인접 노드에 대한 정보를 전파하는 준지도 작업에서 효율적으로 사용할 수 있다.

다른 한편으로, 그래프 정규화 방법은 보이지 않는 예를 더 잘 일반화하는 강력한 모델을 생성하고자 학습 단계를 정규화하는 데 사용할 수 있다. 이전 절에서 라벨 전파 및 라벨 확산 알고리듬에 모두 최소화할 비용 함수에 정규화 항을 추가하는 것을 봤다. 일반적으로 지도 작업에서 최소화할 비용 함수를 다음 형식으로 작성할 수 있다.

$$\mathcal{L}(x) = \sum_{i \in L} \mathcal{L}_s(y_i, f(x_i)) + \sum_{i,j \in L,U} \mathcal{L}_g(f(x_i), f(x_j), G)$$

여기서 L과 U는 라벨이 있는 샘플과 라벨이 없는 샘플을 나타내며 두 번째 항은 그래프의 위상 정보에 따라 달라지는 정규화 항으로 작용한다.

이 절에서는 이러한 아이디어를 더 자세히 설명하고 특히 과적합되거나 많은 학습 데이터를 요구하는 신경망 훈련을 정규화할 때 이것이 얼마나 강력할 수 있는지 알아볼 것이다.

매니폴드 정규화 및 준지도 임베딩

매니폴드 정규화(벨킨[Belkin] 외, 2006)는 **재생핵 힐베르트 공간**[RKHS, Reproducing Kernel Hilbert Space]에서 모델 함수를 매개 변수화하고, 지도 손실 함수(이전 방정식의 첫 번째 항)로 **평균 제곱 오차**[MSE, Mean Square Error] 또는 힌지[hinge] 손실을 사용해 라벨 전파 프레임워크를 확장한다. 즉 SVM 또는 최소 제곱 적합을 학습할 때 다음과 같이 라플라시안 행렬 L을 기반으로 하는 그래프 정규화 항을 적용한다.

$$\sum_{i,j \in L,U} W_{ij} \| f(x_i) - f(x_j) \|_2^2 = \overline{f} L \overline{f}$$

이러한 이유로 이 방법은 일반적으로 **라플라시안 정규화**[Laplacian regularization]로 분류되며 이러한 공식은 **라플라시안 최소 제곱 정규화**[LapRLS, Laplacian Regularized Least Square] 및 LapSVM 분류로 이어진다. 라벨 전파 및 라벨 확산은 매니폴드 정규화의 특수한 경우로 볼 수 있다. 게다가 이러한 알고리듬은 라벨이 없는 데이터(방정식의 첫 번째 항이 사라짐)가 **라플라시안 고유지도**[Laplacian eigenmap]로 축소되는 경우에도 사용할 수 있다.

반면에 완전히 라벨이 지정된 데이터셋의 경우에도 사용할 수 있다. 이 경우는 훈련 단계를 제한해 훈련을 정규화하고 보다 강력한 모델을 생성한다. 또한 재생핵 힐베르트 공간에서 매개 변수화된 분류기이므로 모델은 관찰되지 않은 샘플에 사용할 수 있으며 테스트 샘플이 입력 그래프에 속할 필요가 없다. 그런 의미에서 이것은 귀납적 모델이다.

매니폴드 학습은 여전히 얕은 학습의 한 형태를 나타내므로 매개 변수화된 함수는 어떤 형태의 중간 임베딩도 활용하지 않는다. **준지도 임베딩**(웨스턴[Weston] 외, 2012)은 신경망의 중간 계층에 함수의 평활도와 제약을 부과해 그래프 정규화의 개념을 더 깊은 아키텍처로 확장한다. k번째 은닉층의 중간 출력을 g_{h_k}라 하면 준지도 임베딩 프레임워크에서 제안하는 정규화항은 다음과 같다.

$$\mathcal{L}_G^{h_k} = \sum_{i,j \,\in\, L,U} \mathcal{L}(W_{ij}, g_{h_k}(x_i), g_{h_k}(x_i))$$

정규화가 적용되는 위치에 따라 다음과 같이 세 가지 구성(그림 4.9 참조)을 얻을 수 있다.

- 정규화를 네트워크의 최종 출력에 적용한다. 이는 매니폴드 학습 기법을 다층 신경망으로 일반화한 것과 같다.
- 네트워크의 중간 계층에 정규화를 적용해 임베딩 표현을 정규화한다.
- 첫 번째 k-1 계층을 정규화해서 공유하는 보조 네트워크에 적용한다. 이것은 기본적으로 지도 네트워크를 훈련하는 동시에 비지도 임베딩 네트워크를 학습하는 것에 해당한다. 이 기술은 기본적으로 비지도 네트워크에 의해 제한되는 첫 번째 k-1 계층에 파생된 정규화를 부과하는 동시에 네트워크 노드의 임베딩을 촉진한다.

다음 다이어그램은 준지도 임베딩 프레임워크를 사용해 달성할 수 있는 세 가지 구성의 유사점과 차이점을 보여 준다.

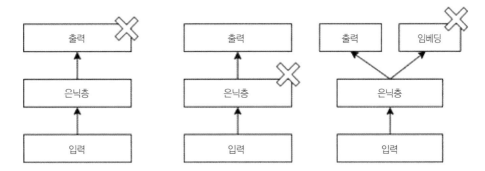

그림 4.9 준지도 임베딩 정규화 구성: X자로 표시된 그래프 정규화는 출력(왼쪽), 중간 계층(중앙) 또는 보조 네트워크(오른쪽)에 적용될 수 있다.

원래 공식에서 임베딩에 사용된 손실 함수는 다음과 같이 샴 네트워크^{Siamese network}
공식에서 파생된 것이다.

$$L\left(W_{ij}, g_{h_k}^{(i)}, g_{h_k}^{(j)}\right) = \left\{ \begin{array}{l} \|g_{h_k}^{(i)} - g_{h_k}^{(j)}\|^2 \; if \; W_{ij} = 1 \\ \max\left(0, m - \|g_{h_k}^{(i)} - g_{h_k}^{(j)}\|^2\right) if \; W_{ij} = 0 \end{array} \right.$$

이 방정식에서 알 수 있듯이 손실 함수는 인접 노드의 임베딩이 가깝게 유지되도록
한다. 반면에 이웃이 아닌 것은 임계값에 의해 지정된 거리(최소값)만큼 떨어져 나
간다. 라플라시안 $\bar{f}L\bar{f}$을 기반으로 한 정규화와 비교할 때(인접 지점의 경우 페널티 요
인이 효과적으로 복구되지만), 위 방법이 일반적으로 경사 하강법을 이용해 최적화하기
가 쉽다.

그림 4.9에 나와 있는 세 가지 구성 중 최선의 선택은 원하는 대로 사용할 수 있는
데이터와 특정 사용 사례(즉 정규화된 모델 출력이 필요한지 또는 높은 수준의 데이터 표현을
배우는 데 필요한지 여부)에 크게 영향을 받는다. 그러나 소프트맥스^{softmax} 레이어(일반
적으로 출력 레이어의 활성 함수)를 사용할 때 힌지 손실을 기반으로 하는 정규화가 로
그 확률에 적합하지 않을 수 있다는 점을 항상 염두에 둬야 한다. 이러한 경우 정규
화된 임베딩 및 상대 손실이 중간 레이어에 도입돼야 한다. 그러나 더 깊은 레이어
에 있는 임베딩은 일반적으로 훈련하기가 더 어려우며 사용하려면 학습률과 마진을
주의 깊게 조정해야 한다.

신경 그래프 학습

신경 그래프 학습^{NGL, Neural Graph Learning}은 기본적으로 이전 공식을 일반화해 앞으로 보
게 되겠지만, CNN 및 **순환 신경망**^{RNN, Recurrent Neural Network}을 포함한 모든 형태의 신
경망에 그래프 정규화를 원활하게 적용할 수 있게 한다. 그래프 정규화를 사용해 텐
서플로에서 구현된 신경망을 몇 줄의 코드로 확장할 수 있는 **신경 구조적 학습**^{NSL, Neural}
^{Structured Learning}이라는 매우 강력한 프레임워크가 있다. 자연 네트워크 또는 합성 네

트워크 등 모든 종류의 네트워크에 사용할 수 있다.

합성 그래프는 비지도 방식으로 학습된 임베딩을 사용하거나, 샘플 간의 특징에 대한 유사성/거리 측정 지표를 사용해 다양한 방식으로 생성될 수 있다. 적대적 예시를 이용해 합성 그래프를 생성할 수도 있다. 적대적 예시는 예측 오류를 강제해서 네트워크를 혼란스럽게 하는 방식으로 실제 예시를 교란해 얻은 인위적으로 생성된 샘플이다. 이러한 매우 신중하게 설계된 샘플(오류를 최대화하고자 주어진 샘플을 경사 하강 방향으로 교란시켜 얻는다)을 관련 샘플에 연결해 그래프를 생성할 수 있다. 그리고 이러한 연결을 사용해 네트워크의 그래프 정규화 버전을 훈련할 수 있으므로 적대적으로 생성된 예시에 대해 더 강력한 모델을 얻을 수 있다.

NGL은 다음과 같이 각각 α_1, α_2, α_3의 세 가지 매개 변수를 사용해 라벨-라벨 labeled-labeled, 라벨-비라벨 labeled-unlabeled, 비라벨-비라벨 unlabeled-unlabeled의 관계의 기여도를 분해해 신경망에서 그래프 정규화를 위한 조정 매개 변수를 증대해 정규화를 확장한다.

$$\mathcal{L} = \mathcal{L}_s + \alpha_1 \sum_{i,j \in LL} W_{ij} d(g_{h_k}^{(i)}, g_{h_k}^{(j)}) + \alpha_2 \sum_{i,j \in LU} W_{ij} d(g_{h_k}^{(i)}, g_{h_k}^{(j)}) + \alpha_3 \sum_{i,j \in UU} W_{ij} d(g_{h_k}^{(i)}, g_{h_k}^{(j)})$$

함수 d는 두 벡터 사이의 일반적인 거리를 나타낸다(예: L2 노름 $\|\cdot\|_2$). 계수와 g_{h_k}의 정의를 변경해 이전에 봤던 다양한 정규화 알고리듬에 도달할 수 있다.

- $\alpha_i = 0$ $\forall i$일 때 신경망의 정규화되지 않은 버전을 검색한다.
- $\alpha_1 \neq 0$일 때만 노드 간의 관계가 훈련을 정규화하는 역할을 하는 완전한 지도 공식이다.
- g_{h_k}(알파 계수 집합 매개 변수)를 각 샘플을 해당 인스턴스 클래스에 매핑하는 값 y_i^*(학습 대상)의 집합으로 대체하면 라벨 전파 공식이다.

쉽게 말해서, NGL 공식은 라벨 전파 및 라벨 확산 알고리듬의 비선형 버전 또는 매니폴드 학습 및 준지도 임베딩으로 얻을 수 있는 그래프 정규화 신경망의 한 형태로 볼 수 있다.

이제 NGL을 실제 예제에 적용해 신경망에서 그래프 정규화를 사용하는 방법을 배울 것이다. 이를 위해 표준 신경망 위에 몇 줄만으로 그래프 정규화를 구현할 수 있는 텐서플로에 구축된 라이브러리인 NLS 프레임워크(https://github.com/tensorflow/neural-structured-learning)를 사용할 것이다.

이 예에서는 7개의 클래스로 라벨링돼 있는 2,708개의 컴퓨터 사이언스 논문으로 구성된 데이터셋인 Cora 데이터셋을 사용할 것이다. 각 논문은 인용을 기반으로 다른 노드와 연결된 노드를 나타낸다. 네트워크에는 총 5,429개의 간선이 있다.

추가로 각 노드는 논문의 이분 **백-오브-워드**BOW, Back-Of-Word 표현을 나타내는 1,433 길이의 이진 값(0 또는 1) 벡터로 추가 설명이 제공된다. 즉 1,433개의 용어로 구성된 주어진 어휘에서 단어의 존재/부재를 나타내는 원-핫 인코딩 알고리듬이다. Cora 데이터셋은 다음과 같이 몇 줄의 코드로 stellargraph 라이브러리에서 직접 다운로드할 수 있다.

```
from stellargraph import datasets
dataset = datasets.Cora()
dataset.download()
G, labels = dataset.load()
```

위 코드는 다음과 같이 요약된 2개의 출력을 반환한다.

- G, 이것은 네트워크 노드, 간선, BOW 표현을 설명하는 특징을 포함하는 인용 네트워크다.
- labels, 다음과 같이 논문 ID와 클래스 중 하나 사이의 매핑을 제공하는 pandas Series다.

  ```
  ['Neural_Networks', 'Rule_Learning', 'Reinforcement_Learning',
  'Probabilistic_Methods', 'Theory', 'Genetic_Algorithms',
  'Case_Based']
  ```

이 정보를 기반으로 훈련 세트와 검증 세트를 만든다. 훈련 샘플에는 이웃과 관련된 정보(훈련 세트에 포함될 수 있으므로 라벨이 있음)가 포함되며 이는 훈련을 정규화하는 데 사용된다.

반면에 검증 샘플에는 이웃 정보가 없으며 예측된 라벨은 노드 특징, 즉 BOW 표현에만 의존한다. 따라서 관찰되지 않은 샘플에 대해서도 사용할 수 있는 귀납적 모델을 생성하고자 라벨이 지정된 샘플과 라벨이 지정되지 않은 샘플(준지도 작업)을 모두 활용할 것이다.

먼저 노드 특징을 DataFrame으로 편리하게 구성하고, 다음과 같이 그래프를 인접 행렬로 저장한다.

```
adjMatrix = pd.DataFrame.sparse.from_spmatrix(
        G.to_adjacency_matrix(),
        index=G.nodes(), columns=G.nodes()
)
features = pd.DataFrame(G.node_features(), index=G.nodes())
```

adjMatrix를 사용해 다음 코드와 같이 노드 ID와 간선 가중치를 반환해 노드의 가장 가까운 topn 이웃을 검색할 수 있는 도우미 함수를 구현한다.

```
def getNeighbors(idx, adjMatrix, topn=5):
    weights = adjMatrix.loc[idx]
    neighbors = weights[weights>0]\
        .sort_values(ascending=False)\
        .head(topn)
    return [(k, v) for k, v in neighbors.iteritems()]
```

위의 정보를 도우미 함수와 함께 사용해서 다음과 같이 정보를 단일 DataFrame으로 병합할 수 있다.

```
dataset = {
    index: {
        "id": index,
        "words": [float(x)
                for x in features.loc[index].values],
        "label": label_index[label],
        "neighbors": getNeighbors(index, adjMatrix, topn)
    }
    for index, label in labels.items()
}
df = pd.DataFrame.from_dict(dataset, orient="index")
```

이 DataFrame은 노드 중심 특징 공간을 나타낸다. 노드 간의 관계 정보를 이용하지 않는 일반 분류기를 사용하는 경우에는 이 정도로 충분하다. 그러나 그래프 정규화 항을 계산하려면 선행 DataFrame을 각 노드의 이웃과 관련된 정보와 결합해야 한다. 그리고 다음과 같이 이웃 정보를 검색하고 결합할 수 있는 함수를 정의한다.

```
def getFeatureOrDefault(ith, row):
    try:
        nodeId, value = row["neighbors"][ith]
        return {
            f"{GRAPH_PREFIX}_{ith}_weight": value,
            f"{GRAPH_PREFIX}_{ith}_words":df.loc[nodeId]
["words"]
        }
    except:
        return {
            f"{GRAPH_PREFIX}_{ith}_weight": 0.0,
            f"{GRAPH_PREFIX}_{ith}_words": [float(x) for x in
np.zeros(1433)]
        }

def neighborsFeatures(row):
    featureList = [getFeatureOrDefault(ith, row) for ith in range(topn)]
    return pd.Series(
        {k: v for feat in featureList for k, v in feat.items()}
    )
```

앞의 코드에서 볼 수 있듯이 이웃이 topn보다 작으면 가중치와 단어의 원 핫 인코딩을 0으로 설정한다. GRAPH_PREFIX 상수는 훈련을 정규화하고자 nsl 라이브러리에서 사용할 모든 특징 앞에 추가되는 접두사다. 변경할 수 있지만 다음 코드에서는 해당 값을 기본값인 "NL_nbr"과 동일하게 유지한다.

이 함수는 다음과 같이 전체 특징 공간을 계산하고자 DataFrame에 적용할 수 있다.

```
neighbors = df.apply(neighborsFeatures, axis=1)
allFeatures = pd.concat([df, neighbors], axis=1)
```

이제 그래프 정규화 모델을 구현하는 데 필요한 모든 구성 요소가 allFeatures에 있다. 먼저 다음과 같이 데이터셋을 훈련 세트와 검증 세트로 분할한다.

```
    n = int(np.round(len(labels)*ratio))
    labelled, unlabelled = model_selection.train_test_split(
        allFeatures, train_size=n, test_size=None, stratify=labels
    )
```

비율을 변경해 라벨이 지정된 데이터 포인트와 라벨이 지정되지 않은 데이터 포인트의 양을 변경할 수 있다. 비율이 감소함에 따라 표준 비정규 분류기의 성능이 감소할 것으로 예상한다. 그러나 이러한 감소는 라벨이 지정되지 않은 데이터에서 제공하는 네트워크 정보를 활용해 보상할 수 있다. 따라서 그래프 정규화 신경망이 활용하는 증강 정보 덕분에 더 나은 성능이 나타날 것으로 기대한다. 다음 코드의 경우 비율ratio 값이 0.2라고 가정한다.

이 데이터를 신경망에 제공하기 전에 DataFrame을 텐서플로의 텐서 및 데이터셋으로 변환한다. 이는 모델이 입력 레이어의 특징 이름을 참조할 수 있도록 하는 편리한 표현이다.

입력 특성은 데이터 유형이 다르기 때문에 다음과 같이 weights(가중치), words(단어), labels(라벨)에 대해 데이터셋 생성을 별도로 처리하는 것이 가장 좋다.

```
    train_base = {
        "words": tf.constant([
            tuple(x) for x in labelled["words"].values
        ]),
        "label": tf.constant([
            x for x in labelled["label"].values
        ])
    }
    train_neighbor_words = {
        k:tf.constant([tuple(x) for x in labelled[k].values])
        for k in neighbors if "words" in k
    }
    train_neighbor_weights = {
    ^   k: tf.constant([tuple([x]) for x in labelled[k].values])
        for k in neighbors if "weight" in k
    }
```

이제 텐서가 있으므로 이 모든 정보를 다음과 같이 텐서플로 데이터셋에 병합할 수 있다.

```
trainSet = tf.data.Dataset.from_tensor_slices({
    k: v
    for feature in [train_base, train_neighbor_words,
                    train_neighbor_weights]
    for k, v in feature.items()
})
```

마찬가지로 유효성 검증 데이터셋을 만들 수 있다. 앞서 언급했듯이 이 절에서는 귀
납적 알고리듬 설계를 목표로 하기 때문에 검증 데이터셋에는 이웃 정보가 필요하
지 않다. 코드는 다음과 같다.

```
validSet = tf.data.Dataset.from_tensor_slices({
    "words": tf.constant([
        tuple(x) for x in unlabelled["words"].values
    ]),
    "label": tf.constant([
        x for x in unlabelled["label"].values
    ])
})
```

데이터셋을 모델에 입력하기 전에 다음과 같이 라벨에서 특징을 분할한다.

```
def split(features):
    labels=features.pop("label")
    return features, labels
trainSet = trainSet.map(f)
  validSet = validSet.map(f)
```

이로써 모델에 필요한 입력을 생성했다. 다음 코드와 같이 특징 및 라벨 값을 출력
해 데이터셋의 샘플 배치를 검사할 수도 있다.

```
for features, labels in trainSet.batch(2).take(1):
    print(features)
    print(labels)
```

이제 첫 번째 모델을 만들 차례다. 이를 위해 다음과 같이 원-핫 표현을 입력으로 사

용하고 50개의 유닛을 갖는 Dense 레이어와 Dropout 레이어로 구성된 2개의 은닉 레이어가 있는 간단한 아키텍처에서 시작한다.

```python
inputs = tf.keras.Input(
    shape=(vocabularySize,), dtype='float32', name='words'
)
cur_layer = inputs
for num_units in [50, 50]:
    cur_layer = tf.keras.layers.Dense(
        num_units, activation='relu'
    )(cur_layer)
    cur_layer = tf.keras.layers.Dropout(0.8)(cur_layer)
outputs = tf.keras.layers.Dense(
    len(label_index), activation='softmax',
    name="label"
)(cur_layer)
model = tf.keras.Model(inputs, outputs=outputs)
```

실제로 다음과 같이 모델을 컴파일하고 계산 그래프를 생성함으로써 그래프 정규화 없이 이 모델을 훈련할 수도 있다.

```python
model.compile(
    optimizer='adam',
    loss='sparse_categorical_crossentropy',
    metrics=['accuracy']
)
```

컴파일한 후에 평소처럼 훈련을 시작할 수 있으며, 다음 코드에 설명된 것처럼 모니터링하고자 TensorBoard를 사용해 학습 로그 파일을 디스크에 기록할 수 있다.

```python
from tensorflow.keras.callbacks import TensorBoard
model.fit(
    trainSet.batch(128), epochs=200, verbose=1,
    validation_data=validSet.batch(128),
    callbacks=[TensorBoard(log_dir='/tmp/base')]
)
```

위 과정이 끝나면 다음 예시와 유사한 결과를 얻을 수 있다.

```
Epoch 200/200
loss: 0.7798 - accuracy: 06795 - val_loss: 1.5948 - val_accuracy: 0.5873
```

정밀도가 최고 약 0.6으로, 이제 이전 모델의 그래프 정규화 버전을 만들어야 한다. 먼저 모델을 처음부터 다시 만들어야 한다. 이것은 결과를 비교할 때 중요하다. 이전에 이미 사용한 모델에서 레이어를 사용하는 경우 레이어 가중치는 무작위가 아니라 이전 실행에서 이미 최적화된 레이어와 함께 사용된다. 새 모델이 생성되면 다음과 같이 몇 줄의 코드로 학습 시 사용할 그래프 정규화 기술을 추가할 수 있다.

```
import neural_structured_learning as nsl
graph_reg_config = nsl.configs.make_graph_reg_config(
    max_neighbors=2,
    multiplier=0.1,
    distance_type=nsl.configs.DistanceType.L2,
    sum_over_axis=-1)
graph_reg= nsl.keras.GraphRegularization(
    model, graph_reg_config)
```

다음과 같이 정규화의 다양한 하이퍼파라미터hyperparameter를 분석해 보자.

- max_neighbors 각 노드의 정규화 손실을 계산하는 데 사용해야 하는 이웃 수를 조정한다.

- multiplier 정규화 손실의 중요성을 조정하는 계수에 해당한다. 라벨-라벨과 라벨-비라벨만 고려하므로 α_1 및 α_2에 효과적으로 대응한다.

- distance_type 사용할 쌍별 거리를 나타낸다.

- sum_over_axis 가중 평균 합계를 특징(None으로 설정한 경우) 또는 샘플(-1로 설정한 경우)에 대해 계산할지 여부를 설정한다.

그래프 정규화 모델은 다음 코드를 사용해 이전과 동일한 방식으로 컴파일 및 실행할 수 있다.

```
graph_reg.compile(
    optimizer='adam',
    loss='sparse_categorical_crossentropy',
```

```
    metrics=['accuracy']
)
model.fit(
    trainSet.batch(128), epochs=200, verbose=1,
    validation_data=validSet.batch(128),
    callbacks=[TensorBoard(log_dir='/tmp/nsl)]
)
```

손실 함수는 이제 이전에 정의된 대로 그래프 정규화 항이 된다. 따라서 신경망 훈련을 정규화하고자 인접 노드에서 오는 정보를 사용한다. 앞의 코드는 200번의 반복 후에 다음을 출력한다.

```
Epoch 200/200
loss: 0.9136 - accuracy: 06405 - scaled_graph_loss: 0.0328 -
val_loss: 1.2526 - val_accuracy: 0.6320
```

결과를 살펴보면, 그래프 정규화를 통해 일반 버전보다 정밀도를 약 5% 향상시켰다. 이는 나쁘지 않다.

라벨/비라벨 샘플의 비율, 사용할 이웃 수, 정규화 계수, 거리 등을 변경해 여러 실험을 수행할 수 있다. 이 책과 함께 제공된 주피터 노트북 코드를 사용해 다양한 매개 변수의 효과를 직접 탐색해 보기 바란다.

그림 4.10의 오른쪽 패널에는 라벨 데이터 비율이 증가함에 따른 정밀도 의존성을 보여 준다. 예상대로 비율이 증가할수록 성능이 향상된다. 왼쪽 패널에서 다음 공식으로 정의된 다양한 이웃 구성 및 라벨 데이터 비율에 대한 검증 데이터셋의 정밀도 증가를 보여 준다.

$$\Delta a = accuracy_{reg.} - accuracy_{no\,reg}$$

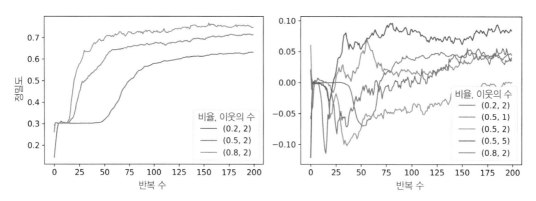

그림 4.10 (왼쪽) neighbors = 2로 설정하고 다양한 라벨 데이터 비율에 따른 그래프 정규화 신경망에 대한 검증 데이터셋의 정밀도. (오른쪽) 일반 버전과 비교해 그래프 정규화 신경망에 대한 검증 데이터셋의 정밀도 증가.

그림 4.10에서 볼 수 있듯이 거의 모든 그래프 정규화 버전이 기본 모델보다 성능이 뛰어나다. 유일한 예외는 neighbors = 2, ratio = 0.5 환경이며 두 모델이 모두 유사한 성능을 갖는다. 그러나 곡선에는 분명한 양의 추세가 있으며 그래프 정규화 버전이 더 많은 에포크에 대해 일반 모델보다 성능이 좋을 것으로 합리적으로 예상할 수 있다.

주피터 노트북 코드에서는 데이터셋을 생성하고자 텐서플로의 또 다른 기능을 사용한다. 이전에 했던 것처럼 pandas DataFrame을 사용하는 대신 텐서플로의 Example, Features, Feature 클래스들을 사용해 데이터셋을 생성한다. 이는 샘플에 대한 높은 수준의 설명을 제공하는 것 외에도 입력 데이터를 직렬화해 (protobuf를 사용해) 플랫폼 및 프로그래밍 언어 간에 호환되도록 한다.

모델 프로토타이핑과 데이터 기반 응용 프로그램(다른 언어로 작성)을 배포하고자 TensorFlow를 추가로 사용하는 데 관심이 있다면 이러한 개념을 더 자세히 알아보는 것이 좋다.

Planetoid

지금까지 논의된 방법은 라플라시안 행렬을 기반으로 하는 그래프 정규화 방법이었다. 3장에서 봤듯이 W_{ij}에 기반한 제약 조건을 적용하면 1차 근접성이 유지된다. 양(Yang, 2016)과 그의 연구진은 고차 근접성을 설명하고자 그래프 정규화를 확장하는 방법을 제안했다. Planetoid^{Predicting Labels And Neighbors with Embeddings Transductively Or Inductively from Data}라고 명명한 그들의 접근 방식은 노드 임베딩을 계산하는 데 사용되는 skip-gram을 확장해 노드 라벨 정보를 통합한다.

3장에서 봤듯이 skip-gram 방법은 그래프에서 랜덤 워크로 생성된 시퀀스를 사용해 skip-gram 모델을 통해 임베딩을 학습하는 것을 기반으로 한다. 다음 다이어그램은 비지도 버전을 지도 버전의 손실로 수정하는 방법을 보여 준다.

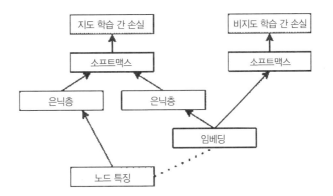

그림 4.11 Planetoid 아키텍처의 스케치: 점선은 일반화 없이 주어진 데이터에 대해서만 추론하던 방법을 귀납적 추론으로 확장할 수 있는 매개 변수화된 함수를 나타낸다.

그림 4.11에서 볼 수 있듯이 임베딩은 다음 두 가지 모두에 제공된다.

- 샘플링된 랜덤 워크 시퀀스의 그래프 문맥을 예측하는 소프트맥스 레이어
- 클래스 라벨을 예측하고자 노드 특징에서 파생된 은닉 레이어와 함께 결합되는 은닉 레이어 세트

결합 네트워크를 훈련하고자 최소화해야 하는 비용 함수는 지도 손실 $\mathcal{L}_s$ 및 비지도

손실 $\mathcal{L}_u$로 구성된다. 비지도 손실은 네거티브 샘플링이 있는 skip-gram에 사용되는 것과 유사하지만. 지도 손실은 조건부 확률을 최소화하고자 다음과 같이 쓸 수 있다.

$$\mathcal{L}_s = -\sum_{i \in L} \log p(y_i|x_i, e_i)$$

앞의 공식은 샘플이 그래프에 속해야만 적용할 수 있으므로 귀납적 추론이 아니다. 준지도 작업에서 이 방법은 라벨이 지정되지 않은 예시의 라벨을 예측하는 데 효율적으로 사용할 수 있다. 그러나 관찰되지 않은 샘플에는 사용할 수 없다. 그림 4.11의 점선으로 표시된 것처럼 Planetoid 알고리듬의 귀납적 버전은 특정 연결 레이어를 통해 노드 특징 함수로 임베딩을 매개 변수화해 얻을 수 있다.

Graph CNN

3장에서 GNN과 그래프 합성곱 네트워크^{GCN, Graph Convolutional Network}의 이면에 있는 주요 개념을 소개했다. 스펙트럼 그래프 합성곱과 공간 그래프 합성곱의 차이점도 설명했다. 보다 정확하게는 GCN 레이어가 노드 유사성과 같은 그래프 속성을 보존하는 방법을 학습해 비지도 학습에서 그래프 또는 노드를 인코딩하는 데 사용할 수 있음을 확인했다.

4장에서는 지도 환경에서의 방법론을 탐색한다. 이번에는 그래프 또는 노드 라벨을 정확하게 예측할 수 있는 그래프 또는 노드 표현을 학습하는 것이 목표다. 인코딩 기능은 동일하게 유지된다. 4장에서는 인코딩 기능 외의 지도 학습을 위해 변화하는 것들을 설명한다.

GCN을 이용한 그래프 분류

PROTEINS 데이터셋을 다시 살펴보자. 데이터셋은 다음과 같이 로드하면 된다.

```
import pandas as pd
from stellargraph import datasets
dataset = datasets.PROTEINS()
graphs, graph_labels = dataset.load()
# 라벨을 str형에서 int형으로 변형해 줘야 한다.
labels = pd.get_dummies(graph_labels, drop_first=True)
```

다음 예제에서 그래프 분류에 가장 널리 사용되는 GCN 알고리듬 중 하나인 키프[Kipf]
와 웰링[Welling]의 GCN을 사용(및 비교)할 것이다.

1. 모델 구축에 사용하는 stellargraph는 tf.Keras를 백엔드로 사용한다. 특정 기준에 따라 모델에 공급할 데이터 생성기가 필요하다. 보다 정확하게는 지도 그래프 분류 문제를 다루기 때문에 패딩을 사용해 노드 수의 차이를 자동으로 해결하는 stellargraph의 PaddedGraphGenerator 클래스를 사용할 수 있다. 이 단계에 필요한 코드는 다음과 같다.

```
from stellargraph.mapper import PaddedGraphGenerator
generator = PaddedGraphGenerator(graphs=graphs)
```

2. 이제 첫 번째 모델을 만들 준비가 됐다. 다음과 같이 stellargraph의 utility 함수를 이용해 4개의 GCN 레이어를 생성해 쌓을 것이다.

```
from stellargraph.layer import DeepGraphCNN
from tensorflow.keras import Model
from tensorflow.keras.optimizers import Adam
from tensorflow.keras.layers import Dense, Conv1D, MaxPool1D,
Dropout, Flatten
from tensorflow.keras.losses import binary_crossentropy
import tensorflow as tf
nrows = 35 # 출력의 행 개수
layer_dims = [32, 32, 32, 1]
# 기간 모델 부분(Encoder)
 dgcnn_model = DeepGraphCNN(
    layer_sizes=layer_dims,
    activations=["tanh", "tanh", "tanh", "tanh"],
    k=nrows,
    bias=False,
    generator=generator
)
```

3. 이 백본backbone 모델은 tf.Keras를 사용해 **1차원 합성곱 레이어**1D convolutional layer 와 완전 연결 레이어fully connected layer에 연결된다.

```python
# 백본 모델을 상단에 연결해야 한다.
gnn_inp, gnn_out = dgcnn_model.in_out_tensors()

# 모델의 상단부(분류)
x_out = Conv1D(filters=16, kernel_size=sum(layer_dims),
strides=sum(layer_dims))(gnn_out)
x_out = MaxPool1D(pool_size=2)(x_out)
x_out = Conv1D(filters=32, kernel_size=5, strides=1)(x_out)
x_out = Flatten()(x_out)
x_out = Dense(units=128, activation="relu")(x_out)
x_out = Dropout(rate=0.5)(x_out)
predictions = Dense(units=1, activation="sigmoid")(x_out)
```

4. tf.Keras의 기능을 사용해 모델을 만들고 컴파일해 보자. Adam 옵티마이저와 0.0001의 학습률learning rate을 사용해 binary_crossentropy 손실 함수(예측 라벨 과 정답 간의 차이를 측정하고자)를 사용해 모델을 훈련할 것이다. 또한 훈련하는 동안 정밀도를 모니터링한다. 코드는 다음과 같다.

```python
model = Model(inputs=gnn_inp, outputs=predictions)
model.compile(optimizer=Adam(lr=0.0001), loss=binary_
crossentropy, metrics=["acc"])
```

5. 이제 scikit-learn의 기능을 활용해 훈련 및 테스트 세트를 생성할 수 있다. 예제에서는 데이터셋의 70%를 훈련 세트로 사용하고 나머지를 테스트 세트 로 사용한다. 그리고 생성기의 flow 메서드를 사용해 모델에 공급해야 한다. 코드는 다음과 같다.

```python
from sklearn.model_selection import train_test_split
train_graphs, test_graphs = train_test_split(
graph_labels, test_size=.3, stratify=labels,)
gen = PaddedGraphGenerator(graphs=graphs)
train_gen = gen.flow(
    list(train_graphs.index - 1),
    targets=train_graphs.values,
    symmetric_normalization=False,
    batch_size=50,
)
```

```
test_gen = gen.flow(
    list(test_graphs.index - 1),
    targets=test_graphs.values,
    symmetric_normalization=False,
    batch_size=1,
)
```

6. 이제 학습을 시작한다. 예제에서는 100에포크 동안 모델을 훈련한다. 그러나 더 나은 성능을 얻고자 하이퍼파라미터를 자유롭게 사용해 보기 바란다. 이에 대한 코드는 다음과 같다.

```
epochs = 100
history = model.fit(train_gen, epochs=epochs, verbose=1,
 validation_data=test_gen, shuffle=True,)
```

100에포크 후에 다음과 같은 출력을 얻을 수 있을 것이다.

```
Epoch 100/100
loss: 0.5121 - acc: 0.7636 - val_loss: 0.5636 - val_acc: 0.7305
```

예제에서는 훈련 데이터셋에서 약 76%, 테스트 데이터셋에서 약 73%의 정밀도를 달성했다.

GraphSAGE를 이용한 노드 분류

다음 예에서는 GraphSAGE를 훈련시켜 Cora 데이터셋의 노드를 분류한다. 먼저 다음과 같이 stellargraph 유틸리티를 사용해 데이터셋을 로드해 보자.

```
dataset = datasets.Cora()
G, nodes = dataset.load()
```

다음 단계에 따라 GraphSAGE를 훈련시켜 Cora 데이터셋의 노드를 분류한다.

1. 이전 예에서와 같이 첫 번째 단계는 데이터셋을 분할하는 것이다. 데이터셋의 90%를 훈련 데이터셋으로 사용하고 나머지는 테스트용으로 사용한다. 코

드는 다음과 같다.

```
train_nodes, test_nodes = train_test_split(nodes, train_
size=0.1,test_size=None, stratify=nodes)
```

2. 이번에는 **원-핫 표현**을 사용해 라벨을 변환한다. 이 표현은 대부분 분류 작업에 사용되며, 일반적으로 더 나은 결과를 가져온다. 구체적으로, c를 가능한 대상의 수(Cora 데이터셋의 경우 7)라 하고 각 라벨은 c 크기의 벡터로 변환된다. 여기서 대상 클래스에 해당하는 요소를 제외한 모든 요소는 0이다. 코드는 다음과 같다.

```
from sklearn import preprocessing
label_encoding = preprocessing.LabelBinarizer()
train_labels = label_encoding.fit_transform(train_nodes)
test_labels = label_encoding.transform(test_nodes)
```

3. 모델에 데이터를 공급할 생성기를 만들어 보자. 여기서는 stellargraph의 GraphSAGENodeGenerator 클래스를 사용할 것이다. flow 메서드를 사용해 다음과 같이 모델에 훈련 및 테스트 데이터셋을 제공한다.

```
from stellargraph.mapper import GraphSAGENodeGenerator
batchsize = 50
n_samples = [10, 5, 7]
generator = GraphSAGENodeGenerator(G, batchsize, n_samples)
train_gen = generator.flow(train_nodes.index, train_
labels, shuffle=True)
test_gen = generator.flow(test_labels.index, test_labels)
```

4. 마지막으로, 모델을 생성하고 컴파일해 보자. 이 예제에서는 각각 32, 32, 16 차원의 세 레이어가 있는 GraphSAGE 인코더를 사용할 것이다. 그런 다음 인코더는 분류를 수행하고자 소프트맥스 활성함수를 사용해 완전 연결 레이어에 연결된다. 학습률learning rate이 0.03이고 손실 함수로 categorical_crossentropy 사용하는 Adam 옵티마이저를 사용한다. 코드는 다음과 같다.

```
from stellargraph.layer import GraphSAGE
from tensorflow.keras.losses import categorical_crossentropy
graphsage_model = GraphSAGE(layer_sizes=[32, 32, 16],
generator=generator, bias=True, dropout=0.6,)
```

```
gnn_inp, gnn_out = graphsage_model.in_out_tensors()
outputs = Dense(units=train_labels.shape[1],
activation="softmax")(gnn_out)
# 모델 생성 및 컴파일
model = Model(inputs=gnn_inp, outputs=outputs)
model.compile(optimizer=Adam(lr=0.003), loss=categorical_
crossentropy, metrics=["acc"],)
```

5. 이제 학습을 시작한다. 다음과 같이 20에포크 동안 모델을 학습한다.

```
model.fit(train_gen, epochs=20, validation_data=test_gen, verbose=2,
shuffle=False)
```

6. 결과 출력은 다음과 같다.

```
Epoch 20/20
loss: 0.8252 - acc: 0.8889 - val_loss: 0.9070 - val_acc: 0.8011
```

예제에서는 훈련 데이터셋에 대해 약 89%, 테스트 데이터셋에 대해 약 80%의 정밀
도를 달성했다.

요약

4장에서는 노드 및 그래프 분류와 같은 실제 문제를 해결하고자 지도 머신러닝을 그
래프에 효과적으로 적용하는 방법을 배웠다.

특히 기존 머신러닝 알고리듬을 훈련하고자 그래프 및 노드 속성을 특징으로 사용
하는 방법을 먼저 분석했다. 그리고 유한한 입력 데이터셋에 대해서만 노드, 간선
또는 그래프 표현을 학습하는 얕은 방법과 간단한 접근 방식을 봤다. 또한 더 잘 일
반화하는 보다 강력한 모델을 만들고자 학습 단계에서 정규화 기술을 사용하는 방
법을 배웠다.

마지막으로, GNN을 사용해 그래프에서 지도 머신러닝 문제를 해결하는 방법을 살
펴봤다. 그러나 이러한 알고리듬은 무엇에 유용할 수 있을까?

5장에서는 머신러닝 기술을 통해 해결해야 하는 그래프의 일반적인 문제를 살펴본다.

05

그래프에서의 머신러닝 문제

그래프 **머신러닝**은 신약 개발부터 소셜 네트워크의 추천 시스템에 이르기까지 다양한 작업에 유용하게 사용될 수 있다. 게다가 그러한 방법이 설계상 일반적(특정 문제에 맞게 조정되지 않았음을 의미함)이라는 사실을 감안할 때, 동일한 알고리듬을 사용해 다른 문제를 해결할 수 있다.

그래프 기반 학습 기술을 사용해 해결할 수 있는 일반적인 문제들이 있다. 5장에서는 3장 및 4장에서 이미 학습한 알고리듬 중 특정 알고리듬으로 이러한 문제를 해결한다. 5장을 읽고 나면 그래프를 다룰 때 직면할 수 있는 많은 일반적인 문제에 대한 형식적인 정의를 알게 될 것이다. 또한 앞으로 실제 문제를 해결하는 데 도움이 되는 유용한 머신러닝 파이프라인을 배우게 될 것이다.

5장에서는 다음과 같은 내용을 다룬다.

- 그래프에서 누락된 링크 예측
- 커뮤니티와 같은 의미 있는 구조 감지
- 그래프 유사성 및 그래프 매칭 감지

기술적 필요 사항

모든 예제는 파이썬 3.8 버전의 주피터 노트북^{Jupyter Notebook}을 사용한다. 다음 코드는 5장 실습에 필요한 라이브러리로, pip를 이용해 설치할 수 있다. 예를 들어 터미널^{command line}에서 `pip install networkx==2.5` 명령을 실행하면 networkx 버전 2.5가 설치된다.

```
Jupyter==1.0.0
networkx==2.5
karateclub==1.0.19
scikit-learn==0.24.0
pandas==1.1.3
node2vec==0.3.3
numpy==1.19.2
tensorflow==2.4.1
stellargraph==1.2.1
communities==2.2.0
git+https://github.com/palash1992/GEM.git
```

모든 코드 파일은 다음 URL(https://github.com/PacktPublishing/Graph-Machine-Learning/tree/main/Chapter05)에서 사용할 수 있다.

그래프에서 누락된 링크 예측

그래프 완성^{graph completion}이라고도 하는 **링크 예측**^{link prediction}은 그래프를 다룰 때 흔히 볼 수 있는 문제다. 이는 그림 5.1과 같이 부분적으로 관찰된 그래프(특정 노드 쌍에 대해 노드 사이에 간선이 존재하는지(또는 존재하지 않는지)를 정확히 알 수 없는 그래프)에서 알 수 없는 상태의 노드 쌍 사이에 간선이 존재하는지 여부를 예측하는 것이 목표다. 수학적으로 표현하면, $G = (V, E)$를 그래프라 할 때 V는 노드 집합이고 $E = E_o \cup E_u$는 간선 집합이다. 간선 E_o집합을 관찰된 링크라 하고 간선 E_u집합을 알 수 없는 링크라고 한다. 링크 예측 문제의 목표는 E_o의 정보를 활용해 E_u를 추정하는 것이다. 이러한 문제는 시간 그래프 데이터를 다룰 때도 흔히 접할 수 있다. 시간 그래프 데이터 G_t를 주어진 시점 t에서 관찰된 그래프라 할 때 시점 $t + 1$에서 이 그래프의 간선을 예측하려고 하는 것이다. 부분적으로 관찰된 그래프는 그림 5.1과 같다.

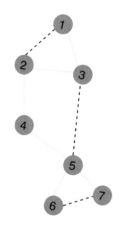

$$E_o = \{\{1,3\}, \{2,3\}, \{2,4\}, \{4,5\}, \{5,6\}, \{5,7\}\}$$
$$E_u = \{\{1,2\}, \{3,5\}, \{6,7\}\}$$

그림 5.1 관찰된 링크(실선)와 알려지지 않은 링크(점선)가 있는 부분적으로 관찰된 그래프

링크 예측 문제 해결법은 소셜 네트워크에서 친구를 제안하거나 전자 상거래 웹사이트에서 구매할 항목을 제안하고자 추천 시스템과 같은 다양한 영역에서 널리 사용된다. 또한 범죄 클러스터 간의 숨겨진 연결을 찾기 위한 범죄 네트워크 조사와 단백질 간 상호 작용 분석을 위한 생물정보학에서도 사용된다. 다음 절에서는 링크 예측 문제를 해결하기 위한 두 가지 접근 방식, 즉 **유사성 기반**similarity-based 방법과 **임베딩 기반**embedding-based 방법을 논의한다.

유사성 기반 방법

이 절에서는 라벨 예측 문제를 해결하기 위한 몇 가지 간단한 알고리듬을 보여 준다. 이 모든 알고리듬 뒤에 있는 주요 아이디어는 그래프의 각 노드 쌍 간의 유사성 함수를 추정하는 것이다. 함수를 통해 노드가 비슷해 보이면 간선으로 연결될 확률이 높다. 이러한 알고리듬을 **지수 기반**index-based 방법과 **커뮤니티 기반**community-based 방법의 두 가지 하위 제품군으로 나뉜다. 전자는 주어진 두 노드의 이웃을 기반으로 간단한 지수 계산을 통한 모든 방법을 뜻한다. 후자는 보다 정교한 알고리듬을 포함하며, 주어진 2개의 노드가 속한 커뮤니티에 대한 정보를 사용해 지수를 계산한다. 이러한 알고리듬의 예제에서는 networkx 라이브러리에서 사용할 수 있는 networkx.algorithms.link_prediction 패키지를 사용한다.

지수 기반 방법

이 절에서는 연결이 끊긴 두 노드 사이의 간선의 존재 확률을 계산하고자 networkx에서 사용할 수 있는 몇 가지 알고리듬을 보여 준다. 이러한 알고리듬은 연결이 끊긴 두 노드의 이웃을 분석해 얻은 정보를 통한 단순 지수 계산을 기반으로 한다.

자원 할당 지수

자원 할당 지수 방법은 다음 공식에 따라 모든 노드 쌍에 대한 자원 할당 지수resource allocation index를 계산해 두 노드 v와 u가 연결될 확률을 추정한다.

$$Resource\ Allocation\ Index(u, v)\ =\ \sum_{w \in N(u) \cap N(v)} \frac{1}{|N(w)|}$$

주어진 공식에서 $N(v)$ 함수는 v 노드의 이웃을 계산하고 공식에서 볼 수 있듯이 w는 u와 v의 이웃 노드다. 다음 코드를 사용해 networkx에서 자원 할당 지수를 계산할 수 있다.

```
import networkx as nx
edges = [[1,3],[2,3],[2,4],[4,5],[5,6],[5,7]]
G = nx.from_edgelist(edges)
preds = nx.resource_allocation_index(G,[(1,2),(2,5),(3,4)])
```

resource_allocation_index 함수의 첫 번째 매개 변수는 입력 그래프이고 두 번째 매개 변수는 예측할 간선의 목록이다. 이 함수로 연결 확률을 계산한다. 결과는 다음과 같다.

```
[(1, 2, 0.5), (2, 5, 0.5), (3, 4, 0.5)]
```

위 출력은 (1,2), (2,5), (3,4)와 같은 노드 쌍의 자원 할당 지수 목록이다. 이 출력에 따르면 노드 쌍 사이에 간선이 있을 확률은 모두 0.5다.

자카드 계수

이 알고리듬은 아래에 나온 공식에 있는 자카드 계수Jaccard coefficient에 따라 두 노드 u 와 v 사이의 연결 확률 계산한다.

$$Jaccard\ Coefficient(u, v) = \frac{|N(u) \cap N(v)|}{|N(u) \cup N(v)|}$$

여기서 $N(v)$는 노드의 이웃을 계산한다. 이 함수는 networkx를 이용해 구현하는 방법은 다음과 같다.

```
import networkx as nx
edges = [[1,3],[2,3],[2,4],[4,5],[5,6],[5,7]]
 G = nx.from_edgelist(edges)
 preds = nx.resource_allocation_index(G,[(1,2),(2,5),(3,4)])
```

resource_allocation_index 함수는 이전 함수와 동일한 매개 변수를 갖는다. 코드의 결과는 다음과 같다.

```
[(1, 2, 0.5), (2, 5, 0.25), (3, 4, 0.3333333333333333)]
```

이 출력에 따르면 노드 (1,2) 사이에 간선이 있을 확률은 0.5이고 노드 (2,5) 사이에는 0.25이고 노드 (3,4) 사이에는 0.333이다.

networkx에서 유사도 점수를 기반으로 두 노드 간의 연결 확률을 계산하는 다른 방법은 각각 Adamic/Adar 지수 및 우선 연결 지수 계산을 기반으로 하는 nx.adamic_ adar_index 및 nx.preferential_attachment다. 이러한 함수는 다른 함수와 동일한 매개 변수를 가지며 연결 확률을 계산하려는 그래프와 몇 개의 노드 목록을 입력으로 한다. 다음 절에서는 커뮤니티 감지를 기반으로 하는 또 다른 알고리듬군을 알아본다.

커뮤니티 기반 방법

지수 기반 방법과 마찬가지로 이 계열에 속하는 알고리듬도 연결이 끊긴 노드가 연결될 확률을 나타내는 지수를 계산한다. 지수 기반 방법과 커뮤니티 기반 방법의 주요 차이점은 그 배후의 논리와 관련이 있다. 실제로 커뮤니티 기반 방법은 지수를 생성하기 전에 해당 노드에 속한 커뮤니티에 대한 정보를 계산해야 한다. 다음 하위 절에서 몇 가지 일반적인 커뮤니티 기반 방법을 소개하고 몇 가지 예시도 보여줄 것이다.

커뮤니티 공통 이웃

두 노드가 연결될 확률을 추정하고자 이 알고리듬은 공통 이웃 수를 계산하고 이 값에 동일한 커뮤니티에 속한 공통 이웃 수를 더한다. 2개의 노드 v와 u에 대해 커뮤니티 공통 이웃 값은 다음과 같이 계산할 수 있다.

$$Community\ Common\ Neighbor(u, v) = |N(v) \cup N(u)| + \sum_{w \in N(v) \cap N(u)} f(w)$$

이 공식에서 $N(v)$는 노드 v의 이웃을 계산하고, w가 u, v와 동일한 커뮤니티에 속해 있으면 $f(w) = 1$이고, 그렇지 않으면 0이다. 위 공식은 다음 코드를 사용해 networkx로 계산할 수 있다.

```
import networkx as nx
edges = [[1,3],[2,3],[2,4],[4,5],[5,6],[5,7]]
 G = nx.from_edgelist(edges)

G.nodes[1]["community"] = 0
```

```
G.nodes[2]["community"] = 0
G.nodes[3]["community"] = 0

G.nodes[4]["community"] = 1
G.nodes[5]["community"] = 1
G.nodes[6]["community"] = 1
G.nodes[7]["community"] = 1

preds = nx.cn_soundarajan_hopcroft(G,[(1,2),(2,5),(3,4)])
```

위 코드에 그래프의 각 노드에 커뮤니티 속성을 할당하는 방법이 나와 있다. 이 속성은 앞의 방정식에서 정의한 함수 $f(v)$를 계산할 때 동일한 커뮤니티에 속한 노드를 식별하는 데 사용된다. 다음 절에서 볼 수 있듯이 커뮤니티 가치를 특정 알고리듬을 사용해 자동으로 계산할 수 있다. 앞서 봤듯이 cn_soundarajan_hopcroft 함수는 입력 그래프와 점수를 계산하려는 2개의 노드를 사용한다. 출력은 다음과 같다.

```
[(1, 2, 2), (2, 5, 1), (3, 4, 1)]
```

이전 함수와 가장 큰 차이점은 지수의 값이다. 출력이 (0,1) 범위에 있지 않다는 것을 쉽게 알 수 있다.

커뮤니티 자원 할당

이전 방법과 마찬가지로 커뮤니티 자원 할당 알고리듬은 다음 공식과 같이 노드의 이웃에서 얻은 정보를 커뮤니티와 병합한다.

$$Community\ Resource\ Allocation(u,v) = \sum_{w \in N(v) \cap N(u)} \frac{f(w)}{|N(w)|}$$

이 공식에서 $N(v)$는 노드 v의 이웃을 계산하고, w가 u, v와 동일한 커뮤니티에 속해 있으면 $f(w) = 1$이고, 그렇지 않으면 0이다. 위 공식은 다음 코드를 사용해 networkx 로 계산할 수 있다.

```
import networkx as nx
edges = [[1,3],[2,3],[2,4],[4,5],[5,6],[5,7]]
 G = nx.from_edgelist(edges)

G.nodes[1]["community"] = 0
G.nodes[2]["community"] = 0
G.nodes[3]["community"] = 0

G.nodes[4]["community"] = 1
G.nodes[5]["community"] = 1
G.nodes[6]["community"] = 1
G.nodes[7]["community"] = 1

preds = nx.ra_index_soundarajan_
hopcroft(G,[(1,2),(2,5),(3,4)])
```

위 코드에 그래프의 각 노드에 커뮤니티 속성을 할당하는 방법이 나와 있다. 이 속성은 앞의 방정식에서 정의한 함수 $f(w)$를 계산할 때 동일한 커뮤니티에 속한 노드를 식별하는 데 사용된다. 다음 절에서 볼 수 있듯이 커뮤니티 가치를 특정 알고리듬을 사용해 자동으로 계산할 수 있다. 앞서 봤듯이 ra_index_soundarajan_hopcroft 함수는 입력 그래프와 점수를 계산하려는 2개의 노드를 사용한다. 출력은 다음과 같다.

    [(1, 2, 0.5), (2, 5, 0), (3, 4, 0)]

앞의 출력에서 지수 계산에 대한 커뮤니티의 영향을 볼 수 있다. 노드 1과 노드 2는 같은 커뮤니티에 속하기 때문에 지수 값이 높다. 반면, 간선 (2,5)와 (3,4)는 서로 다른 커뮤니티에 속하므로 0의 값을 갖는다.

networkx에서 커뮤니티 정보와 병합된 유사성 점수를 기반으로 두 노드 간의 연결 확률을 계산하는 다른 방법은 nx.a inside_inter_cluster 및 nx.common_neighbor_centrality다.

다음 절에서는 알려지지 않은 간선의 예측을 수행하고자 머신러닝과 간선 임베딩을 기반으로 하는 보다 복잡한 기술을 설명한다.

임베딩 기반 방법

이 절에서는 링크 예측을 수행하는 고급 기술을 설명한다. 이 기술의 아이디어는 링크 예측 문제를 지도 분류 작업으로 해결하는 것이다. 보다 정확하게 설명하자면, 주어진 그래프에 대한 각 노드 쌍을 특징 벡터(x)로 표시하고, 클래스 라벨(y)을 해당 노드 쌍 각각에 할당한다. 수학적으로 표현하면 그래프를 $G = (V, E)$라 하고, 각 노드를 i, j로 나타낼 때 다음과 같이 표현할 수 있다.

$$x = [f_{0,0}, ..., f_{i,j}, ..., f_{n,n}] \quad y = [y_{0,0}, ..., y_{i,j}, ..., y_{n,n}]$$

여기서 $f_{ij} \in x$는 노드 i, j 쌍을 나타내는 특징 벡터이고, $y_{i,j} \in y$는 라벨을 나타낸다. $y_{i,j}$의 값은 다음과 같이 정의된다. 그래프 G에서 노드 i, j에 간선 연결이 존재하는 경우 $y_{i,j} = 1$이다. 그렇지 않으면 $y_{i,j} = 0$이다. 특징 벡터와 라벨을 사용해 주어진 2개의 노드가 주어진 그래프에 대해 그럴듯한 간선을 구성하는지 예측하고자 머신러닝 알고리듬을 학습시킬 수 있다.

각 노드 쌍에 대한 라벨 벡터를 구축하는 것은 쉽지만 특징 공간을 구축하는 것은 그렇게 간단하지 않다. 각 노드 쌍에 대한 특징 벡터를 생성하고자 3장에서 이미 논의한 node2vec 및 edge2vec와 같은 일부 임베딩 기술을 사용할 것이다. 이러한 임베딩 알고리듬을 사용하면 특징 공간 생성이 매우 단순화된다. 실제로 전체 프로세스는 다음과 같이 두 가지 주요 단계로 요약된다.

1. 그래프 G의 각 노드에 대해 해당 임베딩 벡터를 node2vec 알고리듬을 사용해 계산한다.
2. 그래프에서 가능한 모든 노드 쌍에 대해 edge2vec 알고리듬을 사용해 임베딩을 계산한다.

이제 분류 문제를 해결하고자 생성된 특징 벡터에 일반적인 머신러닝 알고리듬을 적용할 수 있다.

이제 위 절차에 대해 실제적인 설명을 위해 다음 코드 예제를 통해 이해를 돕겠다.

예제에서는 networkx, stellargraph, node2vec 라이브러리를 사용해 전체 파이프라인 (그래프에서 링크 예측까지)을 설명할 것이다. 각 부분에 대한 이해를 돕고자 전체 프로세스를 여러 단계로 나눠 설명할 것이다. 다음 URL(https://linqs-data.soe.ucsc.edu/public/lbc/cora.tgz)에서 사용할 수 있는 1장에서 설명한 인용 네트워크 데이터셋을 통해 링크 예측 문제를 풀어 본다.

첫 번째 단계로 인용 데이터셋을 사용해 다음과 같이 networkx 그래프를 작성한다.

```
import networkx as nx
import pandas as pd

edgelist = pd.read_csv("cora.cites", sep='\t', header=None,
names=["target", "source"])
G = nx.from_pandas_edgelist(edgelist)
```

데이터셋은 간선 리스트로 표시되기 때문에(1장 참고) from_pandas_edgelist 함수를 사용해 그래프를 생성했다.

두 번째 단계로 그래프 G에서 훈련 및 테스트 데이터셋을 생성해야 한다. 자세히 설명하자면, 훈련 및 테스트 데이터셋에는 그래프 G의 실제 노드 쌍을 나타내는 부분 집합뿐만 아니라 G의 실제 노드를 나타내지 않는 노드 쌍도 포함돼야 한다. 실제 간선을 나타내는 쌍은 양의 인스턴스(클래스 라벨 1), 실제 간선을 나타내지 않는 쌍은 음의 인스턴스(클래스 라벨 0)가 된다. 이 프로세스는 다음 코드로 쉽게 수행할 수 있다.

```
from stellargraph.data import EdgeSplitter

edgeSplitter = EdgeSplitter(G)
 graph_test, samples_test, labels_test = edgeSplitter.train_test_
split(p=0.1, method="global")
```

예제에서는 stellargraph에서 사용 가능한 EdgeSplitter 클래스를 사용했다. EdgeSplitter 클래스의 기본 생성자 매개 변수는 분할을 수행하는 데 사용할 그래프 (G)다. 실제 분할은 train_test_split 함수를 사용해 수행한다.

- graph_test는 모든 노드를 포함하지만 간선의 부분 집합만 포함하는 원본 그

래프의 부분 집합이다.

- samples_test는 각각의 노드 쌍을 포함하는 벡터다. 이 벡터에는 실제 간선을 나타내는 노드 쌍(양의 인스턴스)과 실제 모서리를 나타내지 않는 노드 쌍(음의 인스턴스)이 포함된다.

- labels_test는 samples_test와 같은 길이의 벡터다. 0 또는 1만 포함한다. 0 값은 samples_test 벡터에서 음의 인스턴스를 나타내는 위치에 있고 1 값은 samples_test에서 양의 인스턴스를 나타내는 위치에 있다.

테스트 세트 생성과 동일한 절차로 다음 코드에 나온 것과 같이 훈련 세트를 생성할 수 있다.

```
edgeSplitter = EdgeSplitter(graph_test, G)
 graph_train, samples_train, labels_train = edgeSplitter.train_test_
split(p=0.1, method="global")
```

이 코드 부분의 주요 차이점은 EdgeSplitter의 초기화와 관련이 있다. 테스트 세트에 대해 생성된 양, 음의 인스턴스의 반복을 피하고자 graph_test를 매개 변수로 입력한다.

앞선 과정에서 양, 음의 인스턴스가 포함된 훈련 및 테스트 데이터셋을 생성했다. 이러한 각 인스턴스에 대해 이제 특징 벡터를 생성해야 한다. 예제에서는 node2vec 라이브러리를 사용해 노드 임베딩을 생성했다. 일반적인 모든 노드 임베딩 알고리듬들을 이용해서 이 작업을 수행할 수 있다. 훈련 세트의 경우 다음 코드를 이용해 특징 벡터를 생성할 수 있다.

```
from node2vec import Node2Vec
from node2vec.edges import HadamardEmbedder

node2vec = Node2Vec(graph_train)
 model = node2vec.fit()
edges_embs = HadamardEmbedder(keyed_vectors=model.wv)
 train_embeddings = [edges_embs[str(x[0]),str(x[1])] for x in samples_
train]
```

이전 코드에 대한 설명은 다음과 같다.

- node2vec 라이브러리를 이용해 훈련 그래프의 각 노드에 대한 임베딩을 생성한다.
- HadamardEmbedder 클래스를 사용해서 훈련 세트에 포함된 각 노드 쌍의 임베딩을 생성한다. 이러한 값은 모델 학습을 위한 특징 벡터로 사용된다.

이 예제에서는 HadamardEmbedder 알고리듬을 사용했지만 3장에서 설명한 다른 임베딩 알고리듬을 사용할 수 있다.

다음 코드로 테스트 세트에 대해서도 동일하게 수행해야 한다.

```
edges_embs = HadamardEmbedder(keyed_vectors=model.wv)
test_embeddings = [edges_embs[str(x[0]),str(x[1])] for x in samples_test]
```

이때 유일한 차이점은 간선 임베딩을 계산하는 데 사용되는 samples_test 배열이다. 테스트 세트로 생성된 데이터를 사용하지만, node2vec 알고리듬은 테스트 세트에 대해 다시 계산하지 않았다. 실제로 node2vec의 확률적 특성을 감안할 때 2개의 학습된 임베딩이 '비교 가능'하다고 보장할 수 없으므로 node2vec 임베딩이 실행 중에 변경된다.

이제 모든 것이 준비됐다. train_embeddings 특징 공간과 train_labels 라벨 할당을 이용해 다음과 같이 라벨 예측 문제를 해결하기 위한 머신러닝 알고리듬을 학습시킬 수 있다.

```
from sklearn.ensemble import RandomForestClassifier
rf = RandomForestClassifier(n_estimators=1000)
 rf.fit(train_embeddings, labels_train)
```

이 예제에서는 간단한 RandomForestClassifier 클래스를 사용했지만 모든 머신러닝 알고리듬을 사용해 이 작업을 해결할 수 있다. 그 후 다음의 코드 블록과 같이 분류 품질을 정량적으로 측정하고자 test_embeddings 특징 공간에 학습된 모델을 적용할 수 있다.

```
from sklearn import metrics

y_pred = rf.predict(test_embeddings)
 print('Precision:', metrics.precision_score(labels_test, y_ pred))
 print('Recall:', metrics.recall_score(labels_test, y_pred))
 print('F1-Score:', metrics.f1_score(labels_test, y_pred))
```

다음과 같은 출력을 얻을 수 있다.

```
Precision: 0.8557114228456913
Recall: 0.8102466793168881
F1-Score: 0.8323586744639375
```

이미 언급했듯이 방금 설명한 방법은 일반적인 스키마일 뿐이다. 훈련/테스트 데이터셋 분할, 노드/간선 임베딩, 머신러닝 알고리듬과 같은 파이프라인의 각 부분은 문제에 따라 변경될 수 있다.

이 방법은 시간 그래프에서 링크 예측을 처리할 때 특히 유용하다. 이 경우, 모델 학습에 사용된 시점에서 획득한 간선 관련 정보를 적용해 시점 $t + 1$에서의 간선을 예측할 수 있다.

이 절에서는 라벨 예측 문제를 소개했다. 링크 예측 문제에 대한 솔루션을 찾는 데 사용되는 다양한 기술에 대한 몇 가지 예제와 함께 자세히 설명했다. 간단한 지수 기반 기술에서 임베딩 기반 기술에 이르기까지 문제를 해결하는 다양한 방법을 사용할 수 있음을 보여 줬다. 그러나 다양한 과학 문헌들에 링크 예측 작업을 해결하기 위한 알고리듬으로 가득 차 있으며 이 문제를 해결하기 위한 다양한 알고리듬이 있다. 'Review on Learning and Extracting Graph Features for Link Prediction(링크 예측을 위한 학습 및 그래프 특징 추출에 대한 논평)'(https://arxiv.org/pdf/1901.03425.pdf) 문서에서 링크 예측 문제를 해결하는 데 사용되는 다양한 기술에 대한 좋은 개요를 볼 수 있다. 다음 절에서는 커뮤니티 감지 문제를 살펴볼 것이다.

커뮤니티와 같은 의미 있는 구조 감지

데이터 과학자가 네트워크를 다룰 때 직면하는 일반적인 문제 중 하나는 그래프 내 클러스터와 커뮤니티를 식별하는 방법이다. 이는 소셜 네트워크나 커뮤니티의 존재가 확인된 데이터로부터 파생된 그래프를 다룰 때 자주 발생한다. 기본 알고리듬과 방법들은 클러스터링 및 분할을 수행하는 다른 상황에서도 사용할 수 있다. 예를 들어 텍스트 마이닝에서 새로운 주제를 식별하고 단일 이벤트/주제를 다루는 문서를 클러스터링하는 데 효과적으로 사용할 수 있다. 커뮤니티 탐지 작업은 동일한 커뮤니티에 속한 노드는 서로 밀접하게 연결되고 다른 커뮤니티의 노드와 약하게 연결되도록 그래프를 분할하는 작업으로 구성된다. 이러한 커뮤니티를 식별하기 위한 몇 가지 전략이 있다. 일반적으로 다음과 같이 요약된 두 가지 범주 중 하나에 속하는 것으로 정의할 수 있다.

- 노드와 커뮤니티 간의 일대일 연결을 제공해 커뮤니티 간에 노드가 겹치지 않는 **비중첩**non-overlapping 커뮤니티 감지 알고리듬
- 노드가 둘 이상의 커뮤니티에 포함될 수 있도록 하는 **중첩**overlapping 커뮤니티 감지 알고리듬 — 예를 들어 소셜 네트워크의 자연스러운 경향을 반영하는 중첩 커뮤니티(예: 학교 친구, 이웃, 놀이 친구, 같은 축구 팀에 있는 사람들 등) 또는 생물학에서 단일 단백질이 하나 이상의 프로세스 및 생물 반응에 관여할 수 있는 경우

이제 커뮤니티 감지를 위해 가장 많이 사용하는 기술을 살펴볼 것이다.

임베딩 기반 커뮤니티 감지

노드를 커뮤니티로 분할할 수 있는 첫 번째 방법은 3장에 설명된 방법을 사용해 계산한 노드 임베딩에 얕은 클러스터링 기술을 적용해 얻을 수 있다. 임베딩 방법을 사용하면 노드 간의 유사성을 나타내는 거리를 정의할 수 있는 벡터 공간에 노드를 투영할 수 있다. 3장에서 봤듯이 임베딩 알고리듬은 유사한 이웃 및 연결 속성을 가진

노드를 분리하는 데 매우 효과적이다. 그런 다음 거리 기반 클러스터링^{K-means}, 연결 클러스터링(계층적 클러스터링), 분포 클러스터링(가우시안 혼합), 밀도 기반 클러스터링 DBSCAN, Density-Based Spatial Clustering of Applications with Noise과 같은 표준 클러스터링 기술을 사용할 수 있다. 알고리듬에 따라 이러한 기술은 단일 연결 커뮤니티 감지 또는 소프트 클러스터 할당을 모두 제공할 수 있다. 다음은 이러한 알고리듬들이 간단한 바벨 그래프에서 어떻게 작동하는지 보여 줄 것이다. 다음과 같이 networkx를 이용해 간단한 바벨 그래프를 만드는 것으로 시작한다.

```
import networkx as nx
G = nx.barbell_graph(m1=10, m2=4)
```

그리고 다음과 같이 이전에 본 임베딩 알고리듬(예: HOPE) 중 하나를 사용해 감소된 밀집 노드 표현을 얻을 수 있다.

```
from gem.embedding.hope import HOPE
gf = HOPE(d=4, beta=0.01)
gf.learn_embedding(G)
 embeddings = gf.get_embedding()
```

마침내 다음과 같이 노드 임베딩이 제공하는 결과 벡터 표현에 대해 클러스터링 알고리듬을 실행할 수 있다.

```
from sklearn.mixture import GaussianMixture
gm = GaussianMixture(n_components=3, random_state=0)
 labels = gm.fit_predict(embeddings)
```

다음과 같이 다양한 색상으로 강조 표시된 계산된 커뮤니티로 네트워크를 그릴 수 있다.

```
colors = ["blue", "green", "red"]
nx.draw_spring(G, node_color=[colors[label] for label in  labels])
```

출력은 그림 5.2와 같다.

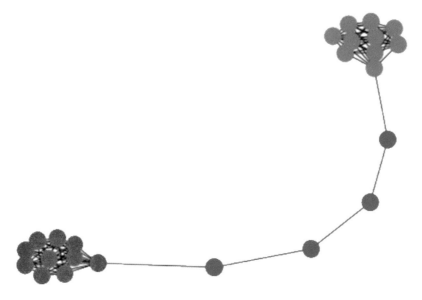

그림 5.2 임베딩 기반 방법을 사용해 커뮤니티 감지 알고리듬을 적용한 바벨 그래프

두 클러스터와 연결 노드는 그래프의 내부 구조를 반영해 3개의 다른 커뮤니티로 올바르게 그룹화됐다.

스펙트럼 방법 및 행렬 분해

그래프 분할의 또 다른 방법은 그래프의 연결 속성을 나타내는 인접행렬 또는 라플라시안 행렬을 처리하는 것이다. 예를 들어 스펙트럼 클러스터링은 라플라시안 행렬의 고유 벡터에 표준 클러스터링 알고리듬을 적용해 얻을 수 있다. 어떤 의미에서 스펙트럼 클러스터링은 임베딩 기술이 라플라시안 행렬의 첫 번째 k-고유 벡터를 고려해 얻은 스펙트럼 임베딩을 이용한 임베딩 기반 커뮤니티 탐지 알고리듬의 특별한 경우로 볼 수도 있다. 라플라시안의 다른 정의와 다른 유사성 행렬을 고려해 이 방법을 변형할 수 있다. 이 방법의 쉬운 구현 방법은 communities 파이썬 라이브러리에서 찾을 수 있으며 다음 코드에 설명된 것처럼 networkx 그래프에서 쉽게 얻을 수 있는 인접행렬 표현에서 사용할 수 있다.

```
from communities.algorithms import spectral_clustering
adj=np.array(nx.adjacency_matrix(G).todense())
communities = spectral_clustering(adj, k=2)
```

또한 인접행렬(또는 라플라시안)은 다음 코드와 같이 **비음수 행렬 분해**NMF, Non-negative Matrix Factorization와 같은 **특이값 분해**SVD, Singular Value Decomposition 기술 이외의 행렬 분해 기술을 사용해 분해할 수도 있다.

```
from sklearn.decomposition import NMF
nmf = NMF(n_components=2)
 score = nmf.fit_transform(adj)
communities = [set(np.where(score [:,ith]>0)[0]) for ith in range(2)]
```

커뮤니티에 속하기 위한 임계값은 이 예에서 0으로 설정됐지만 커뮤니티 코어만 유지하고자 다른 값을 사용할 수도 있다. 이러한 방법은 커뮤니티 감지 알고리듬이 겹치고 노드가 둘 이상의 커뮤니티에 속할 수 있다.

확률 모델

커뮤니티 탐지 방법은 생성 확률 그래프 모델의 매개 변수를 적합해 파생될 수도 있다. 생성 모델의 예는 이미 1장에서 설명했다. 그러나 **확률적 블록 모델**SBM, Stochastic Block Model과 달리 기본 커뮤니티의 존재를 가정하지 않았다. 사실 이 모델은 노드가 K개의 분리된 커뮤니티로 분할될 수 있고 각 커뮤니티가 다른 커뮤니티에 연결될 확률이 있다는 가정을 기반으로 한다. 따라서 n개의 노드와 K개의 커뮤니티로 구성된 네트워크의 경우 생성 모델은 다음과 같이 매개 변수화된다.

- **멤버십 행렬**: M은 $n \times K$ 행렬이고 주어진 노드가 특정 클래스 k에 속할 확률을 나타낸다.
- **확률 행렬**: B는 $K \times K$ 행렬이며 커뮤니티 i에 속하는 노드와 커뮤니티 j에 속하는 하나의 노드 사이의 간선 확률을 나타낸다.

인접행렬은 다음 공식에 의해 생성된다.

$$a_{ij} = \begin{cases} Bernoulli\left(B_{(g_i, g_j)}\right) & if\ i < j \\ 0 & if\ i = 0 \\ a_{ji} & if\ i > j \end{cases}$$

여기에서 g_i, g_j는 커뮤니티를 나타내며 확률 M_i, M_j의 다항 분포를 샘플링해 얻을 수 있다.

SBM에서 기본적으로 공식을 뒤집고 최대 가능도 추정을 통해 행렬 A에서 멤버십 행렬 M의 사후 추정으로 커뮤니티 탐지 문제를 축소할 수 있다. 이 접근 방식은 최근 매우 큰 그래프에서 커뮤니티 탐지를 수행하고자 무작위 스펙트럼 클러스터링과 함께 사용됐다. 상수 확률 행렬의 극한에서 SBM 모델(즉 $B_{ij} = p$)은 에르도스-레니Erdös-Rényi 모델에 해당한다. 이러한 모델은 커뮤니티 간의 관계를 설명하고 커뮤니티-커뮤니티 관계를 식별하는 이점도 있다.

비용 함수 최소화

그래프 내에서 커뮤니티를 감지하는 또 다른 방법은 그래프 구조를 나타내는 주어진 비용 함수를 최적화하고 커뮤니티 내부의 간선에 비해 커뮤니티 사이의 간선에 페널티를 주는 것이다. 이는 기본적으로 커뮤니티의 품질에 대한 측정값을 구축한 다음(이에 대한 모듈성을 곧 설명한다) 파티셔닝의 전체 품질을 최대화하고자 커뮤니티에 대한 노드 연결을 최적화하는 것으로 구성된다.

이진 연관 커뮤니티 구조에서 커뮤니티 연관성은 노드가 두 커뮤니티 중 하나에 속하는지 여부에 따라 값이 -1 또는 1인 이분법 변수 s_i로 설명된다. 이 환경에서 서로 다른 커뮤니티의 두 노드 사이의 연결과 관련된 비용을 효과적으로 표현하는 데 사용할 수 있도록 다음과 같이 정의할 수 있다.

$$\sum_{i,j \in E} A_{ij}(1 - s_i s_j)$$

실제로 2개의 연결된 노드($A_{ij} > 0$)가 다른 커뮤니티에 속할 때($s_i s_j = -1$), 간선이 제공하는 기여는 양수다. 반면 두 노드가 연결되지 않은 경우($A_{ij} = 0$)와 연결된 두 노드가 동일한 커뮤니티에 속할 때($s_i s_j = 0$) 기여도는 0이다. 따라서 문제는 위 함수를 최소화하기 위한 최상의 커뮤니티 할당(s_i 및 s_j)을 찾는 것이다. 그러나 이 방법은 이진 커뮤니티 감지에만 적용되므로 적용이 다소 제한된다.

이 클래스에 속하는 또 다른 인기 있는 알고리듬은 루벤^{Louvain} 방법으로, 이 알고리듬이 발명된 대학에서 이름을 따왔다. 이 알고리듬은 다음과 같이 정의된 모듈성을 최대화하는 것을 목표로 한다.

$$Q = \frac{1}{2m} \sum_{i,j \in E} \left(A_{ij} - \frac{k_i k_j}{2m} \right) \delta(c_i, c_j)$$

여기서 m은 간선의 개수, k_i, k_j는 각각 번째, j번째 노드의 차수, $\delta(c_i, c_j)$는 크로네커 델^{Kronecker delta} 함수로 c_i와 c_j가 같을 때 1이고 그렇지 않으면 0이다. 모듈성은 기본적으로 노드를 무작위로 재배열해 동일한 수의 간선과 차수 분포를 갖는 무작위 네트워크를 생성하는 것과 비교해 커뮤니티 식별이 얼마나 더 잘 수행되는지를 나타내는 척도다.

이 모듈성을 효율적으로 최대화하고자 루벤 방법은 다음 단계를 반복 계산한다.

1. **모듈성 최적화**: 노드는 반복적으로 초기화되며, 노드가 이웃의 각 커뮤니티에 할당된다면 각 노드에 대해 모듈성 Q의 변화를 계산한다. 모든 ΔQ 값이 계산되면 노드는 가장 큰 값이 나타나는 커뮤니티에 할당된다. 노드를 자신이 속한 커뮤니티 이외의 다른 커뮤니티에 배치해 얻은 모듈성 증가가 없으면 노드는 원래 커뮤니티에 남아 있는다. 이 최적화 프로세스는 변경 사항이 나타나지 않을 때까지 계속된다.

2. **노드 집계**: 두 번째 단계에서는 동일한 커뮤니티의 모든 노드를 그룹화하고 두 커뮤니티의 모든 간선의 합계에서 나온 간선으로 커뮤니티를 연결해 새 네트워크를 구축한다. 커뮤니티 내의 간선은 커뮤니티에 속한 모든 간선 가중치

의 합에 따른 가중치를 갖는 자체 루프로 설명된다.

다음 코드에서 볼 수 있듯이 루벤에 대한 구현은 이미 communities 라이브러리에서 찾을 수 있다.

```
from communities.algorithms import louvain_method
communities = louvain_method(adj)
```

모듈성을 최대화하는 또 다른 방법은 연결 구성 요소 커뮤니티를 생성하고자 가장 높은 중간 중심성을 갖는(따라서 2개의 개별 노드 클러스터를 연결하는) 간선을 반복적으로 제거하는 것을 기반으로 하는 기르반-뉴먼^{Girvan-Newman} 알고리듬이다. 다음은 이와 관련된 코드다.

```
from communities.algorithms import girvan_newman
communities = girvan_newman(adj, n=2)
```

> **Note**
>
> 후자의 알고리듬은 간선을 제거하고자 모든 간선의 중간 중심성을 계산해야 한다. 이러한 계산은 큰 그래프에서 매우 많은 비용이 초래될 수 있다. 기르반-뉴먼 알고리듬은 $n \cdot m^2$로 계산량이 증가된다. 여기서 m은 간선 수이고 n은 노드 수이며 큰 데이터셋을 처리할 때는 사용하지 않아야 한다.

그래프 유사성 및 그래프 매칭 감지

이 절에선 그래프 간의 유사도를 정량적으로 학습하는 것이 핵심이다. 실제로 이는 네트워크 분석의 중요한 단계이며 분류, 클러스터링, 순위 지정과 같은 많은 머신러닝 문제에서 중요하다. 예를 들어 많은 클러스터링 알고리듬은 개체가 그룹의 구성원이어야 하는지 여부를 결정하고자 유사성 개념을 사용한다.

그래프 영역에서 효과적인 유사성 측정법을 찾는 것은 중요한 문제다. 예를 들어 그래프 내에서 노드의 역할을 고려해야 한다. 이 노드는 네트워크 전체에 정보를 퍼뜨리거나 네트워크 견고성을 보장하는 데 매우 중요할 수 있다. 예를 들어 별 그래프의 중심이 될 수도 있고 파벌의 구성원이 될 수도 있다. 이러한 시나리오에서는 역할에 따라 노드를 비교하는 강력한 방법이 있으면 매우 유용하다. 예를 들어 비슷한 역할을 하거나 비정상적인 행동을 보이는 서로 유사한 개인을 검색하는 데 관심이 있을 수 있다. 유사한 하위 그래프를 검색하거나 지식 이전을 위한 네트워크 호환성을 결정하는 데 사용할 수도 있다. 지식 이전의 예시를 들자면, 네트워크의 견고성을 높이는 방법을 찾았고 그러한 네트워크가 다른 네트워크와 매우 유사하다는 것을 알고 있다면 첫 번째 네트워크에서 잘 작동했던 동일한 솔루션을 두 번째 네트워크에 직접 적용할 수 있다.

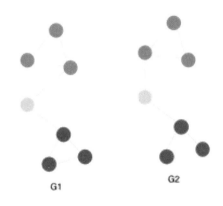

그림 5.3 두 그래프 간 차이점의 예

두 개체 간의 유사성(거리)을 측정하고자 여러 측정 지표를 사용할 수 있다. 몇 가지 예로는 유클리드 거리, 맨해튼 거리, 코사인 유사성 등이 있다. 그러나 이러한 측정 지표는 특히 그래프와 같은 비유클리드 구조에서 연구 중인 데이터의 특정 특성을 포착하지 못할 수 있다. 그림 5.3을 보자. **G1**과 **G2**가 얼마나 '먼 거리'인가? 그들은 꽤 비슷해 보인다. 그러나 **G2**의 레드 커뮤니티에서 누락된 연결로 인해 심각한 정보 손실이 발생한다면 어떻게 될까? 그들이 여전히 비슷해 보이는가?

그래프 동형, 편집 거리, 공통 하위 그래프와 같은 수학적 개념을 기반으로 몇 가지 알고리듬 접근 방식과 발견적 방법이 있다. 다음 URL(https://link.springer.com/article/10.1007/s10044-012-0284-8)에서 자세한 내용을 살펴볼 수 있다. 이러한 접근 방식 중 많은 부분이 일반적으로 **NP-완전 문제**(NP는 비결정적 다항식 시간을 나타낸다)에 대한 솔루션을 제공하기 위해 종종 기하급수적으로 높은 계산 시간이 필요하지만 실무에서도 사용한다. 따라서 특정 작업과 관련된 데이터 포인트의 유사성을 측정하기 위한 측정 지표를 찾거나 학습하는 것이 필수적이다. 여기에서 머신러닝이 도움이 된다.

이미 3장 및 4장에서 본 알고리듬 중 많은 알고리듬이 효과적인 유사성 측정 지표를 학습하는 데 유용할 수 있다. 그것들이 사용되는 방식에 따라 정확한 분류 체계를 정의할 수 있다. 여기에서는 그래프 유사성 기술에 대한 간단한 개요를 제공한다. 보다 포괄적인 목록은 'Deep Graph Similarity Learning: A Survey'(심층 그래프 유사성 학습: 설문조사, https://arxiv.org/pdf/1912.11615.pdf)에서 찾을 수 있다. 정교한 조합으로 개발할 수도 있지만 기본적으로 세 가지 주요 범주로 나눌 수 있다. **그래프 임베딩 기반 방법**은 임베딩 기술을 사용해 그래프의 포함된 표현을 얻고 이러한 표현을 활용해 유사성 함수를 학습한다. **그래프 커널 기반 방법**은 구성하는 하위 구조의 유사성을 측정해 그래프 간의 유사성을 정의한다. **그래프 신경망 기반 방법**은 **그래프 신경망**[GNN]을 사용해 임베딩 표현과 유사성 함수를 공동으로 학습한다. 이어질 절에서 모두 자세히 살펴보겠다.

그래프 임베딩 기반 방법

그래프 임베딩 기반 기술들은 그래프 임베딩을 적용해 노드 수준 또는 그래프 수준 표현을 얻고 유사성 학습을 위해 표현을 추가로 사용하려고 한다. 예를 들어 DeepWalk 및 Node2Vec는 유사성 함수를 정의하거나 유사성 점수를 예측하는 데 사용할 수 있는 의미 있는 임베딩을 추출하는 데 사용할 수 있다. 예를 들어 틱시에(Tixier 외, 2015)는 node2vec를 인코딩 노드 임베딩에 사용했다. 그리고 해당 노드 임베딩에서 얻은 **2차원**[2D] 히스토그램을 이미지용으로 설계된 고전적인 2D **합성곱 신경**

망^{CNN} 아키텍처로 전달했다. 이러한 단순하면서도 강력한 접근 방식을 통해 많은 벤치마크 데이터셋에서 좋은 결과를 기록했다.

그래프 커널 기반 방법

그래프 커널 기반 방법은 그래프 간의 유사성을 포착하는 측면에서 많은 관심을 불러일으켰다. 이 방법에서는 일부 하위 구조 간의 유사성 함수로 두 그래프 간의 유사성을 계산한다. 랜덤 워크, 최단 경로, 하위-그래프와 같은 하위 구조를 기반으로 다양한 그래프 커널이 존재한다. 예를 들어 **심층 그래프 커널**^{DGK, Deep Graph Kernel}이라는 방법(Yanardag 외, 2015)은 그래프를 '단어'로 간주되는 하위 구조로 분해한다. 그런 다음 CBOW^{Continuous Bag Of Words} 및 **skip-gram**과 같은 **자연어 처리**^{NLP} 접근 방식을 이용해 하위 구조의 잠재 표현을 학습한다. 이러한 방식은 두 그래프 사이의 커널을 하위 구조 공간의 유사성을 기반으로 정의한다.

GNN 기반 방법

딥러닝^{DL, Deep Learning} 기술의 등장으로 GNN은 그래프 표현을 학습하기 위한 강력한 새 도구가 됐다. 이러한 강력한 모델을 그래프 유사성 학습을 포함한 다양한 작업에 쉽게 적용할 수 있다. 또한 다른 전통적인 그래프 임베딩 접근 방식과 관련한 주요 이점이 존재한다. 실제로 후자는 일반적으로 고립된 단계에서 표현을 학습하지만 이러한 접근 방식에서는 표현 학습과 대상 학습 작업이 공동으로 수행된다. 따라서 GNN 심층 모델은 특정 학습 작업에 대한 그래프 특징을 더 잘 활용할 수 있다. 이미 3장에서 GNN을 사용한 유사성 학습의 예시를 봤는데 2개의 분기 네트워크가 두 그래프 사이의 근접 거리를 추정하도록 학습했다.

응용

그래프에 대한 유사성 학습은 이미 많은 영역에서 좋은 결과를 달성했다. 주요 응용은 화학 및 생물 정보학에서 사용할 수 있다. 예를 들어 다음 다이어그램의 왼쪽에 설명된 것처럼 쿼리 화합물과 가장 유사한 화합물을 찾는 데 사용할 수 있다. 신경과학에서 유사성 학습 방법은 여러 대상 간의 뇌 네트워크 유사성을 측정하고자 적용되기 시작해서 뇌 질환에 대한 새로운 임상 연구를 가능하게 한다.

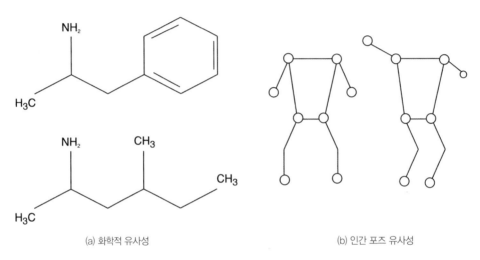

(a) 화학적 유사성   (b) 인간 포즈 유사성

그림 5.4 그래프가 다양한 개체를 나타내는 데 어떻게 유용할 수 있는지에 대한 예: (a) 두 화합물 간의 차이 (b) 두 인간 포즈의 차이점

그래프 유사성 학습은 하드웨어 보안 문제와 소프트웨어 시스템의 취약점 탐지를 위한 새로운 접근법을 연구하는 컴퓨터 보안 분야에서도 연구되고 있다. 최근에는 이러한 솔루션을 컴퓨터 비전 문제에 적용하려는 시도도 있다. 이미지를 그래프 데이터로 변환하는 어려운 문제가 해결되면 다른 영역 중에서 비디오 시퀀스의 인간 동작 인식 및 장면의 객체 일치에 대한 흥미로운 솔루션이 실제로 나올 수 있다(그림 5.4의 오른쪽).

요약

5장에서는 그래프 기반 머신러닝 기술을 사용해 다양한 문제를 해결하는 방법을 배웠다.

링크 예측, 커뮤니티 감지, 그래프 유사성 학습과 같이 분명히 매우 다른 작업을 해결하고자 동일한 알고리듬(또는 약간 수정된 버전)을 적용할 수 있음을 확인했다. 또한 각 문제가 고유한 특성을 갖고 있다는 것을 확인했으며, 연구자들이 보다 정교한 솔루션을 설계하고자 이를 이용했다.

6장에서는 머신러닝을 사용해 해결된 실생활 문제를 탐구할 것이다.

그래프 머신러닝의 고급 응용

3부에서는 1, 2부에서 설명한 방법들을 실제 사례에 적용한다. 이를 통해 실용적인 지식을 습득하고 구조화된 데이터셋과 구조화되지 않은 데이터셋에 대한 접근 방식을 소개한다.

3부는 다음과 같이 5개의 장으로 구성돼 있다.

- 6장, 소셜 네트워크 그래프
- 7장, 그래프를 이용한 텍스트 분석 및 자연어 처리
- 8장, 신용카드 거래에 대한 그래프 분석
- 9장, 데이터 드리븐 그래프 기반 응용 프로그램 구축
- 10장, 그래프의 새로운 트렌드

06

소셜 네트워크 그래프

소셜 네트워킹 사이트는 지난 몇 년 동안 디지털 미디어 시장에서 활발한 성장을 보여 준 것들 중 하나다. 1990년대 후반 최초의 소셜 응용 프로그램이 출시된 이후 이응용 프로그램은 전 세계적으로 수십억 명의 사용자를 끌어모았고 이들 중 다수는일상생활에 디지털 소셜 관계를 갖고 있다. 페이스북, 트위터, 인스타그램과 같은소셜 네트워크는 새로운 커뮤니케이션 방식을 주도하고 있다. 사용자는 아이디어를공유하고, 업데이트 및 피드백을 게시하거나, 활동 및 이벤트에 참여하면서 소셜 네트워킹 사이트에서 다양한 것들을 공유할 수 있다.

게다가 소셜 네트워크는 사용자 행동을 연구하고 사람들 간의 상호 작용을 해석하고 관심을 예측하기 위한 방대한 정보를 구성한다. 노드가 사람에 해당하고 간선이사람 간의 연결을 나타내는 그래프라고 구조화하면 유용한 지식을 추출하는 강력한도구로 사용할 수 있다.

그러나 소셜 네트워크의 진화를 주도하는 역학을 이해하는 것은 많은 매개 변수가있어 복잡한 문제다.

6장에서는 그래프 이론을 사용해 페이스북Facebook 소셜 네트워크를 분석하는 방법과 머신러닝을 사용해 링크 예측 및 커뮤니티 감지와 같은 유용한 문제를 해결하는 방법을 설명한다.

6장에서는 다음과 같은 내용을 다룬다.

- 데이터셋 개요
- 네트워크 토폴로지 및 커뮤니티 감지
- 지도 및 비지도 임베딩

기술적 필요 사항

모든 예제는 파이썬 3.8 버전의 주피터 노트북을 사용한다. 다음 코드는 6장 실습에 필요한 라이브러리로, pip를 이용해 설치할 수 있다. 예를 들어 터미널command line에서 pip install networkx==2.5 명령을 실행하면 networkx 버전 2.5가 설치된다.

```
Jupyter==1.0.0
networkx==2.5
scikit-learn==0.24.0
numpy==1.19.2
node2vec==0.3.3
tensorflow==2.4.1
stellargraph==1.2.1
communities==2.2.0
git+https://github.com/palash1992/GEM.git
```

이 책의 나머지 부분에서 명확하게 언급되지 않은 경우 networkx를 import networkx as nx로, pandas를 import pandas as pd로 참조할 것이다.

모든 코드 파일은 다음 URL(https://github.com/PacktPublishing/Graph-Machine-Learning/tree/main/Chapter06)에서 사용할 수 있다.

데이터셋 개요

스탠퍼드 대학의 Social circles SNAP Facebook 공개 데이터셋을 사용할 것이다(https://snap.stanford.edu/data/ego-Facebook.html).

데이터셋은 설문 참여자로부터 모은 페이스북 사용자 정보로 구성된다. 10명의 사용자로부터 에고 네트워크ego network를 생성했다. 각 사용자는 친구가 속한 모든 서클(친구 목록)을 식별하도록 했다. 평균적으로 각 사용자는 에고 네트워크에서 19개의 서클을 식별했으며 각 서클에는 평균 22명의 친구가 있다.

각 사용자에 대해 다음 정보를 수집했다.

- **간선**edge: 두 사용자가 친구인 경우 간선이 존재한다.
- **노드 특징**: 사용자의 프로필에 이 속성이 있으면 1로 라벨을 지정하고 그렇지 않으면 0으로 라벨을 지정한 특징이다. 노드의 이름이 개인 데이터를 드러낼 것이기 때문에 노드는 익명으로 처리됐다.

10개의 에고 네트워크는 단일 그래프로 통합돼 있다.

데이터셋 다운로드

데이터셋은 다음 URL(https://snap.stanford.edu/data/ego-Facebook.html)에서 찾을 수 있다. facebook.tar.gz, facebook_combined.txt.gz, readme-Ego.txt의 세 가지 파일을 다운로드할 수 있다. 각 파일을 개별적으로 살펴보자.

- facebook.tar.gz: 각 에고 사용자에 대한 4개의 파일을 포함하는 아카이브다(총 40개 파일). 각 파일의 이름은 nodeId.extension이다. 여기서 nodeId는 에고 사용자의 노드 ID이고 확장자는 edge, circles, feat, egofeat, featnames 등이다. 자세한 내용은 다음과 같다.
  a. nodeId.edges: nodeId라는 노드의 네트워크에 대한 간선 목록이다.
  b. nodeId.circles: 여러 줄로 데이터가 표현된다(각 서클에 대해 하나씩). 각 줄

은 이름(서클 이름)과 일련의 노드 ID로 구성된다.

c. nodeId.feat: 에고 네트워크의 각 노드에 대한 특징이다(nodeId에 특징이 있으면 0, 그렇지 않으면 1).

d. nodeId.egofeat: 에고 사용자를 위한 특징이다.

e. nodeId.featname: 특징의 이름이다.

- facebook_combined.txt.gz: facebook_combined.txt라는 단일 파일을 포함하는 아카이브로, 결합된 모든 에고 네트워크의 간선 목록이다.

- readme-Ego.txt: 위에 언급한 파일들에 대한 설명이다.

해당 파일을 직접 살펴보기 바란다. 머신러닝 작업을 시작하기 전에 데이터셋을 탐색하고 최대한 익숙해지는 것이 좋다.

networkx로 데이터셋 불러오기

분석의 첫 번째 단계는 networkx를 사용해 전체 에고 네트워크를 불러오는 것이다. 1장에서 봤듯이 networkx는 그래프 분석에 강력하며, 데이터셋의 크기를 감안할 때 6장에서 수행할 분석을 위한 완벽한 도구가 될 것이다. 그러나 수십억 개의 노드와 간선이 있는 더 큰 소셜 네트워크 그래프의 경우 로드 및 처리를 위해 보다 특별한 도구가 필요하다. 9장에서 분석을 확장할 때 사용할 도구와 기술을 다룰 것이다.

결합된 에고 네트워크는 간선 목록으로 표시된다. 다음과 같이 networkx를 사용해 간선 목록으로 무방향 그래프를 만들 수 있다.

```
G = nx.read_edgelist("facebook_combined.txt", create_using=nx.
Graph(), nodetype=int)
```

그래프에 대한 몇 가지 기본 정보를 표출해 보자.

```
print(nx.info(G))
```

출력은 다음과 같다.

```
Name:
Type: Graph
Number of nodes: 4039
Number of edges: 88234
Average degree:  43.6910
```

집계된 네트워크에는 4039개의 노드와 88234개의 간선이 있다. 노드 수의 20배 이상의 간선 수가 있는 상당히 연결도 높은 네트워크다. 실제로 여러 클러스터가 네트워크에 존재할 것이다(각 에고 사용자의 작은 세계일 가능성이 높다).

네트워크를 그리는 것은 분석할 대상을 잘 이해하는 데 도움이 될 것이다. 다음과 같이 networkx를 사용해 그래프를 그릴 수 있다.

```
nx.draw_networkx(G, pos=spring_pos, with_labels=False, node_size=35)
```

출력은 그림 6.1과 같다.

그림 6.1 페이스북 에고 네트워크

고도로 상호 연결된 허브의 존재를 관찰할 수 있다. 이것은 소셜 네트워크 분석의 관점에서 흥미롭다. 왜냐하면 세계에 대한 개인의 관계 구조를 더 잘 이해하기 위한 단서가 되는 이면에 숨어 있는 사회적 메커니즘의 결과일 수 있기 때문이다.

분석을 계속하기 전에 네트워크 내부에 에고 사용자 노드의 ID를 저장한다. facebook.tar.gz 아카이브에 포함된 파일에서 검색할 수 있다.

먼저 아카이브의 압축을 푼다. 압축을 푼 폴더의 이름은 facebook이다. 다음 파이썬 코드로 각 파일 이름의 첫 번째 부분을 가져와서 ID를 검색할 수 있다.

```
ego_nodes = set([int(name.split('.')[0]) for name in
os.listdir("facebook/")])
```

이제 그래프를 분석할 준비가 끝났다. 특히 다음 절에서는 그래프 속성을 살펴봄으로써 그래프의 구조를 더 잘 이해하게 될 것이다. 이는 토폴로지와 관련 특성을 명확하게 이해하는 데 도움이 된다.

네트워크 토폴로지 및 커뮤니티 감지

네트워크의 토폴로지와 노드의 역할을 이해하는 것은 소셜 네트워크 분석에서 중요한 단계다. 이러한 맥락에서 노드는 실제로 사용자이며 각각 고유한 관심사, 습관, 행동을 갖고 있음을 명심하는 것이 중요하다. 이러한 지식은 예측을 수행하거나 인사이트를 찾을 때 매우 유용하다.

1장에서 본 유용한 측정 지표를 계산하고자 networkx를 사용할 것이다. 이 절에서는 그래프에 대한 인사이트insight를 수집하기 위한 해석을 제공하고자 노력할 것이다. 필요한 라이브러리를 가져오고 코드 전체에서 사용할 몇 가지 변수를 정의하는 것으로 시작한다.

```
import os
import math
import numpy as np
import networkx as nx
import matplotlib.pyplot as plt
default_edge_color = 'gray'
default_node_color = '#407cc9'
enhanced_node_color = '#f5b042'
enhanced_edge_color = '#cc2f04'
```

이제 분석을 진행할 수 있다.

토폴로지 개요

이전 절에서 이미 봤듯이 네트워크에는 4,039개의 노드와 80,000개 이상의 간선이 있다. 먼저 계산할 다음 측정 지표는 동류성이다. 사용자가 비슷한 차수의 사용자와 연결하려는 경향에 대한 정보를 공개한다. 다음 코드로 구할 수 있다.

```
assortativity = nx.degree_pearson_correlation_coefficient(G)
```

출력은 다음과 같다.

```
0.06357722918564912
```

위 결과로 긍정적인 동류성을 관찰할 수 있는데, 이는 잘 연결된 개인이 다른 잘 연결된 개인과 연관돼 있음을 보여 준다(1장 참고). 이는 각 서클 내에서 사용자가 서로 밀접하게 연결돼 있는 경향이 있기 때문으로 예상된다.

전이성은 또한 개인이 어떻게 연결돼 있는지 이해하는 데 도움이 된다. 재현 전이성은 공통의 친구가 있는 두 사람이 자신이 친구일 확률을 나타낸다.

```
t = nx.transitivity(G)
```

출력은 다음과 같다.

```
0.5191742775433075
```

위 결과로 두 친구가 공통 친구를 가질 확률이 약 50%임을 알 수 있다.

관측값은 평균 클러스터링 계수를 계산해 확인할 수 있다. 이것은 전이성의 대안적 정의로 간주될 수 있다.

```
aC = nx.average_clustering(G)
```

출력은 다음과 같다.

```
0.6055467186200876
```

클러스터링 계수는 전이성보다 높은 경향이 있다. 클러스터링 계수의 정의에 따라 가능한 이웃 쌍(지역 클러스터링 계수의 분모)이 제한돼 있기 때문에 낮은 차수를 가진 정점에 더 많은 가중치를 둔다.

노드 중심성

전체 토폴로지가 어떻게 생겼는지에 대한 명확한 아이디어가 있으면 네트워크 내부의 각 개인의 중요성을 조사할 수 있다. 1장에서 봤듯이 중요도의 첫 번째 정의는 매개 중심성 측정 지표를 통해 얻을 수 있다. 주어진 노드를 통과하는 최단 경로의 수를 측정해 해당 노드가 네트워크 내부의 정보 확산에 얼마나 중요한지 알 수 있다. 다음 코드를 사용해 계산할 수 있다.

```
bC = nx.betweenness_centrality(G)
 np.mean(list(bC.values()))
```

출력은 다음과 같다.

```
0.0006669573568730229
```

평균 매개 중심성은 매우 낮으며, 이는 네트워크 내부에 제거했을 때 그래프가 둘로 나뉘지 않는 노드가 많다는 것으로 이해할 수 있다. 그러나 그래프를 육안으로 확인하면 더 나은 인사이트를 얻을 수 있다. 특히 매개 중심성이 가장 높은 노드를 강화해 결합된 에고 네트워크를 그린다. 이에 대한 적절한 함수가 다음에 나와 있다.

```
def draw_metric(G, dct, spring_pos):
  top = 10
  max_nodes = sorted(dct.items(), key=lambda v: -v[1])[:top]
  max_keys = [key for key,_ in max_nodes]
  max_vals = [val*300 for _, val in max_nodes]
  plt.axis("off")
```

```
nx.draw_networkx(G,
                 pos=spring_pos,
                 cmap='Blues',
                 edge_color=default_edge_color,
                 node_color=default_node_color,node_size=3,
                 alpha=0.4,
                 with_labels=False)

nx.draw_networkx_nodes(G,
                       pos=spring_pos,
                       nodelist=max_keys,
                       node_color=enhanced_edge_color,
                       node_size=max_vals)
```

다음과 같이 함수를 호출해 사용할 수 있다.

```
draw_metric(G,bC,spring_pos)
```

출력은 그림 6.2와 같다.

그림 6.2 매개 중심성

각 노드의 연결 중심성도 살펴보겠다. 연결 중심성은 노드의 이웃 수와 관련이 있으므로 노드가 서로 얼마나 잘 연결돼 있는지 더 명확하게 알 수 있다.

```
deg_C = nx.degree_centrality(G)
 np.mean(list(deg_C.values()))
draw_metric(G,deg_C,spring_pos)
```

출력은 다음과 같다.

```
0.010819963503439287
```

그림 6.3은 연결 중심성을 표현한 것이다.

그림 6.3 연결 중심성

마지막으로 근접 중심성에 대해서도 살펴보겠다. 근접 중심성은 최단 경로 측면에서 노드가 서로 얼마나 가까운지 이해하는 데 도움이 된다.

```
clos_C = nx.closeness_centrality(G)
 np.mean(list(clos_C.values()))
draw_metric(G,clos_C,spring_pos)
```

출력은 다음과 같다.

```
0.2761677635668376
```

그림 6.4는 근접 중심성을 표현한 것이다.

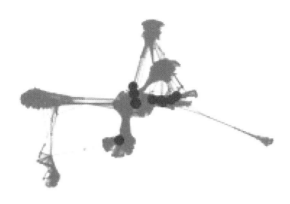

그림 6.4 근접 중심성

중심성 분석에서 각 중심 노드가 일종의 커뮤니티의 일부인 것처럼 보이는 것을 관찰했다(중앙 노드가 네트워크의 에고 노드에 해당할 수 있기 때문이다). 근접 중심성 분석으로 고도로 상호 연결된 여러 노드의 존재도 알게 됐다. 따라서 분석의 다음 부분에서 이러한 커뮤니티를 식별해 보겠다.

커뮤니티 감지

분석을 수행하는 대상이 소셜 네트워크이기 때문에 가장 흥미로운 그래프 구조 중 하나인 커뮤니티를 탐색할 가치가 있다. 페이스북을 사용하면 교육 환경(고등학교, 대학 등)의 친구, 매주 축구 경기의 친구, 파티에서 만난 친구 등의 친구들이 사용자의 삶의 다양한 측면을 반영할 가능성이 매우 높다.

소셜 네트워크 분석의 한 가지 목적은 이러한 그룹을 자동으로 식별하는 것이다. 이는 토폴로지 속성에서 추론해 자동으로 수행하거나 사전 인사이트를 활용해 반자동으로 수행할 수 있다.

한 가지 좋은 기준은 커뮤니티 내 간선(동일한 커뮤니티 내의 구성원을 연결하는 간선)을 최소화하면서 커뮤니티 간 간선(다른 커뮤니티의 구성원을 연결하는 간선)을 최대화하는 것이다.

다음과 같이 networkx로 구현할 수 있다.

```
import community
parts = community.best_partition(G)
 values = [parts.get(node) for node in G.nodes()]
n_sizes = [5]*len(G.nodes())
plt.axis("off")
nx.draw_networkx(G, pos=spring_pos, cmap=plt.get_cmap("Blues"),
edge_color=default_edge_color, node_color=values,
node_size=n_sizes, with_labels=False)
```

출력은 그림 6.5와 같다.

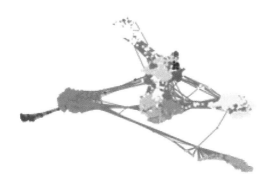

그림 6.5 networkx를 이용한 커뮤니티 감지

이러한 맥락에서 에고 사용자가 탐지된 커뮤니티 내에서 어떤 역할을 수행하는지 조사하는 것도 흥미로울 것이다. 다음 코드로 에고 사용자 노드의 크기와 색상을 강조할 수 있다.

```
for node in ego_nodes:
   n_sizes[node] = 250
nodes = nx.draw_networkx_nodes(G,spring_pos, ego_nodes, node_
color=[parts.get(node) for node in ego_nodes])
 nodes.set_edgecolor(enhanced_node_color)
```

출력은 그림 6.6과 같다.

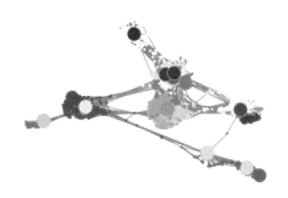

그림 6.6 networkx를 사용해 감지된 커뮤니티의 에고 사용자 노드 크기 강조

일부 에고 사용자가 동일한 커뮤니티에 속해 있다는 사실은 흥미롭다. 에고 사용자가 페이스북에서 실제 친구일 수 있으므로 에고 네트워크가 부분적으로 공유된다.

그래프 구조에 대한 기본적인 이해를 마쳤다. 이제 네트워크 내부에서 몇 가지 중요한 노드를 식별할 수 있다는 것을 알고 있다. 또한 해당 노드가 속한 잘 정의된 커뮤니티의 존재를 봤다. 이어지는 지도 및 비지도 머신러닝 방법론을 적용하는 동안 이러한 사실을 염두에 둬야 한다.

지도 및 비지도 임베딩

오늘날 소셜 미디어는 가장 흥미롭고 풍부한 정보 소스 중 하나다. 매일 수천 명의 새로운 연결이 발생하고 새로운 사용자가 커뮤니티에 가입하며 수십억 개의 게시물이 공유된다. 그래프는 이러한 모든 상호 작용을 수학적으로 나타내므로 자발적이고 구조화되지 않은 트래픽의 순서를 정하는 데 도움이 된다.

소셜 그래프를 다룰 때 머신러닝을 사용해 해결할 수 있는 흥미로운 문제가 많이 있다. 마케팅 전략 개선, 위험한 행동을 하는 사용자(예: 테러리스트 네트워크) 식별, 사용자가 새 게시물을 읽을 가능성 예측 등을 위해 이 엄청난 양의 데이터에서 유용한 인사이트를 추출할 수 있다.

특히 링크 예측은 이 분야에서 중요한 연구 주제 중 하나다. 소셜 그래프의 연결이 나타내는 것에 따라 미래의 간선을 예측해 다음 추천 친구, 다음 추천 영화, 구매할 가능성이 있는 제품을 예측할 수 있다.

5장에서 이미 봤듯이 링크 예측 작업은 두 노드 간의 미래 연결 가능성을 예측하는 것을 목표로 하며 여러 머신러닝 알고리듬을 사용해 해결할 수 있다.

다음 예제에서는 SNAP 페이스북 소셜 그래프에서 미래 연결을 예측하고자 지도 및 비지도 머신러닝 그래프 임베딩 알고리듬을 적용한다. 또한 예측 작업에서의 노드 특징의 기여도를 평가한다.

작업 준비

링크 예측 작업을 수행하려면 데이터셋을 준비해야 한다. 이 문제는 지도 학습으로 처리한다. 노드 쌍은 각 알고리듬에 입력으로 제공되고 라벨은 바이너리다. 즉 두 노드가 실제로 네트워크에 연결돼 있으면 '연결'로 나타내고 그렇지 않으면 '연결되지 않음'으로 나타내는 것이다.

이 문제를 지도 학습으로 해결하는 것을 목표로 하기 때문에 훈련 및 테스트 데이터셋을 생성해야 한다. 따라서 노드 수는 같지만 간선 수는 다른 2개의 새 하위 그래프를 생성한다(일부 간선은 제거되고 알고리듬 훈련/테스트를 위해 양성 샘플로 처리된다).

stellargraph 라이브러리는 데이터를 분할하고 훈련 세트를 생성하고 축소된 하위 그래프를 테스트하는 데 유용한 도구를 제공한다. 이 프로세스는 이미 5장에서 본 것과 유사하다.

```
from sklearn.model_selection import train_test_split
from stellargraph.data import EdgeSplitter
from stellargraph import StellarGraph
edgeSplitter = EdgeSplitter(G)
graph_test, samples_test, labels_test = \
edgeSplitter.train_test_split(p=0.1, method="global", seed=24)
edgeSplitter = EdgeSplitter(graph_test, G)
graph_train, samples_train, labels_train = \
edgeSplitter.train_test_split(p=0.1, method="global", seed=24)
```

축소된 그래프 graph_test를 얻고자 EdgeSplitter 클래스를 사용해 그래프 G의 간선 일부(p=10%)와 그와 동일한 수의 음의 간선을 추출한다. train_test_split 메서드는 또한 노드 쌍의 목록, samples_test(각 쌍이 그래프의 존재하는지 또는 존재하지 않는 간선인지 나타냄) 및 samples_test 목록과 동일한 길이의 라벨 목록(labels_test)을 반환한다. 그리고 축소된 그래프에서 작업을 반복해 또 다른 축소된 그래프인 graph_train과 해당 samples_train 및 labels_train 목록을 얻을 수 있다.

이어서 누락된 간선을 예측하는 세 가지 다른 방법을 비교할 것이다.

- Method 1: node2vec는 비지도 노드 임베딩을 학습하는 데 사용된다. 학습된 임베딩은 지도 분류 알고리듬의 입력으로 사용해 입력 쌍이 실제 연결돼 있는지 여부를 결정한다.
- Method 2: 그래프 신경망 기반 알고리듬 GraphSAGE로 임베딩을 공동으로 학습하고 분류 작업을 수행하는 데 사용한다.
- Method 3: 수작업 특징을 그래프에서 추출해 노드 ID와 함께 지도 분류기에 대한 입력으로 사용한다.

다음 하위 절에서 자세히 설명한다.

node2vec 기반 링크 예측

여러 단계로 나눠 설명한다.

1. 훈련 그래프에서 비지도 노드 임베딩을 생성하고자 node2vec를 사용한다. 이것은 이미 5장에서 본 것처럼 node2vec 라이브러리를 사용해 수행할 수 있다.

   ```
   from node2vec import Node2Vec
   node2vec = Node2Vec(graph_train)
   model = node2vec.fit()
   ```

2. 노드의 각 쌍에 대한 임베딩을 생성하고자 HadamardEmbedder를 사용한다. 이

러한 특징 벡터는 분류기를 학습시키기 위한 입력으로 사용된다.

```
from node2vec.edges import HadamardEmbedder

edges_embs = HadamardEmbedder(keyed_vectors=model.wv)
 train_embeddings = [edges_embs[str(x[0]),str(x[1])] for
x in samples_train]
```

3. 분류기에 지도 학습을 적용한다. 강력한 결정 트리 기반 앙상블 알고리듬인
    랜덤 포레스트^{RandomForest} 분류기를 사용할 것이다.

```
from sklearn.ensemble import RandomForestClassifier
from sklearn import metrics
rf = RandomForestClassifier(n_estimators=10)
 rf.fit(train_embeddings, labels_train);
```

4. 마지막으로, 테스트 세트의 임베딩을 생성하고자 학습된 모델을 적용한다.

```
edges_embs = HadamardEmbedder(keyed_vectors=model.wv)
test_embeddings = [edges_embs[str(x[0]),str(x[1])] for x
in samples_test]
```

5. 이제 학습된 모델을 사용해 테스트 세트에 대한 예측을 수행할 준비가 됐다.

```
y_pred = rf.predict(test_embeddings)
print('Precision:', metrics.precision_score(labels_test, y_pred))
print('Recall:', metrics.recall_score(labels_test, y_pred))
print('F1-Score:', metrics.f1_score(labels_test, y_pred))
```

6. 출력은 다음과 같다.

```
Precision: 0.9701333333333333
Recall: 0.9162573983125551
F1-Score: 0.9424260086781945
```

나쁘지 않은 결과를 얻을 수 있다. 위 결과로 node2vec 기반 임베딩은 페이스북 에
고 네트워크에서 링크를 실제로 예측하기 위한 강력한 표현을 제공한다는 것을 알
수 있다.

GraphSAGE 기반 링크 예측

이 절에서는 노드 임베딩을 학습하고 간선을 분류하고자 GraphSAGE를 사용하는 방법을 알아본다. 라벨이 지정된 노드 쌍이 주어지면 노드 임베딩 쌍을 출력하는 2계층 GraphSAGE 아키텍처를 구축한다. 그리고 완전 연결 신경망fully connected neural network을 사용해 이러한 임베딩을 처리하고 링크 예측을 생성한다. GraphSAGE 모델과 완전 연결 네트워크를 연결해 한번에 학습하고 임베딩 학습 단계가 예측의 영향을 받도록 한다.

특징 없는 접근

시작하기 전에 4장 및 5장에서 GraphSAGE를 사용하려면 노드 설명자(특징)가 필요하다는 것을 상기할 수 있다. 이러한 특징은 데이터셋에 있을 수도 있고 그렇지 않을 수도 있다. 일단은 사용할 수 있는 노드 특징을 고려하지 않고 분석을 시작하겠다. 이 경우 일반적인 접근 방식은 각 노드에 $|V|$(그래프의 노드 수)의 길이를 갖는 원핫 벡터로 표현된다. 원 핫 벡터는 주어진 노드에 해당하는 셀만 1이고 나머지 셀은 0이다.

이것은 다음과 같이 파이썬 및 networkx로 구현할 수 있다.

```
eye = np.eye(graph_train.number_of_nodes())
fake_features = {n:eye[n] for n in G.nodes()}
nx.set_node_attributes(graph_train, fake_features, "fake")
eye = np.eye(graph_test.number_of_nodes())
fake_features = {n:eye[n] for n in G.nodes()}
nx.set_node_attributes(graph_test, fake_features, "fake")
```

앞의 코드로 다음을 수행했다.

1. 크기 $|V|$의 단위 행렬을 만들었다. 행렬의 각 행은 그래프의 각 노드에 필요한 원-핫 벡터다.

2. 각 nodeID(키로 사용)에 대해 이전에 만든 단위 행렬의 해당 행을 할당하는 파

이썬 dict를 만들었다.

3. dict는 networkx 그래프의 각 노드에 'fake' 특징을 할당하고자 networkx set_node_attributes 함수를 사용했다.

훈련 그래프와 테스트 그래프 모두에 대해 위 과정을 반복한다. 다음 단계는 모델에 데이터를 공급하는 데 사용할 생성기를 정의하는 것이다. 이를 위해 stellargraph GraphSAGELinkGenerator를 사용할 것이다. 이는 기본적으로 모델에 노드 쌍을 입력으로 제공한다.

```
from stellargraph.mapper import GraphSAGELinkGenerator
batch_size = 64
num_samples = [4, 4]
# stellargraph를 사용해 graph_train와 graph_test 변환
sg_graph_train = StellarGraph.from_networkx(graph_train,
node_features="fake")
sg_graph_test = StellarGraph.from_networkx(graph_test,
 node_features="fake")
train_gen = GraphSAGELinkGenerator(sg_graph_train, batch_size, num_samples)
 train_flow = train_gen.flow(samples_train, labels_train,
shuffle=True, seed=24)
test_gen = GraphSAGELinkGenerator(sg_graph_test, batch_size, num_samples)
 test_flow = test_gen.flow(samples_test, labels_test, seed=24)
```

또한 batch_size(미니 배치당 입력 수)와 GraphSAGE가 고려해야 하는 첫 번째 및 두 번째 홉 이웃 샘플 수를 정의해야 한다. 이제 모델을 만들 준비가 끝났다.

```
from stellargraph.layer import GraphSAGE, link_classification
from tensorflow import keras
layer_sizes = [20, 20]
graphsage = GraphSAGE(layer_sizes=layer_sizes, generator=train_gen,
 bias=True, dropout=0.3)
x_inp, x_out = graphsage.in_out_tensors()
# 링크 분류기 정의
prediction = link_classification(output_dim=1, output_ act="sigmoid",
 edge_embedding_method="ip")(x_out)
model = keras.Model(inputs=x_inp, outputs=prediction)
model.compile(
    optimizer=keras.optimizers.Adam(lr=1e-3),
```

```
        loss=keras.losses.mse,
        metrics=["acc"],
    )
```

앞의 코드로 크기가 20인 2개의 은닉 레이어가 있는 GraphSAGE 모델을 만들었다.
각 레이어에는 바이어스 항과 과적합을 줄이기 위한 드롭아웃 레이어가 있다. 그리
고 모듈의 GraphSAGE 부분의 출력은 노드 임베딩 쌍(GraphSAGE의 출력)을 입력으로
받는 link_classification 레이어와 연결되고, 이진 연산자(내적, 예시의 경우 ip)를 사용
해 간선 임베딩을 생성하고 최종 분류를 위해 완전 연결 신경망에 전달한다.

모델은 평균 제곱 오차를 손실 함수로 사용해 Adam(학습률 = 1e-3)을 통해 최적화
한다.

10에포크 동안 모델을 학습시킨다.

```
epochs = 10
history = model.fit(train_flow, epochs=epochs, validation_data=test_flow)
```

출력은 다음과 같다.

```
Epoch 18/20
loss: 0.4921 - acc: 0.8476 - val_loss: 0.5251 - val_acc: 0.7884 Epoch 19/20
loss: 0.4935 - acc: 0.8446 - val_loss: 0.5247 - val_acc: 0.7922 Epoch 20/20
loss: 0.4922 - acc: 0.8476 - val_loss: 0.5242 - val_acc: 0.7913
```

훈련이 끝나면 테스트 세트에 대해 성능 측정 지표를 계산해 본다.

```
from sklearn import metrics
y_pred = np.round(model.predict(train_flow)).flatten()
print('Precision:', metrics.precision_score(labels_train, y_pred))
print('Recall:', metrics.recall_score(labels_train, y_pred))
print('F1-Score:', metrics.f1_score(labels_train, y_pred))
```

출력은 다음과 같다.

```
Precision: 0.7156476303969199
Recall: 0.983125550938169
F1-Score: 0.8283289124668435
```

결과로부터 알 수 있듯이 성능은 node2vec 기반 접근 방식에서 얻은 것보다 낮다. 그러나 아직 훌륭한 정보 소스가 될 수 있는 실제 노드 특징을 고려하지 않았다. 이는 다음 절에서 실험한다.

노드 특징 소개

결합된 에고 네트워크에 대한 노드 특징을 추출하는 프로세스는 매우 장황하다. 이것은 6장의 첫 번째 부분에서 설명했듯이 각 에고 네트워크는 모든 특징 이름과 값뿐만 아니라 여러 파일을 사용해 설명되기 때문이다. 노드 특징을 추출하고자 모든 에고 네트워크를 구문 분석하는 유용한 함수를 작성했다. 깃허브 저장소에 제공된 파이썬 노트북에서 구현해 놓은 코드를 볼 수 있다. 다음에서 이 함수의 작동 방식을 간단히 설명한다.

- load_features 함수는 각 에고 네트워크를 구문 분석하고 2개의 파이썬 dict 를 만든다.
  a. feature_index, 특징 이름에 숫자 인덱스를 매핑
  b. inverted_feature_indexes, 이름을 숫자 인덱스에 매핑
- parse_nodes 함수는 결합된 에고 네트워크 G와 에고 노드의 ID를 입력으로 받는다. 그리고 네트워크의 각 에고 노드에 load_features 함수를 사용해 이전에 로드된 해당 특징을 할당한다.

다음의 코드로 결합된 에고 네트워크의 각 노드에 대한 특징 벡터를 로드할 수 있다.

```
load_features()
parse_nodes(G, ego_nodes)
```

네트워크의 한 노드(예: ID가 0인 노드)의 정보를 출력해 결과를 쉽게 확인할 수 있다.

```
print(G.nodes[0])
```

출력은 다음과 같다.

```
{'features': array([1., 1., 1., ..., 0., 0., 0.])}
```

결과로부터 알 수 있듯 노드에는 features라는 키가 포함된 파이썬 dict가 있다. 해당 값은 이 노드에 할당된 특징 벡터다.

이제 이전에 GraphSAGE 모델 교육에 사용한 것과 동일한 단계를 반복할 준비가 됐다. 이번에는 networkx 그래프를 StellarGraph 형식으로 변환할 때 features를 키^{key}로 사용한다.

```
sg_graph_train = StellarGraph.from_networkx(graph_train, node_
features="features")
sg_graph_test = StellarGraph.from_networkx(graph_test, node_
features="features")
```

마지막으로, 이전 절에서 했던 것처럼 생성기를 만들고, 모델을 컴파일하고, 10에 포크 동안 학습시킨다.

```
train_gen = GraphSAGELinkGenerator(sg_graph_train, batch_size, num_samples)
train_flow = train_gen.flow(samples_train, labels_train,
shuffle=True, seed=24)
test_gen = GraphSAGELinkGenerator(sg_graph_test, batch_size, num_samples)
test_flow = test_gen.flow(samples_test, labels_test, seed=24)
layer_sizes = [20, 20]
graphsage = GraphSAGE(layer_sizes=layer_sizes, generator=train_
gen, bias=True, dropout=0.3)
x_inp, x_out = graphsage.in_out_tensors()
prediction = link_classification(output_dim=1, output_
act="sigmoid", edge_embedding_method="ip")(x_out)
model = keras.Model(inputs=x_inp, outputs=prediction)
model.compile(
    optimizer=keras.optimizers.Adam(lr=1e-3),
    loss=keras.losses.mse,
    metrics=["acc"],
)
epochs = 10
history = model.fit(train_flow, epochs=epochs, validation_data=test_flow)
```

모델 간의 공정한 비교를 위해 동일한 하이퍼파라미터(레이어 수, 배치 크기, 학습률 포함)와 랜덤 시드를 사용하고 있다.

출력은 다음과 같다.

```
Epoch 18/20
loss: 0.1337 - acc: 0.9564 - val_loss: 0.1872 - val_acc: 0.9387
Epoch 19/20
loss: 0.1324 - acc: 0.9560 - val_loss: 0.1880 - val_acc: 0.9340
Epoch 20/20
loss: 0.1310 - acc: 0.9585 - val_loss: 0.1869 - val_acc: 0.9365
```

모델 성능 평가는 다음과 같다.

```
from sklearn import metrics
y_pred = np.round(model.predict(train_flow)).flatten()
print('Precision:', metrics.precision_score(labels_train, y_pred))
print('Recall:', metrics.recall_score(labels_train, y_pred))
print('F1-Score:', metrics.f1_score(labels_train, y_pred))
```

출력은 다음과 같다.

```
Precision: 0.7895418326693228
Recall: 0.9982369978592117
F1-Score: 0.8817084700517213
```

실제 노드 특징의 도입은 최고의 성능이 여전히 node2vec 접근 방식을 사용해 달성한 성능일지라도 이전 절에 비해 더 좋은 결과가 나타났다.

다음 절에서는 수작업으로 만든 특징을 지도 분류기를 훈련하는 데 사용했을 때의 얕은 임베딩 접근 방식을 살펴본다.

링크 예측을 위한 수작업 특징

4장에서 이미 봤듯이 얕은 임베딩 방법은 지도 학습을 처리하기 위한 간단하면서도 강력한 접근 방식이다. 기본적으로 각 입력 간선에 대해 분류기에 대한 입력으로 제공될 측정 지표 세트를 계산한다.

다음 예에서는 노드 쌍 (u, v)로 표시된 각 입력 간선에 대해 다음과 같이 4개의 측정 지표를 고려한다.

- **최단 경로**: u와 v 사이의 최단 경로의 길이다. u와 v가 간선을 통해 직접 연결된 경우 최단 경로를 계산하기 전에 이 간선을 제거한다. v에서 u에 연결할 수 없는 경우의 값은 0이다.

- **자카드 계수**: 한 쌍의 노드 (u, v)가 주어지면 u와 v의 이웃 집합의 합집합에 대한 교집합으로 정의된다. $s(u)$를 노드 u의 이웃 집합이라고 하고 $s(v)$는 노드 v의 이웃 집합이라 하면 다음과 같다.

$$j(u, v) = \frac{s(u) \cap s(v)}{s(u) \cup s(v)}$$

- **u 중심성**: 노드 v에 대해 계산된 연결 중심성

- **v 중심성**: 노드 u에 대해 계산된 연결 중심성

- **u 커뮤니티**: 루벤 휴리스틱을 사용해 노드 u에 할당한 커뮤니티 ID

- **v 커뮤니티**: 루벤 휴리스틱을 사용해 노드 v에 할당한 커뮤니티 ID

파이썬 및 networkx를 사용해 이러한 측정 지표를 계산하는 데 유용한 함수를 아래에 설명했다. 깃허브 저장소에 제공된 파이썬 노트북에서 코드를 찾을 수 있다.

훈련 및 테스트 세트의 각 간선에 대한 특징을 계산한다.

```
feat_train = get_hc_features(graph_train, samples_train, labels_train)
feat_test = get_hc_features(graph_test, samples_test, labels_test)
```

제안된 얕은 접근 방식에서 이러한 특징은 랜덤 포레스트^{Random Forest} 분류기에 대한 입력으로 직접 사용된다. scikit-learn을 이용해 다음과 같이 구현한다.

```
from sklearn.ensemble import RandomForestClassifier
from sklearn import metrics
rf = RandomForestClassifier(n_estimators=10)
rf.fit(feat_train, labels_train);
```

앞의 줄은 이전에 계산한 간선 특징을 사용해 분류기를 자동으로 인스턴스화하고 학습시킨다. 이제 다음 코드로 성능을 계산할 수 있다.

```
y_pred = rf.predict(feat_test)
print('Precision:', metrics.precision_score(labels_test, y_pred))
print('Recall:', metrics.recall_score(labels_test, y_pred))
print('F1-Score:', metrics.f1_score(labels_test, y_pred))
```

출력은 다음과 같다.

```
Precision: 0.9636952636282395
Recall: 0.9777853337866939
F1-Score: 0.9706891701828411
```

놀랍게도 수작업으로 만든 특징을 기반으로 한 얕은 방법이 다른 방법보다 성능이 좋다.

결과 요약

6장에서는 링크 예측에 유용한 임베딩을 이용해 지도 및 비지도 학습에 대한 세 가지 알고리듬을 학습했다. 표 6.1은 각 알고리듬의 결과를 요약한다.

알고리즘	임베딩	노드 특징 사용 여부	정밀도	재현율	F1-Score
node2vec	비지도 학습	No	0.97	0.92	0.94
GraphSAGE	지도 학습	Yes	0.72	0.98	0.83
GraphSAGE	지도 학습	No	0.79	1.00	0.88
Shallow	수작업	No	0.96	0.98	0.97

표 6.1 링크 예측 결과 요약

표 6.1에 나와 있는 것처럼 node2vec 기반 방법은 지도 및 노드별 정보 없이 높은 수준의 성능을 달성할 수 있다. 이러한 높은 결과는 결합된 에고 네트워크의 특정 구조와 관련이 있을 수 있다. 네트워크의 높은 하위 모듈성(여러 개의 에고 네트워크로 구성됨)으로 인해 두 사용자가 연결될지 여부를 예측하는 것은 두 후보 노드가 네트워크 내부에서 연결되는 방식과 높은 관련이 있을 수 있다. 예를 들어, 동일한 에고 네트워크의 여러 사용자와 연결된 두 명의 사용자도 연결될 가능성이 높은 체계적인 상황이 있을 수 있다. 반면에 서로 다른 에고 네트워크에 속하거나 서로 아주 멀리 떨어져 있는 두 명의 사용자는 연결되지 않을 가능성이 높기 때문에 예측 작업이 더 쉬워진다. 이는 얕은 방법을 사용해 얻은 결과에서도 확인할 수 있다.

이러한 상황은 특히 노드 특징이 포함될 때, GraphSAGE와 같이 더 복잡한 알고리듬의 경우에는 혼란스러울 수 있다. 예를 들어 두 사용자가 비슷한 관심사를 공유해 매우 유사하게 만들 수 있지만, 에고 사용자가 다른 두 지역에 살아 다른 에고 네트워크에 속할 수 있다. 따라서 원칙적으로 연결돼야 하는 유사한 사용자는 연결되지 않는다. 그러나 그러한 알고리듬이 미래에 더 많은 것을 예측할 수도 있다. 결합된 에고 네트워크는 주어진 기간의 특정 상황에 대한 타임스탬프임을 생각해야 한다. 그것이 지금 어떻게 진화했는지 누가 알겠는가!

머신러닝 알고리듬을 해석하는 것은 아마도 머신러닝 자체의 흥미로운 과제일 것이다. 이러한 이유로 항상 주의해서 결과를 해석해야 한다. 따라서 항상 데이터셋을 파고들어 결과에 대한 설명을 찾기 위한 노력이 필요하다.

마지막으로, 각 알고리듬을 특별한 목적을 위해 조정하지 않았음을 알아야 한다. 각 하이퍼파라미터를 적절히 조정하면 다른 결과를 얻을 수 있으므로 이를 시도해 보기 바란다.

요약

6장에서는 머신러닝이 소셜 네트워크 그래프에서 실제 작업을 해결하는 데 어떻게 유용할 수 있는지 살펴봤다. 또한 SNAP 페이스북 결합 에고 네트워크에서 미래의 연결을 어떻게 예측할 수 있는지 살펴봤다.

그래프 분석 개념을 검토하고 그래프에서 파생된 측정 지표를 사용해 소셜 그래프에 대한 인사이트를 수집했다. 그리고 링크 예측 작업에 여러 머신러닝 알고리듬을 벤치마킹해 성능을 평가하고 해석했다.

7장에서는 유사한 접근 방식으로 텍스트 분석 및 자연어 처리를 사용해 문서 뭉치를 분석하는 방법을 설명한다.

07

그래프를 이용한 텍스트 분석 및 자연어 처리

최근에는 자연어로 된 텍스트의 형태로 방대한 양의 정보를 얻을 수 있다. 지금 이 책이 바로 그러한 예시다. 매일 아침 읽는 뉴스, 이전에 보거나 읽은 페이스북 게시물 또는 트윗, 학교 과제를 위해 작성하는 보고서, 매일 작성하는 이메일들 ─ 이 모든 것이 문서 및 텍스트를 통해 교환하는 정보다. 이는 의심할 여지없이 말이나 몸짓과 같은 직접적인 상호 작용과 반대되는 간접적인 상호 작용의 가장 일반적인 방법이다. 따라서 이러한 종류의 정보를 활용하고 문서 및 텍스트에서 인사이트를 추출할 수 있는 것이 중요하다.

오늘날 이러한 형태로 존재하는 방대한 양의 정보는 **자연어 처리**^{NLP, Natural Language Processing} 분야의 큰 발전으로 이어졌다.

7장에서는 자연어 텍스트를 처리하는 방법과 텍스트 정보를 구조화할 수 있는 몇 가지 기본 모델을 검토할 것이다. 문서 모음에서 추출한 정보를 사용해 2부에서 본 몇 가지 기술로 분석 가능한 네트워크를 만드는 방법을 소개할 것이다. 특히 태그가 지정된 말뭉치를 사용해 지도 알고리듬(미리 결정된 주제로 문서를 분류하는 분류 모델)과 비지도 알고리듬(새로운 주제를 발견하기 위한 커뮤니티 감지)을 모두 개발하는 방법을 보여 줄 것이다.

7장에서는 다음과 같은 내용을 다룬다.

- 데이터셋 개요
- NLP에서 사용하는 주요 개념 및 도구 이해
- 문서 모음에서 그래프 만들기
- 문서 주제 분류기 제작

기술적 필요 사항

모든 예제는 파이썬 3.8 버전의 주피터 노트북을 사용한다. 다음 코드는 7장 실습에 필요한 라이브러리로, pip를 이용해 설치할 수 있다. 예를 들어 터미널^{command line}에서 pip install networkx==2.4 명령을 실행하면 networkx 버전 2.4가 설치된다.

```
networkx==2.4
scikit-learn==0.24.0
stellargraph==1.2.1
spacy==3.0.3
pandas==1.1.3
numpy==1.19.2
node2vec==0.3.3
Keras==2.0.2
tensorflow==2.4.1
communities==2.2.0
gensim==3.8.3
matplotlib==3.3.4
nltk==3.5
fasttext==0.9.2
```

모든 코드 파일은 다음 URL(https://github.com/PacktPublishing/Graph-Machine-Learning/tree/main/Chapter07)에서 사용할 수 있다.

데이터셋 개요

문서 모음을 처리해서 연관된 정보를 추출하는 방법을 보여 주고자 NLP 분야에서 잘 알려진 벤치마크인 이른바 Reuters-21578에서 파생된 데이터셋을 사용한다. 원본 데이터셋에는 1987년 로이터 뉴스와이어Reuters newswire에 게시된 2만 1,578개의 뉴스 기사가 포함돼 있으며, 이 기사는 범주별로 수집 및 색인화돼 있다. 원본 데이터셋은 훈련 세트나 테스트 세트에만 일부 범주가 나타나는 매우 치우친 분포를 갖고 있다. 이러한 이유로 Reuters-21578 Distribution 1.0이라고도 하는 수정된 버전 ApteMod을 사용한다. 이 버전은 훈련 데이터셋과 테스트 데이터셋 간에 분포 차이가 더 적고 라벨이 일관적이다.

데이터셋의 기사는 오래됐지만, 이 데이터셋은 NLP에 대한 수많은 논문에서 사용됐으며 여전히 벤치마킹 알고리듬에 자주 사용되는 데이터셋이다.

실제로 Reuters-21578에는 흥미로운 후처리 및 인사이트를 위한 충분한 문서가 포함돼 있다. 오늘날에는 더 많은 수의 문서가 포함된 말뭉치를 쉽게 찾을 수 있지만(예를 들어 가장 일반적인 문서에 대한 개요는 https://github.com/niderhoff/nlp-datasets 참고), 더 큰 저장 공간과 계산량이 필요할 수 있다. 9장에서 더 큰 데이터를 다룰 수 있도록 응용 프로그램 및 분석을 확장하기 위한 몇 가지 도구와 라이브러리를 소개할 것이다.

Reuters-21578 데이터셋의 각 문서에는 해당 내용을 나타내는 라벨이 제공된다. 따라서 지도 및 비지도 알고리듬을 모두 테스트하기 위한 완벽한 벤치마크가 된다. Reuters-21578 데이터셋은 nltk 라이브러리(문서 후처리에 매우 유용한 라이브러리)를 사용해 쉽게 다운로드할 수 있다.

```
from nltk.corpus import reuters
corpus = pd.DataFrame([
    {"id": _id,
     "text": reuters.raw(_id).replace("\n", ""),
     "label": reuters.categories(_id)}
    for _id in reuters.fileids()
])
```

말뭉치 DataFrame 검사에서 알 수 있듯이 ID는 training/{ID} 및 test/{ID} 형식으로 돼 있어 학습 및 테스트에 어떤 문서를 사용해야 하는지 명확하게 알 수 있다. 먼저 모든 주제를 나열하고 다음 코드를 사용해 주제당 문서 수를 확인한다.

```python
from collections import Counter
Counter([label
        for document_labels in corpus["label"]
        for label  in document_labels]).most_common()
```

Reuters-21578 데이터셋에는 클래스 간 상당한 불균형이 있는 90개의 서로 다른 주제가 포함돼 있으며, 문서의 거의 37%가 가장 일반적인 범주에 있고 문서의 겨우 0.01%를 차지하는 5개의 범주가 있다. 텍스트 검사로 알 수 있듯이 일부 문서에는 첫 번째 텍스트 정리 단계에서 쉽게 제거할 수 있는 개행 문자가 포함돼 있다.

```python
corpus["clean_text"] = corpus["text"].apply(
    lambda x: x.replace("\n", "")
)
```

데이터를 메모리에 로드했으므로 분석을 시작할 수 있다. 다음 하위 절에서는 구조화되지 않은 텍스트 데이터를 처리하는 데 사용할 수 있는 몇 가지 주요 도구를 설명한다. 쉽게 사용할 수 있도록 구조화된 정보를 추출하는 데 도움이 된다.

자연어 처리에서 사용되는 주요 개념 및 도구 이해

문서를 처리할 때 첫 번째 분석 단계는 문서 언어를 추론하는 것이다. 자연어 처리 작업에 사용되는 대부분의 분석 엔진은 특정 언어에 대해 학습하므로 해당 언어에만 사용할 수 있다. 교차 언어 모델을 구축하려는 일부 시도(예: https://fasttext.cc/docs/en/aligned-vectors.html 및 https://github.com/google-research/bert/blob/master/multilingual.md 같은 다국어 임베딩 참고)는 최근에 인기를 얻었지만 아직 성과가 미미하다. 따라서 올바른 자연어 처리 분석 파이프라인을 사용할 수 있도록 먼저 언어를 유추하는 것이 매우 일반적이다.

여러 방법을 사용해 언어를 추론할 수 있는데, 매우 간단하면서도 효과적인 한 가지 접근 방식은 언어의 가장 일반적인 단어(영어의 경우 the, and, be, to, of, 한국어의 경우 '및', '을', '즉' 등과 같은 불용어stopword)를 찾고 빈도를 기반으로 점수를 작성하는 것이다. 그러나 이러한 방법은 짧은 텍스트에 의해 제한되는 경향이 있으며 단어의 위치와 문맥을 사용하지 않는다. 반면에 파이썬에는 보다 정교한 논리를 사용하는 많은 라이브러리가 있으므로 언어를 보다 정확한 방식으로 유추할 수 있다. 이러한 라이브러리에는 fasttext, polyglot, langdetect가 있다.

예를 들어 다음 코드에서 fasttext를 사용한다. 이 코드는 몇 줄로 통합할 수 있고 150개 이상의 언어를 지원한다. 다음 코드를 사용해 모든 문서에 대한 언어를 유추할 수 있다.

```
from langdetect import detect
import numpy as np
def getLanguage(text: str):
    try:
        return langdetect.detect(text)
    except:
        return np.nan
corpus["language"] = corpus["text"].apply(langdetect.detect)
```

위 코드를 실행한 결과에서 볼 수 있듯이 영어와 그 외의 언어로 된 문서가 있는 것 같다. 실제로 이러한 문서는 종종 매우 짧거나 이상한 구조를 가지므로 실제 뉴스 기사가 아니다. 문서가 인간이 읽고 뉴스로 분류할 수 있는 텍스트로 이뤄져 있을 때 모델은 일반적으로 정확하다.

언어를 추론했으므로 이제 분석 파이프라인의 언어 종속 단계를 계속할 수 있다. 매우 적은 수의 코드로 최첨단 자연어 처리 모델을 사용할 수 있게 해주는 강력한 라이브러리인 spaCy를 사용할 것이다. pip install spaCy로 라이브러리를 설치한 후 언어별 모델은 spaCy download 유틸리티를 사용해 설치하기만 하면 통합할 수 있다. 예를 들어 다음 명령을 사용해 영어 모델을 다운로드하고 설치할 수 있다.

```
python -m spacy download en_core_web_sm
```

이제 영어용 언어 모델을 사용할 준비가 됐다. 어떤 정보를 제공할 수 있는지 알아 보자. spaCy를 사용하는 것은 매우 간단하며 단 한 줄의 코드를 사용해 매우 풍부 한 정보를 얻을 수 있다. 로이터 말뭉치의 문서 중 하나에 모델을 적용해 보겠다.

SUBROTO SAYS INDONESIA SUPPORTS TIN PACT EXTENSION

Mines and Energy Minister Subroto confirmed Indonesian support for an extension of the sixth International Tin Agreement[ITA], but said a new pact was not necessary. Asked by Reuters to clarify his statement on Monday in which he said the pact should be allowed to lapse, Subroto said Indonesia was ready to back extension of the ITA. "We can support extension of the sixth agreement," he said. "But a seventh accord we believe to be unnecessary." The sixth ITA will expire at the end of June unless a two-thirds majority of members vote for an extension.

---

spacy는 모델을 로드하고 텍스트에 적용하기만 하면 된다.

```
nlp = spacy.load('en_core_web_md')
parsed = nlp(text)
```

spacy에 의해 반환되는 구문 분석된 개체에는 많은 모델이 단일 파이프라인으로 결 합되기 때문에 여러 필드가 있다. 이들은 다른 수준의 텍스트 구조화를 제공한다. 하나씩 살펴보자.

- **텍스트 분할 및 토큰화**: 이것은 문서를 마침표, 문장, 단일 단어(또는 토큰)로 분 할하는 것을 목표로 하는 프로세스다. 이 단계는 일반적으로 모든 후속 분석 에 매우 중요하며 일반적으로 구두점, 공백, 개행 문자를 활용해 최상의 문 서 분할을 추론한다. spacy에서 제공되는 분할 엔진은 일반적인 상황에서 꽤 잘 작동한다. 다만, 상황에 따라 약간의 모델 튜닝이나 룰 수정이 필요할 수 있음을 유의하기 바란다. 예를 들어 속어, 이모티콘, 링크, 해시태그 등이 포 함된 짧은 텍스트를 처리할 때 텍스트 분할 및 토큰화를 위한 더 나은 선택은

nltk 라이브러리에 포함된 TweetTokenizer일 수 있다. 문맥에 따라 여러 분할 기법을 탐색해 보는 것이 좋다.

spacy가 반환한 문서에서 문장 분할은 parsed 객체의 sents 속성에서 찾을 수 있다. 다음 코드를 사용해 각 문장의 토큰을 확인할 수 있다.

```
for sent in parsed.sents:
    for token in sent:
        print(token)
```

각 토큰은 토큰 유형과 다른 모델에서 도입한 추가 특성을 지정하는 속성이 있는 spaCy Span 객체다.

- **품사**PoS, Part-of-Speech 태거: 텍스트가 단일 단어(토큰이라고도 함)로 분할되면 다음 단계는 각 토큰을 문법적 유형을 나타내는 품사PoS 태그와 연결하는 것이다. 추론된 태그는 일반적으로 명사, 동사, 조동사, 형용사 등이다. 품사 태깅에 사용되는 엔진은 일반적으로 각 토큰에 연결된 품사 태그가 있는 라벨링된 큰 말뭉치를 기반으로 토큰을 분류하도록 훈련된 모델이다. 모델은 실제 데이터에 대해 학습하면서 언어 내에서 공통 패턴을 인식하는 법을 배운다. 예를 들어 단어 'the'(결정 관사, DET) 뒤에는 일반적으로 명사가 온다. spaCy를 사용할 때 품사 태깅에 대한 정보는 일반적으로 Span 객체의 label_ 속성에 저장된다. 사용 가능한 태그 유형은 다음 URL(https://spacy.io/models/en)에서 확인할 수 있으며, 반대로 spacy.explain 함수를 사용해 주어진 유형을 사람이 읽을 수 있는 값으로 변환할 수 있다.

- **개체명 인식**NER, Named Entity Recognition: 이 분석 단계는 일반적으로 텍스트 내에 나타나는 명사의 유형을 인식하도록 학습시킨 통계 모델을 이용한다. 개체의 몇 가지 일반적인 예는 조직, 사람, 지리적 위치 및 주소, 제품, 숫자 및 통화다. 문맥(주변 단어)과 사용된 전치사를 감안할 때 모델은 개체의 가장 가능성 있는 유형을 추론한다. 자연어 처리 파이프라인의 다른 단계에서와 마찬가지로 이러한 모델은 일반적으로 공통 패턴 및 구조를 학습하는 태그가 지정된 대규모 데이터셋을 사용해 학습한다. spaCy에서 문서 개체에 대한 정보는 일반적으로 parsed 객체의 ents 속성에 저장된다. spaCy는 또한 displacy

모듈을 사용해 텍스트의 개체를 멋지게 시각화하는 몇 가지 유틸리티를 제공한다.

```
displacy.render(parsed, style='ent', jupyter=True)
```

결과는 그림 7.1과 같다.

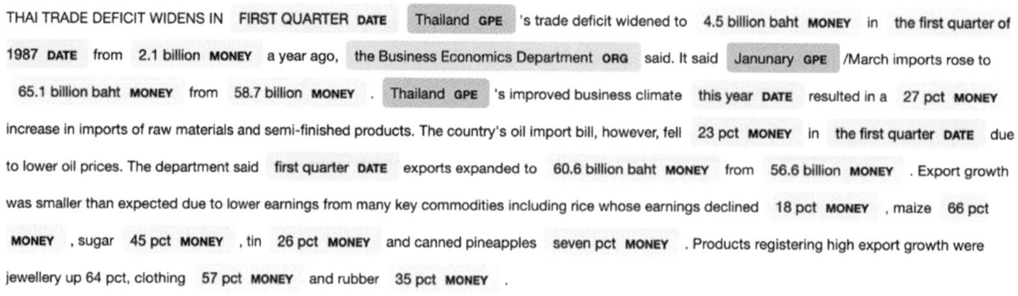

그림 7.1 개체명 인식 엔진에 대한 spaCy 출력의 예

- **종속성 분석기**dependency parser: 종속성 분석기는 문장 내에서 토큰 간의 관계를 추론하는 매우 강력한 엔진이다. 기본적으로 단어가 서로 어떻게 관련돼 있는지에 대한 구문 트리를 작성할 수 있다. 루트 토큰(다른 모든 토큰이 의존하는 토큰)은 일반적으로 주어와 목적어를 연결하는 문장의 주동사다. 주어와 목적어는 소유 대명사, 형용사, 관사와 같은 다른 구문 토큰과 차례로 관련될 수 있다. 게다가 동사는 주어와 목적어 외에 다른 종속 서술어뿐만 아니라 명제와도 관련될 수 있다. spaCy 웹사이트에서 가져온 간단한 예, 즉 'Autonomous cars shift insurance liability towards manufacturers'를 살펴보자.

그림 7.2는 이 예의 종속성 트리를 보여 준다. 여기에서 주동사(또는 어근)인 'shift'가 주어-객체 관계를 통해 'cars'(주제) 및 'liability'(목적어)와 관련돼 있음을 알 수 있다. 또한 'towards' 전치사를 유지한다. 같은 방식으로 나머지 명사/형용사('Autonomous', 'insurance' 및 'manufacturers')는 주어, 목적어 또는 전치사와 관련된다. 따라서 spacy는 토큰 간의 관계를 식별하기 위한 탐색 가능한

구문 트리를 구축하는 데 사용할 수 있다. 곧 알게 되겠지만 이 정보는 지식 그래프를 작성할 때 중요할 수 있다.

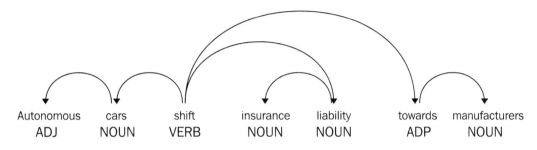

그림 7.2 spaCy에서 제공하는 구문 종속성 트리의 예

- **표제어 추출기**lemmatizer : 분석 파이프라인의 가장 마지막 단계는 표제어 추출기 라는 것으로, 단어를 공통 어근으로 줄여서 단어의 형태학적 변형을 줄이는 것이다. 영어의 be 동사를 예로 들어 보자. be 동사는 'is', 'are', 'was'와 같은 많은 형태학적 변형을 가질 수 있으며, 모두 다르지만 유효한 형태다. 그리고 'car'와 'cars'의 차이점을 고려해 보자. 대부분의 경우 형태학에 의해 도입된 이러한 작은 차이점에는 관심이 없다. 표제어 추출은 토큰을 쉽게 처리할 수 있도록 일반적이고 안정적인 형태로 줄이는 데 도움이 된다. 일반적으로 표 제어 추출은 특정 단어(활용형, 복수형, 굴절형)를 공통 어근 형태와 연결하는 일 련의 규칙을 기반으로 한다. 더 정교하게 구현하려면 동음이의어에 대해 보 다 강력한 성능을 위해 문맥 및 품사 태깅 정보를 사용할 수도 있다. 형태소 분석기를 표제어 추출기 대신 사용하는 경우가 있다. 단어를 공통 어근 형태 와 연결하는 대신 형태소 분석기는 일반적으로 굴절 및 파생 변동을 처리하 고자 단어의 마지막 부분을 제거했다. 형태소 분석기는 일반적으로 약간 더 단순하며 일반적으로 어휘 및 구문 정보를 고려하기보다는 특정 패턴을 제거 하는 일련의 규칙을 기반으로 한다. spaCy에서 lemma_ 속성을 통해 Span 객체 에서 표제어 추출이 적용된 토큰을 찾을 수 있다.

앞의 다이어그램에서 볼 수 있듯이 spaCy 파이프라인은 전체 말뭉치를 처리하고 결과를 corpus DataFrame(말뭉치 데이터 프레임)에 저장할 수 있다.

```
nlp = spacy.load('en_core_web_md')
sample_corpus["parsed"] = sample_corpus["clean_text"]\
    .apply(nlp)
```

이 데이터 프레임은 문서의 구조화된 정보를 나타낸다. 이것이 이어지는 모든 분석의 기초가 될 것이다. 다음 절에서는 이러한 정보를 사용해 그래프를 작성하는 방법을 보여 준다.

문서 모음에서 그래프 만들기

이번 절에서는 새로운 정보들에 대한 네트워크를 구축하고자 각기 다른 텍스트 엔진을 이용해 이전 절에서 추출한 정보를 이용한다. 특히 다음 두 종류의 그래프에 초점을 맞출 것이다.

- **지식 기반 그래프**knowledge-based graph에서 문장의 의미론적 의미를 사용해 서로 다른 개체 간의 관계를 추론한다.
- **이분그래프**bipartite graph란 문서를 텍스트에 나타나는 개체에 연결하는 그래프다. 이러한 이분그래프를 문서 또는 개체 노드로만 구성되는 동종 그래프에 투영한다.

지식 그래프

지식 그래프는 개체를 연관시킬 뿐만 아니라 관계의 방향과 의미를 제공한다. 예를 들어 다음 관계를 살펴보자.

$$I \; (\text{-}\rangle) \; buy \; (\text{-}\rangle) \; a \; book$$

이는 다음 관계와 실질적으로 다르다.

$$I (-\rangle) \; sell \; (-\rangle) \; a \; book$$

관계의 종류(구매 또는 판매) 외에도 주어와 목적어가 대칭적으로 취급되지 않고, 그러한 행위를 하는 사람과 그러한 대상이 누구인지가 다른 방향을 갖는 것도 중요하다.

따라서 지식 그래프를 생성하려면 각 문장의 **주어-동사-목적어**(SVO, Subject-Verb-Object) 삼중항을 식별할 수 있는 함수가 필요하다. 그리고 이 함수를 말뭉치의 모든 문장에 적용할 수 있어야 한다. 그런 다음 모든 삼중항을 집계해 해당 그래프를 생성할 수 있다.

SVO 추출기는 spaCy 모델이 제공하는 방법으로 구현할 수 있다. 실제로 종속성 트리 파서에서 제공하는 태깅은 주요 문장과 종속 문장을 분리하고 SVO 삼중항을 식별하는 데 매우 유용할 수 있다. 비즈니스 논리는 몇 가지 특수한 경우(예: 접속사, 부정 및 전치사 처리)를 고려해야 할 수도 있지만 이는 일련의 규칙에 따라 인코딩될 수 있다. 또한 이러한 규칙은 특정 사용 사례에 따라 변경될 수 있으며 사용자가 약간의 변형을 취할 수 있다. 이러한 규칙의 기본 구현은 다음 URL(https://github.com/NSchrading/intro-spacy-nlp/blob/master/subject_object_extraction.py)에서 찾을 수 있다. 이는 예제의 코드 안에서 적용됐으며, 이 책과 함께 제공된 깃허브 저장소에서 확인할 수 있다. 이 도우미 함수를 사용해 말뭉치의 모든 삼중항을 계산하고 말뭉치 데이터 프레임에 저장할 수 있다.

```python
from subject_object_extraction import findSVOs
corpus["triplets"] = corpus["parsed"].apply(
    lambda x: findSVOs(x, output="obj")
)
edge_list = pd.DataFrame([
    {
        "id": _id,
        "source": source.lemma_.lower(),
        "target": target.lemma_.lower(),
        "edge": edge.lemma_.lower()
    }
    for _id, triplets in corpus["triplets"].iteritems()
    for (source, (edge, neg), target) in triplets
])
```

연결 유형(문장의 서술어에 의해 결정됨)은 edge 열에 저장된다. 다음 코드로 10개의 가장 일반적인 관계를 출력해 볼 수 있다.

```
edges["edge"].value_counts().head(10)
```

가장 일반적인 간선 유형은 매우 기본적인 서술어에 해당한다. 실제로, 매우 일반적인 동사(예: be, have, tell, give)와 함께 재정적 맥락(예: buy, sell, make)과 더 관련이 있는 서술어도 찾을 수 있다. 이 모든 간선을 사용해 networkx 유틸리티 함수를 통해 지식 기반 그래프를 만들 수 있다.

```
G = nx.from_pandas_edgelist(
    edges, "source", "target",
    edge_attr=True, create_using=nx.MultiDiGraph()
)
```

edge 데이터 프레임을 필터링하고 이 정보를 사용해 하위 네트워크를 생성함으로써 lend(빌리다)와 같은 특정 관계 유형을 분석할 수 있다.

```
G=nx.from_pandas_edgelist(
    edges[edges["edge"]=="lend"], "source", "target",
    edge_attr=True, create_using=nx.MultiDiGraph()
)
```

그림 7.3은 대출 관계를 기반으로 하는 하위 그래프를 보여 준다. 그림 7.3에서 볼 수 있듯이 Venezuela-Ecuador 및 US-Sudan 등 국가 간의 경제적 관계와 같은 흥미로운 경제적 인사이트를 제공한다.

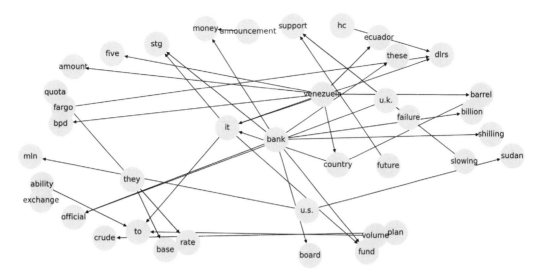

그림 7.3 대출 관계와 관련된 간선에 대한 지식 그래프의 일부 예

앞의 코드를 활용해 다른 관계를 기반으로 그래프를 필터링해 볼 수 있다. 방금 만든 지식 그래프에서 더 흥미로운 것들을 찾고자 다양한 시도를 해보는 것이 좋다. 다음 절에서는 텍스트에서 추출한 정보를 그래프 구조로 인코딩할 수 있는 또 다른 방법을 소개한다. 이를 위해 1장에서 소개한 특정 유형의 그래프도 사용할 것이다.

이분 문서/개체 그래프

지식 그래프는 개체에 대해 집계된 정보를 보여 주고 쿼리할 수 있다. 그러나 상황에 따라 다른 그래프 표현도 가능하다. 예를 들어 문서를 의미적으로 클러스터링하려는 경우에는 지식 그래프가 사용 및 분석하기에 가장 적합한 데이터 구조가 아닐 수도 있다. 지식 그래프는 동일한 문장에서 자주 발생하지 않지만 동일한 문서에서 자주 발생하는 경쟁사, 유사 제품 등을 식별하는 것과 같은 간접적인 관계를 찾는 데 그다지 효과적이지 않다.

이러한 제한 사항을 해결하고자 문서에 있는 정보를 **이분그래프** 형태로 인코딩한다. 각 문서에 대해 가장 관련성이 높은 개체를 추출하고 해당 문서의 관련 개체를 나타내는 모든 노드와 문서를 나타내는 노드를 연결한다. 각 노드는 여러 관계를 가질 수 있다. 정의에 따라 각 문서는 여러 개체를 연결한다. 계약에 따라 개체는 여러 문서에서 참조될 수 있다. 앞으로 살펴보겠지만 상호 참조를 사용해 개체와 문서 간의 유사성을 측정할 수 있다. 이 유사성은 이분그래프를 하나의 특정 노드 집합(문서 노드 또는 개체 노드)으로 투영하는 데에도 사용할 수 있다.

이를 위해 이분그래프를 작성하려면 문서에서 **관련 개체**relevant entity를 추출해야 한다. **관련 개체**라는 용어는 명확하지 않고 광범위하다. 일단은 관련 개체를 개체명(예: 개체명 인식 엔진에서 인식하는 조직, 사람 또는 위치) 또는 키워드로 간주한다. 즉 문서와 그 내용을 식별하고 일반적으로 실명하는 단어(또는 단어의 구성)다. 예를 들어 이 책에 적합한 키워드는 '그래프', '네트워크', '머신러닝', '지도 모델', '비지도 모델' 등이 될 수 있다. 문서에서 키워드를 추출하는 많은 알고리듬이 있다. 이를 수행하는 한 가지 매우 간단한 방법은 TF-IDF 점수를 기반으로 하며, 이는 문서의 단어 수(용어 빈도TF, Term Frequency)와 주어진 말뭉치에서 해당 단어의 빈도의 역수(역빈도IDF, Inverse Document Frequency)에 비례하는 각 토큰(또는 토큰 그룹, 주로 그램gram이라고 함)의 점수를 기반으로 한다.

$$\frac{c_{i,j}}{\sum c_{i,j}} \cdot log \frac{N}{1 + D_i}$$

여기서 $c_{i,j}$는 문서 j 내 단어 i의 수를 나타내고, N은 말뭉치 내 문서 수를 나타내며, D_i는 단어 i가 나타나는 문서다. 따라서 TF-IDF 점수는 문서에서 여러 번 반복되는 단어에 가산점을 주고, 일반적이어서 문서를 대표하지 않을 수 있는 단어에는 불이익을 준다. 이보다 더 정교한 알고리듬도 있다.

매우 강력하고 이 책의 맥락에서 언급할 가치가 있는 한 가지 방법은 문서의 그래프 표현을 기반으로 하는 TextRank다. TextRank는 노드가 단일 토큰이고 토큰이 특정 창 내에 있을 때 노드 사이의 간선이 생성되는 네트워크를 만든다. 이러한 네트워크를 만든 후 PageRank 알고리듬을 각 토큰의 중심성을 계산하는 데 사용하고, 중심성 점수를 기반으로 문서 내에서 순위를 매길 수 있는 점수를 제공한다. 가장 중심적인 노드(특정 비율까지, 일반적으로 문서 크기의 5%에서 20% 사이)가 후보 키워드로 식별된다. 2개의 후보 키워드가 서로 가깝게 발생하면 여러 토큰으로 구성된 복합 키워드로 집계된다. TextRank의 구현은 많은 NLP 패키지에서 찾아볼 수 있다. 이러한 패키지 중 하나는 gensim이며, 이는 간단한 방식으로 사용할 수 있다.

```
from gensim.summarization import keywords
text = corpus["clean_text"][0]
keywords(text, words=10, split=True, scores=True,
        pos_filter=('NN', 'JJ'), lemmatize=True)
```

출력은 다음과 같다.

```
[('trading', 0.4615130639538529),
 ('said', 0.3159855693494515),
 ('export', 0.2691553824958079),
 ('import', 0.17462010006456888),
 ('japanese electronics', 0.1360932626379031),

 ('industry', 0.1286043740379779),
 ('minister', 0.12229815662000462),
 ('japan', 0.11434500812642447),
 ('year', 0.10483992409352465)]
```

여기서 점수는 주어진 토큰의 중요성을 나타내는 중심성을 나타낸다. 보다시피 japanese electronics와 같은 일부 복합 토큰도 발생할 수 있다. 전체 말뭉치에 대한 키워드를 계산하고자 키워드 추출을 구현할 수 있으므로 정보를 corpus 데이터 프레임에 저장할 수 있다.

```
corpus["keywords"] = corpus["clean_text"].apply(
    lambda text: keywords(
        text, words=10, split=True, scores=True,
        pos_filter=('NN', 'JJ'), lemmatize=True)
)
```

키워드 외에도 이분그래프를 작성하려면 개체명 인식 엔진에서 추출한 개체명을 구문 분석한 다음 키워드에 사용된 것과 유사한 데이터 형식으로 정보를 인코딩해야 한다. 이것은 몇 가지 함수로 수행할 수 있다.

```python
def extractEntities(ents, minValue=1,
                    typeFilters=["GPE", "ORG", "PERSON"]):
    entities = pd.DataFrame([
        {
            "lemma": e.lemma_,
            "lower": e.lemma_.lower(),
            "type": e.label_
        } for e in ents if hasattr(e, "label_")
    ])
    if len(entities)==0:
        return pd.DataFrame()
    g = entities.groupby(["type", "lower"])
    summary = pd.concat({
        "alias": g.apply(lambda x: x["lemma"].unique()),
        "count": g["lower"].count()
    }, axis=1)
    return summary[summary["count"]>1]\
            .loc[pd.IndexSlice[typeFilters, :, :]]

def getOrEmpty(parsed, _type):
    try:
        return list(parsed.loc[_type]["count"]\
            .sort_values(ascending=False).to_dict().items())
    except:
        return []
def toField(ents):
    typeFilters=["GPE", "ORG", "PERSON"]
    parsed = extractEntities(ents, 1, typeFilters)
    return pd.Series({_type: getOrEmpty(parsed, _type)
                    for _type in typeFilters})
```

작성한 함수를 사용하면 다음 코드로 spacy 태그 구문 분석을 수행할 수 있다.

```python
entities = corpus["parsed"].apply(lambda x: toField(x.ents))
```

entities 데이터 프레임을 pd.concat 함수를 사용해 corpus 데이터 프레임과 쉽게 병합해 모든 정보를 단일 자료 구조에 배치할 수 있다.

```python
merged = pd.concat([corpus, entities], axis=1)
```

이제 이분그래프의 모든 구성 요소가 있으므로 모든 문서-개체 및 문서-키워드 쌍을 반복해 간선 목록을 만들 수 있다.

```
edges = pd.DataFrame([
    {"source": _id, "target": keyword, "weight": score, "type": _type}
    for _id, row in merged.iterrows()
    for _type in ["keywords", "GPE", "ORG", "PERSON"]
    for (keyword, score) in row[_type]
])
```

간선 목록을 생성하고 나면 networkx API를 사용해 이분그래프를 생성할 수 있다.

```
G = nx.Graph()
G.add_nodes_from(edges["source"].unique(), bipartite=0)
G.add_nodes_from(edges["target"].unique(), bipartite=1)
G.add_edges_from([
    (row["source"], row["target"])
    for _, row in edges.iterrows()
])
```

이제 nx.info를 사용해 그래프의 개요를 볼 수 있다.

```
Type: Graph
Number of nodes: 25752
Number of edges: 100311
Average degree:   7.7905
```

다음 하위 절에서는 개체 또는 문서 두 가지 노드 집합 중 하나에 이분그래프를 투영한다. 이를 통해 두 그래프의 차이점을 탐색하고 4장에서 설명한 지도 학습 기술을 사용해 용어와 문서를 모두 클러스터링할 수 있다. 그리고 이분그래프의 네트워크 정보를 활용해 지도 학습의 예를 보여 주고자 이분그래프로 돌아가겠다.

개체-개체 그래프

그래프를 개체 노드 집합에 투영하는 것으로 시작한다. networkx는 이분그래프를 처리하기 위한 여러 알고리듬이 이미 구현된 특별한 하위 모듈 networkx.algorithms.bipartite를 제공한다. 특히 networkx.algorithms.bipartite.projection은 노드의 하위 집합에 이분그래프를 투영하는 여러 유틸리티 함수를 제공한다. 투영을 수행하기 전에 그래프를 생성할 때 만든 'bipartite' 속성으로 특정 집합(문서 또는 개체)과 관련된 노드를 추출해야 한다.

```
document_nodes = {n
                  for n, d in G.nodes(data=True)
                  if d["bipartite"] == 0}
entity_nodes = {n
                for n, d in G.nodes(data=True)
                if d["bipartite"] == 1}
```

그래프 투영은 기본적으로 선택된 노드 집합으로 새 그래프를 생성한다. 간선은 두 노드에 공통 이웃이 있는지 여부에 따라 노드 사이에 위치한다. 기본 projected_graph 함수는 간선 가중치가 없는 네트워크를 만든다. 그러나 일반적으로 공통 이웃에 기반한 가중치를 갖는 것이 더 도움이 된다. projection 모듈은 가중치가 계산되는 방식에 따라 다양한 기능을 제공한다. 다음 절에서는 공통 이웃을 기반으로 하는 자카드 유사성을 이용해 간선 가중치를 계산하는 overlap_weighted_projected_graph를 사용할 것이다. 그러나 용도 및 문맥에 따라 목표에 가장 적합한 다른 옵션도 탐색해 보는 것이 좋다.

차원에 주의-그래프 필터링

투영을 다룰 때는 투영된 그래프의 차원에 주의해야 한다. 이 절에서 고려하고 있는 것과 같은 특정 경우에는 투영이 매우 많은 수의 간선을 생성해 그래프를 분석하기 어렵게 만들 수 있다. 예제에서 네트워크를 생성하는 데 사용한 논리에 따라 문서 노드는 최소 10개의 키워드와 몇 개의 개체와 연결된다. 최종 개체-개체 그래프 entity-entity graph에서 이러한 모든 개체는 하나 이상의 공통 이웃(이를 포함하는 문서)을 공유하므로 서로 연결된다. 따라서 하나의 문서에 대해 약 $15 \cdot 14/2 \approx 100$개의 간선을 생성한다. 문서 수에 이 숫자를 곱하면 약 10^5이 된다. 작은 예시에도 불구하고 수백만 개의 간선이 있기 때문에 이미 다루기 힘든 여러 간선이 생긴다. 이것은 확실히 보수적인 상한을 뜻하지만(개체 간의 동시 발생은 많은 문서에서 공통적이므로 반복되지 않는다) 예상할 수 있는 복잡성의 정도를 알 수 있다. 따라서 기본 네트워크의 토폴로지와 그래프 크기에 따라 이분그래프를 투영하기 전에 주의해 진행하는 것이 좋다. 이 복잡성을 줄이고 투영을 실현 가능하게 만드는 한 가지 트릭은 특정 차수를 가진 개체 노드만 고려하는 것이다. 대부분의 복잡성은 그래프 내에서 잘 보이지 않지만 파벌을 생성하는 개체의 존재에 의해 발생한다. 이러한 개체는 패턴을 찾아내고 인사이트를 제공하는 데 그다지 유용하지 않다. 게다가 통계적 변동성에 의해 크게 영향을 받을 수 있다. 반대로 이보다 더 큰 발생에 의해 뒷받침되고 더 신뢰할 수 있는 통계 결과를 제공하는 강력한 상관관계에 초점을 둬야 한다.

따라서 일정 수준의 차수를 갖는 엔티티 노드만 고려할 것이다. 이를 위해 낮은 차수 값, 즉 5보다 작은 노드를 제외하는 필터링된 이분 하위 그래프를 생성한다.

```
nodes_with_low_degree = {n
    for n, d in nx.degree(G, nbunch=entity_nodes) if d<5}
subGraph = G.subgraph(set(G.nodes) - nodes_with_low_degree)
```

이 하위 그래프는 이제 과도한 수의 간선이 있는 그래프를 생성하지 않고 투영할 수 있다.

```
entityGraph = overlap_weighted_projected_graph(
    subGraph,
    {n for n in subGraph.nodes() if n in entity_nodes}
)
```

networkx의 nx.info로 그래프의 차원을 확인할 수 있다.

```
Number of nodes: 2386
Number of edges: 120198
Average degree: 100.7527
```

적용한 필터에도 불구하고 간선의 수와 평균 노드 차수는 여전히 상당히 크다. 다음 그래프는 차수 및 간선 가중치의 분포를 보여 준다. 여기서 차수 분포의 피크는 상당히 낮은 값에서 관찰할 수 있고 꼬리는 차수 값이 큰 쪽으로 향하는 걸 볼 수 있다. 또한 간선 가중치는 다소 낮은 값에서 피크와 오른쪽 꼬리와 함께 유사한 동작을 보여 준다. 이러한 분포는 일부 중앙 노드를 통해 서로 연결된 여러 작은 커뮤니티, 즉 파벌의 존재를 암시한다.

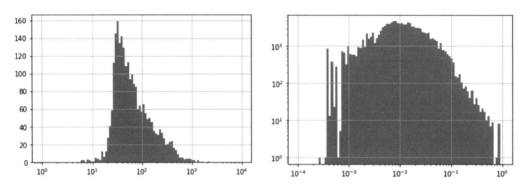

그림 7.4 개체-개체 네트워크의 정도 및 가중치 분포

간선 가중치 분포는 두 번째 필터가 적용될 수 있음을 시사한다. 앞서 적용한 개체 차수에 대한 필터를 사용하면 일부 문서에만 나타나는 희귀 개체를 필터링할 수 있다. 그러나 결과 그래프는 반대 문제의 영향도 받을 수 있다. 인기 있는 개체는 흥미로운 인과 관계가 없더라도 문서에 자주 나타나는 경향이 있기 때문에 연결될 수 있다. 미국과 마이크로소프트를 생각해 보자. 둘 다 나타나는 문서가 적어도 하나 또는 몇 개 있을 가능성이 매우 높기 때문에 거의 확실하게 연결돼 있다. 그러나 그들 사이에 강한 인과 관계가 없다면 자카드 유사도가 클 가능성은 거의 없다. 가중치가 가장 큰 간선만 고려하면 가장 관련성이 높고 안정적인 관계에 집중할 수 있다. 앞의 그래프에 표시된 간선 가중치 분포는 적절한 임계값이 0.05일 수 있음을 시사한다.

```
filteredEntityGraph = entityGraph.edge_subgraph(
    [edge
     for edge in entityGraph.edges
     if entityGraph.edges[edge]["weight"]>0.05])
```

간선 가중치에 대한 임계값으로 간선의 수를 크게 줄여 네트워크를 분석하는 것이 가능하다.

```
Number of nodes: 2265
Number of edges: 8082
Average degree:    7.1364
```

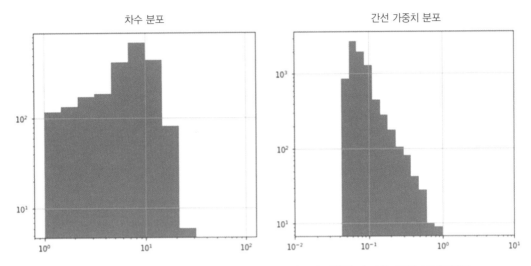

그림 7.5 간선 가중치를 기반으로 필터링한 그래프의 차수 분포(왼쪽) 및 간선 가중치 분포(오른쪽)

그림 7.5는 필터링된 그래프에 대한 노드 차수 및 간선 가중치의 분포를 보여 준다. 간선 가중치에 대한 분포는 그림 7.4에 표시된 분포의 오른쪽 꼬리에 해당한다. 차수 분포가 그림 7.4와 갖는 관계는 덜 명확하고 차수가 100 부근에서 낮은 범위에서 관찰됐던 그림 7.4의 피크와 대조적으로 10 부근의 노드에 대한 피크를 보여 주고 있다.

그래프 분석

Gephi를 사용해 그림 7.6과 같이 전체 네트워크의 개요를 확인할 수 있다.

그림은 다음과 같다.

그림 7.6 여러 소규모 하위 커뮤니티의 존재를 강조한 개체-개체 네트워크

네트워크 토폴로지에 대한 추가적인 인사이트를 얻고자 평균 최단 경로, 클러스터링 계수, 전역 효율성과 같은 일부 전역 측정값도 계산해 본다. 그래프에는 5개의 서로 다르게 연결된 구성 요소가 있지만, 가장 큰 구성 요소가 2,265개 노드 중 2,254개를 포함해 전체 그래프를 거의 완전히 차지한다.

```
components = nx.connected_components(filteredEntityGraph)
 pd.Series([len(c) for c in components])
```

가장 큰 구성 요소의 전역 속성은 다음 코드로 찾을 수 있다.

```
comp = components[0]
global_metrics = pd.Series({
    "shortest_path": nx.average_shortest_path_length(comp),
```

```
    "clustering_coefficient": nx.average_clustering(comp),
    "global_efficiency": nx.global_efficiency(comp)
})
```

최단 경로와 전역 효율성의 계산은 몇 분이 소요될 수 있다. 결과는 다음과 같다.

```
{
    'shortest_path': 4.715073779178782,
    'clustering_coefficient': 0.21156314975836915,
    'global_efficiency': 0.22735551077454275
}
```

이러한 측정 지표의 크기(최단 경로가 약 5이고 클러스터링 계수가 약 0.2다)를 기반으로 이전에 확인한 차수 분포와 함께 네트워크에 제한된 크기의 여러 커뮤니티가 있음을 알 수 있다. 차수, 페이지 순위, 매개 중심성 분포와 같은 기타 흥미로운 지역 속성은 그림 7.7의 그래프에 나와 있다.

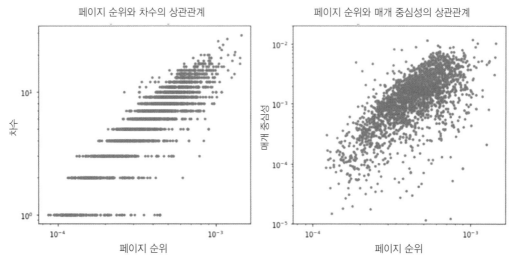

그림 7.7 정도, 페이지 순위, 중간 중심성 측정 간의 관계 및 분포

네트워크의 일반적인 시각화뿐만 아니라 지역/전역 측정값에 대한 설명을 제공한 후 네트워크 내에서 일부 인사이트와 정보를 식별하고자 2부에서 본 기술 중 일부를 적용한다. 4장에서도 설명한 비지도 기법을 사용해 이 작업을 수행한다.

모듈성을 최적화해 분리된 커뮤니티에서 노드의 최상의 파티션을 식별하는 것을 목표로 하는 루벤 커뮤니티 감지 알고리듬을 사용해 시작한다.

```
import community
communities = community.best_partition(filteredEntityGraph)
```

결과는 랜덤 시드random seed로 인해 실행마다 다를 수 있다. 그러나 다음 그래프에 표시된 것과 유사한 클러스터 구성원 분포를 가진 유사한 파티션이 나타나야 한다. 일반적으로 약 30개의 커뮤니티를 관찰할 수 있으며 큰 커뮤니티에는 약 130~150개의 문서가 포함돼 있다.

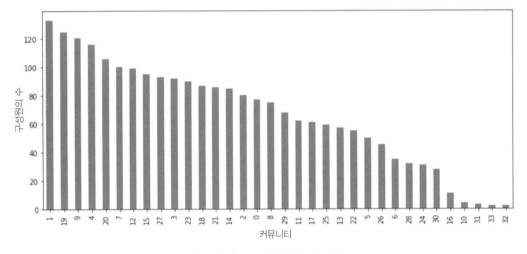

그림 7.8 탐지된 커뮤니티의 크기 분포

그림 7.9는 특정 주제를 식별할 수 있는 커뮤니티 중 하나를 확대해 보여 준다. 왼쪽 그림에서 개체 노드 옆에 문서 노드도 볼 수 있으므로 관련 이분그래프의 구조를 확인할 수 있다.

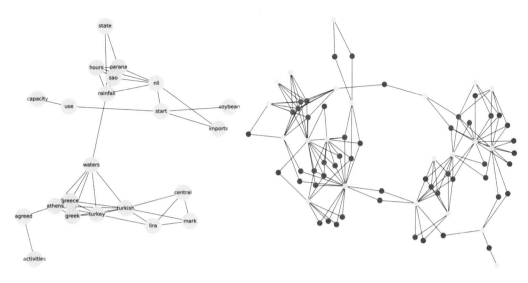

그림 7.9 식별한 커뮤니티 중 하나

4장에서 봤듯이 노드 임베딩을 사용해 항목 간의 토폴로지 및 유사성에 대한 인사이트 정보를 추출할 수 있다. 이를 위해 Node2Vec을 사용할 수 있다. 랜덤 워크를 skip-gram 모델에 입력해 노드를 벡터 공간으로 투영할 수 있다. 벡터 공간에서 가까운 노드는 서로 가까운 지점에 매핑된다.

```
from node2vec import Node2Vec
node2vec = Node2Vec(filteredEntityGraph, dimensions=5)
model = node2vec.fit(window=10)
embeddings = model.wv
```

임베딩의 벡터 공간에서는 GaussianMixture, K-means, DB-scan과 같은 기존 클러스터링 알고리듬을 적용할 수 있다. 클러스터와 커뮤니티를 시각화하고자 t-SNE를 사용해 임베딩을 2D 평면에 투영할 수도 있다. 그래프 내에서 클러스터를 식별하는 또 다른 방법을 제공하는 것 외에도 Node2Vec는 Word2Vec에서 전통적으로 수행했던 것처럼 단어 간의 유사성을 제공하는 데 사용할 수도 있다. 예를 들어 Node2Vec 임베딩 모델을 이용해 'turkey'와 의미적으로 가장 유사한 단어를 찾을 수 있다.

```
[('turkish', 0.9975333213806152),
```

```
('lira', 0.9903393983840942),
('rubber', 0.9884852170944214),
('statoil', 0.9871745109558105),
('greek', 0.9846569299697876),
('xuto', 0.9830175042152405),
('stanley', 0.9809650182723999),
('conference', 0.9799597263336182),
('released', 0.9793018102645874),
('inra', 0.9775203466415405)]
```

이 두 가지 접근 방식인 Node2Vec과 Word2Vec는 방법론적 유사성을 공유하지만 두 가지 임베딩 방식은 서로 다른 유형의 정보에서 나온다. Word2Vec는 텍스트에서 직접 생성되고 문장 수준에서 관계를 묶는 반면 Node2Vec는 두 부분으로 된 개체-문서 그래프entity-document graph에서 가져오기 때문에 문서 수준에서 동작한다.

문서-문서 그래프

이제 이분그래프를 문서 노드 집합에 투영해 분석할 수 있는 문서-문서 네트워크document-document network를 생성해 보자. 개체-개체 네트워크를 생성할 때와 유사한 방식으로 overlap_weighted_projected_graph 함수를 사용해 간선의 수를 필터링할 수 있는 가중그래프를 얻는다. 실제로 네트워크의 토폴로지와 이분그래프를 구축하는 데 사용되는 비즈니스 로직은 파벌 생성을 선호하지 않는다. 개체-개체 그래프에서 봤듯이 두 노드는 적어도 하나의 키워드, 조직, 위치 또는 사람을 공유할 때만 연결된다. 이는 개체에서 관찰된 바와 같이 10~15개 노드 그룹이 될 가능성이 극히 높다.

이전에 했던 것처럼 다음 코드를 사용해 네트워크를 쉽게 구축할 수 있다.

```
documentGraph = overlap_weighted_projected_graph(
    G,
    document_nodes
)
```

다음 그래프는 차수와 간선 가중치의 분포를 보여 준다. 이것은 간선을 필터링하는 데 사용할 임계값을 결정하는 데 도움이 될 수 있다. 흥미롭게도 노드 차수 분포는 개체-개체 그래프에서 관찰된 차수 분포와 비교해 볼 때 큰 값으로 가는 명확한 피크를 보여 준다. 이것은 고도로 연결된 다수의 슈퍼노드supernode(큰 차수의 노드)가 있음을 나타낸다. 또한 간선 가중치 분포는 자카드 계수가 1에 가까운 값에 도달하는 경향을 보여 주며, 이는 개체-개체 그래프에서 관찰된 값보다 훨씬 더 크다. 이 두 가지 관찰은 두 네트워크 사이의 큰 차이를 강조한다. 개체-개체 그래프는 밀접하게 연결된 많은 커뮤니티(즉 파벌)가 특징인 반면, 문서-문서 그래프는 약한 연결 또는 연결이 끊긴 주변 노드에 비해 큰 차수(핵심 구성)를 가진 노드 간의 다소 긴밀한 연결이 특징이다.

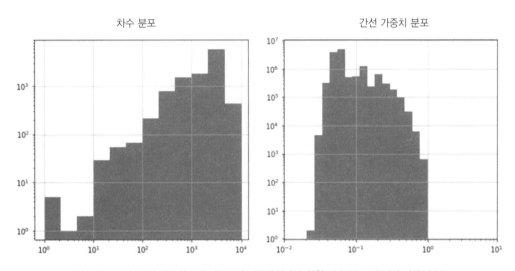

그림 7.10 문서-문서 네트워크에 이분그래프를 투영하기 위한 차수 분포 및 간선 가중치 분포

모든 간선을 데이터 프레임에 저장해 플로팅한 다음 이를 이용해 필터링한 하위 그래프를 생성하는 것이 편리할 수 있다.

```
allEdgesWeights = pd.Series({
    (d[0], d[1]): d[2]["weight"]
        for d in documentGraph.edges(data=True)
})
```

앞의 다이어그램을 보면 간선 가중치에 대한 임계값을 0.6으로 설정하는 것이 합리적으로 보인다. 따라서 networkx의 edge_subgraph 함수를 사용해 보다 다루기 쉬운 네트워크를 생성할 수 있다.

```
filteredDocumentGraph = documentGraph.edge_subgraph(
    allEdgesWeights[(allEdgesWeights>0.6)].index.tolist()
)
```

그림 7.11은 감소된 그래프의 차수 및 간선 가중치에 대한 결과 분포를 보여 준다.

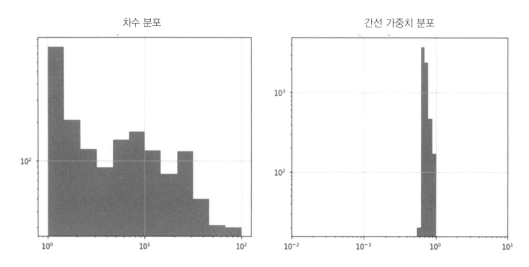

그림 7.11 문서-문서 필터링 네트워크에 대한 차수 분포 및 간선 가중치 분포

개체-개체 그래프에 대한 문서-문서 그래프의 토폴로지의 실질적인 차이는 전체 네트워크 시각화를 보여 주는 그림 7.12의 다이어그램에서도 명확하게 볼 수 있다. 분포로 예상했듯이 문서-문서 네트워크는 핵심 네트워크와 약한 연결을 갖는 위성이 특징이다. 이러한 위성은 키워드 또는 개체 공통 발생을 공유하지 않거나 몇 개 공유하지 않는 모든 문서를 나타낸다. 단절된 문서의 수는 상당히 많으며 전체 문서의 거의 50%를 차지한다.

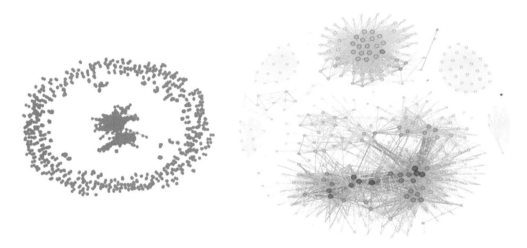

그림 7.12 (왼쪽) 핵심부와 주변부의 존재를 강조하는 문서-문서 필터링 네트워크의 표현 (오른쪽) 일부 하위 커뮤니티가 포함된 핵심부 클로즈업. 노드 크기는 노드 차수에 비례한다.

다음 코드로 이 네트워크에 연결된 구성 요소를 추출할 수 있다.

```
components = pd.Series({
    ith: component
    for ith, component in enumerate(
        nx.connected_components(filteredDocumentGraph)
    )
})
```

다음 그래프에서 연결된 구성 요소 크기의 분포를 볼 수 있다. 여기에서 연결이 끊겼거나 매우 작은 구성 요소(주변 또는 위성)와 함께 몇 개의 매우 큰 클러스터(핵심)의 존재를 명확하게 볼 수 있다. 이 구조는 모든 노드가 매우 크고 연결된 클러스터에 의해 생성된 개체-개체 그래프에서 관찰한 구조와 현저하게 다르다.

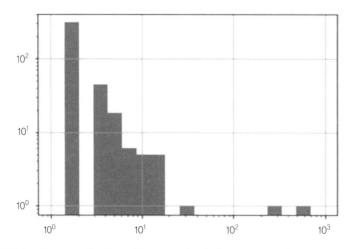

그림 7.13 연결된 구성 요소 크기의 분포. 많은 소규모 커뮤니티(주변부를 나타냄)와 소수의 큰 커뮤니티(핵심부를 나타냄)의 존재를 강조

핵심 구성 요소의 구조를 추가로 조사하는 것은 흥미로울 수 있다. 다음 코드를 사용해 전체 그래프에서 네트워크의 가장 큰 구성 요소로 구성된 부분 그래프를 추출할 수 있다.

```
coreDocumentGraph = nx.subgraph(
    filteredDocumentGraph,
    [node
     for nodes in components[components.apply(len)>8].values
     for node in nodes]
)
```

nx.info를 사용해 핵심 네트워크의 속성을 확인할 수 있다.

```
Type: Graph
Number of nodes: 1050
Number of edges: 7112
Average degree: 13.5467
```

그림 7.12에서 핵심부를 Gephi를 이용해 시각화한 모습을 보여 준다. 그림에서 볼 수 있듯이 핵심부는 서로 강하게 연결된 상당히 큰 수준의 노드와 함께 몇 개의 커

뮤니티로 구성된다.

개체-개체 네트워크에서 했던 것처럼 그래프에 포함된 커뮤니티를 식별하고자 네트워크를 처리할 수 있다. 그러나 이전과 달리 문서-문서 그래프는 이제 문서 라벨을 사용해 클러스터링을 판단할 수 있다. 여기에는 같은 주제에 속하는 문서가 서로 가깝고 연결된다는 가정이 있다. 이어서 설명할 내용에서는 문서 라벨 클러스터링을 통해 주제 간의 유사성을 식별할 수도 있다.

먼저 후보 커뮤니티를 추출한다.

```
import community
communities = pd.Series(
    community.best_partition(filteredDocumentGraph)
)
```

그런 다음 각 커뮤니티 내에서 주제 혼합물을 추출해 주제 간 동질성(모든 문서가 동일한 클래스에 속함) 또는 일부 상관관계가 있는지 확인한다.

```
from collections import Counter
def getTopicRatio(df):
    return Counter([label
                    for labels in df["label"]
                    for label in labels])

communityTopics = pd.DataFrame.from_dict({
    cid: getTopicRatio(corpus.loc[comm.index])
    for cid, comm in communities.groupby(communities)
 }, orient="index")

normalizedCommunityTopics = (
    communityTopics.T / communityTopics.sum(axis=1)
).T
```

normalizedCommunityTopics는 각 커뮤니티(데이터 프레임의 행)에 대해 다른 주제(데이터 프레임의 열)의 주제 혼합물(백분율)을 제공하는 데이터 프레임이다. 클러스터/커뮤니티 내에서 주제 혼합물의 이질성을 수치화하려면 각 커뮤니티의 섀넌 엔트로피Shannon entorpy를 계산해야 한다.

$$I_c = -\sum_i \log t_{ci}$$

여기서 I_c는 클러스터 c의 엔트로피를 나타내고, t_{ci}는 커뮤니티 c에 있는 토픽 i의 백분율에 해당한다. 모든 커뮤니티에 대해 경험적 섀넌 엔트로피를 계산해야 한다.

```
normalizedCommunityTopics.apply(lambda x: np.sum(-np.log(x)), axis=1)
```

다음 그래프는 모든 커뮤니티의 엔트로피 분포를 보여 준다. 대부분의 커뮤니티는 0 또는 매우 낮은 엔트로피를 가지므로 동일한 클래스(라벨)에 속하는 문서가 함께 클러스터링되는 경향이 있음을 나타낸다.

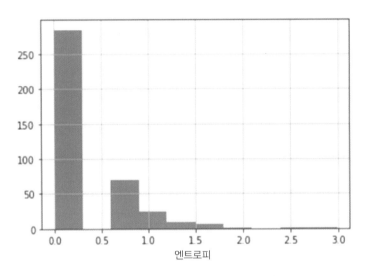

그림 7.14 각 커뮤니티의 토픽 혼합물의 엔트로피 분포

대부분의 커뮤니티가 주제에 대한 변동성이 0 또는 낮은 수준을 보이더라도 커뮤니티가 약간의 이질성을 보일 때 주제 간의 관계가 있는지 조사해 봐야 한다. 즉 주제 분포 간의 상관관계를 계산한다.

```
topicsCorrelation = normalizedCommunityTopics.corr().fillna(0)
```

그리고 주제-주제 네트워크topic-topic network를 사용해 표현하고 시각화할 수 있다.

```
topicsCorrelation[topicsCorrelation<0.8]=0
topicsGraph = nx.from_pandas_adjacency(topicsCorrelation)
```

다음 다이어그램의 왼쪽은 주제 네트워크에 대한 전체 그래프 표현을 보여 준다. 문서-문서 네트워크에서 관찰된 것처럼 토픽-토픽 그래프는 연결이 끊긴 노드와 강하게 연결된 핵심부 주변으로 구성된 구조를 보여 준다. 다음 다이어그램의 오른쪽은 핵심부 네트워크의 클로즈업을 보여 준다. 이는 상품과 관련된 주제가 서로 밀접하게 연결돼 의미론적 의미로 뒷받침되는 상관관계를 나타낸다.

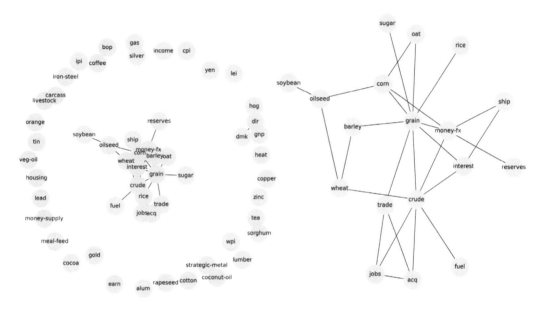

그림 7.15 (왼쪽) 주변-핵심 구조로 구성된 주제-주제 상관관계 그래프 (오른쪽) 핵심 네트워크 클로즈업

이 절에서는 문서 및 일반적인 텍스트 소스를 분석할 때 발생하는 다양한 유형의 네트워크를 분석했다. 분석을 위해 네트워크를 통계적으로 설명하기 위한 전역 및 지역 속성을 사용했으며, 그래프 내의 일부 구조를 확인할 수 있는 몇 가지 비지도 알고리듬을 사용했다. 다음 절에서는 머신러닝 모델을 구축할 때 이러한 그래프 구조를 활용하는 방법을 소개한다.

문서 주제 분류기 구축

그래프 구조를 활용하는 방법을 보여 주고자 토폴로지 정보와 이분 개체 문서 그래프에서 제공하는 개체 간의 연결을 이용해 문서 주제 예측을 위한 다중 라벨 분류기를 학습시키는 데 중점을 둘 것이다. 이를 위해 두 가지 다른 접근 방식을 분석한다.

- **랜덤 포레스트**RandomForest 분류기와 같은 전통적인 분류기를 훈련하고자 이분 네트워크에서 추출한 임베딩을 사용하는 얕은 머신러닝 접근 방식
- **이종 그래프**(예: 이분그래프)에 적용된 그래프 신경망 사용을 기반으로 하는 보다 통합되고 차별화된 접근 방식

먼저 모델을 훈련하고 평가하기에 충분한 문서가 있는 처음 10개 주제를 살펴보자.

```
from collections import Counter
topics = Counter(
    [label
      for document_labels in corpus["label"]
      for label in document_labels]
).most_common(10)
```

위 코드는 주제의 이름을 출력한다. 이것을 분석에서 사용할 것이다.

```
[('earn', 3964), ('acq', 2369), ('money-fx', 717),
 ('grain', 582), ('crude', 578), ('trade', 485),
 ('interest', 478), ('ship', 286), ('wheat', 283),
 ('corn', 237)]
```

주제 분류기를 훈련할 때는 해당되는 라벨에 속하는 문서에만 초점을 제한해야 한다. 필터링된 말뭉치는 다음 코드로 쉽게 얻을 수 있다.

```
topicsList = [topic[0] for topic in topics]
 topicsSet = set(topicsList)
dataset = corpus[corpus["label"].apply(
    lambda x: len(topicsSet.intersection(x))>0
)]
```

데이터셋을 추출하고 구조화했으므로 이제 주제 분류기를 교육하고 성능을 평가할 준비가 됐다. 다음 절에서는 그래프 신경망을 이용해 모델의 복잡성을 높일 수 있도록 얕은 학습 방법을 사용해 간단한 모델을 만드는 것으로 시작한다.

얕은 학습 방법

네트워크 정보를 활용해 주제 분류 작업에 대한 얕은 접근 방식을 구현하는 것으로 시작해서 상황에 따라 추가로 사용자 정의를 수행할 수 있는 방법을 설명한다.

1. 먼저 이분그래프에서 Node2Vec을 이용해 임베딩을 계산한다. 필터링된 문서-문서 네트워크는 연결이 끊긴 노드가 많이 있는 주변부가 있다는 특징이 있기 때문에 토폴로지 정보에 이점이 없다. 반면, 필터링되지 않은 문서-문서 네트워크는 많은 간선을 가지므로 접근 방식의 확장성이 문제가 된다. 따라서 토폴로지 정보와 개체와 문서 간의 연결을 효율적으로 활용하려면 이분그래프를 사용하는 것이 중요하다.

```
from node2vec import Node2Vec
node2vec = Node2Vec(G, dimensions=10)
model = node2vec.fit(window=20)
embeddings = model.wv
```

여기에서 차원 임베딩과 보행walk을 생성하는 데 사용되는 window는 교차 검증을 통한 최적화가 필요한 하이퍼파라미터다.

2. 계산 효율성을 높이고자 임베딩을 미리 계산해 디스크에 저장한 다음 최적화 프로세스에 사용할 수 있다. 이러한 방법은 학습을 진행하는 동안 라벨을 제외한 전체 데이터셋에 대한 연결 정보를 알고 있는 준지도 학습 또는 변환 작업에서만 가능하다. 분류기를 훈련할 때 토폴로지를 통합하기 위한 귀납적 프레임워크를 제공하는 그래프 신경망 기반의 또 다른 접근 방식을 7장의 뒷부분에서 간략하게 설명한다. 다음 코드로 임베딩을 파일에 저장하자.

```
pd.DataFrame(embeddings.vectors,
             index=embeddings.index2word)
```

```
).to_pickle(f"graphEmbeddings_{dimension}_{window}.p")
```

여기에서 dimension과 winodw에 대해 다른 값을 선택해 반복할 수 있다. 몇 가지 가능한 선택은 두 변수에 대해 각 10, 20, 30등의 값이다.

3. 이러한 임베딩은 사이킷런 transformer에 통합돼 그리드 검색 교차 검증 프로세스에 사용할 수 있다.

```
from sklearn.base import BaseEstimator
class EmbeddingsTransformer(BaseEstimator):

    def __init__(self, embeddings_file):
        self.embeddings_file = embeddings_file

    def fit(self, *args, **kwargs):
        self.embeddings = pd.read_pickle(self.embeddings_file)
        return self

    def transform(self, X):
        return self.embeddings.loc[X.index]

    def fit_transform(self, X, y):
        return self.fit().transform(X)
```

4. 모델 학습 파이프라인을 구축하고자 말뭉치를 훈련 및 테스트 세트로 분할한다.

```
def train_test_split(corpus):
    indices = [index for index in corpus.index]
    train_idx = [idx
                    for idx in indices
                    if "training/" in idx]
    test_idx = [idx
                    for idx in indices
                    if "test/" in idx]
    return corpus.loc[train_idx],corpus.loc[test_idx]

train, test = train_test_split(dataset)
```

특징과 라벨을 편리하게 추출할 수 있는 함수는 다음과 같다.

```
def get_features(corpus):
```

```
        return corpus["parsed"]
    def get_labels(corpus, topicsList=topicsList):
        return corpus["label"].apply(
            lambda labels: pd.Series(
                {label: 1 for label in labels}
            ).reindex(topicsList).fillna(0))[topicsList]
    def get_features_and_labels(corpus):
        return get_features(corpus), get_labels(corpus)
    features, labels = get_features_and_labels(train)
```

5. 이제 모델링 파이프라인을 인스턴스화할 수 있다.

```
from sklearn.pipeline import Pipeline
from sklearn.ensemble import RandomForestClassifier
from sklearn.multioutput import MultiOutputClassifier
pipeline = Pipeline([(
    ("embeddings", EmbeddingsTransformer(
        "my-place-holder")
    ),
    ("model", MultiOutputClassifier(
        RandomForestClassifier())
    )
])
```

6. 교차 검증된 그리드 검색을 위한 매개 변수 공간과 구성을 정의한다.

```
from glob import glob
param_grid = {
    "embeddings__embeddings_file": glob("graphEmbeddings_*"),
    "model__estimator__n_estimators": [50, 100],
    "model__estimator__max_features": [0.2,0.3, "auto"],
}
grid_search = GridSearchCV(
    pipeline, param_grid=param_grid, cv=5, n_jobs=-1)
```

7. 마지막으로 사이킷런 API의 fit 메서드를 사용해 주제 모델을 학습시킨다.

```
model = grid_search.fit(features, labels)
```

그래프의 정보를 활용하는 주제 모델을 방금 만들었다. 최상의 모델이 식별되면 테스트 세트에서 이 모델의 성능을 평가할 수 있다. 그렇게 하려면 다음과 같은 도우미 함수를 정의해야 한다. 이를 통해 예측 집합을 얻을 수 있다.

```
def get_predictions(model, features):
    return pd.DataFrame(
        model.predict(features),
        columns=topicsList, index=features.index)
preds = get_predictions(model, get_features(test))
 labels = get_labels(test)
```

sklearn을 사용해 훈련된 분류기의 성능을 즉시 확인할 수 있다.

```
from sklearn.metrics import classification_report
print(classification_report(labels, preds))
```

위 코드는 성능 측정을 F1-score로 보여 주는 다음 출력을 제공한다. 불균형 클래스
가 설명되는 방식에 따라 약 0.6~0.8이다.

	precision	recall	f1-score	support
0	0.97	0.94	0.95	1087
1	0.93	0.74	0.83	719
2	0.79	0.45	0.57	179
3	0.96	0.64	0.77	149
4	0.95	0.59	0.73	189
5	0.95	0.45	0.61	117
6	0.87	0.41	0.56	131
7	0.83	0.21	0.34	89
8	0.69	0.34	0.45	71
9	0.61	0.25	0.35	56
micro avg	0.94	0.72	0.81	2787
macro avg	0.85	0.50	0.62	2787
weighted avg	0.92	0.72	0.79	2787
samples avg	0.76	0.75	0.75	2787

임베딩 인코딩을 할 때, 분석 파이프라인의 유형 및 하이퍼파라미터를 통해 다양한
시도를 할 수 있다(예를 들어 모델을 바꿔 보고, 다른 값으로 바꿔 보는 등). 앞에서 언급했
듯이 앞의 접근 방식은 전체 데이터셋에 대해 훈련된 임베딩을 사용하기 때문에 분
명히 변환적이다. 이는 라벨이 지정된 정보가 특정 작은 하위 집합에만 존재하고,
모든 알려지지 않은 샘플에 대한 라벨을 추론하는 준지도 작업에서 일반적인 상황
이다. 다음 하위 절에서는 그래프 신경망을 사용해 귀납적 분류기를 만드는 방법을

설명한다. 귀납적 분류기는 학습을 진행하는 중에 테스트 샘플을 알 수 없을 때 사용할 수 있다.

그래프 신경망

이제 그래프 구조를 기본적으로 통합하고 활용하는 신경망 기반 접근 방식을 설명할 것이다. 그래프 신경망은 3장과 4장에서 소개됐다. 그러나 이번 절에서는 이 프레임워크를 이종 그래프에 적용하는 방법을 보여 준다. 즉 노드 유형이 2개 이상인 그래프다. 각 노드 유형에는 서로 다른 특징 집합이 있을 수 있으며 학습은 특정 노드 유형 중 하나만 대상으로 할 수 있다.

이 절에서 설명할 접근 방식은 stellargraph 및 GraphSAGE 알고리듬을 사용한다. 이러한 방법은 그래프의 토폴로지에만 의존하는 대신 각 노드에 대한 특징 사용을 지원한다. 노드 특징이 없는 경우 6장에서와 같이 원-핫 노드 표현을 대신 사용할 수 있다. 그러나 여기서는 좀 더 일반화하고자 각 개체 및 키워드에 대한 TF-IDF 점수를 기반으로 노드 특징 집합을 생성한다. 이번 절에서는 문서 주제 분류를 예측하고자 그래프 신경망을 기반으로 모델을 훈련하고 평가하는 것을 단계별로 설명한다.

1. 각 문서에 대한 TF-IDF 점수를 계산하는 것부터 시작한다. sklearn은 문서 모음에서 TF-IDF 점수를 쉽게 계산할 수 있는 몇 가지 기능을 제공한다. TfidfVectorizer sklearn 클래스에는 tokenizer가 포함돼 있다. 그러나 이미 spacy로 추출한 토큰화 및 표제어 추출 버전이 있으므로 spaCy 처리를 활용하는 사용자 지정 토크나이저tokenizer의 구현을 사용할 수도 있다.

```
def my_spacy_tokenizer(pos_filter=["NOUN", "VERB", "PROPN"]):
    def tokenizer(doc):
        return [token.lemma_
                for token in doc
                if (pos_filter is None) or
                    (token.pos_ in pos_filter)]
    return tokenizer
```

이를 TfidfVectorizer에서 사용할 수 있다.

```
cntVectorizer = TfidfVectorizer(
    analyzer=my_spacy_tokenizer(),
    max_df=0.25, min_df=2, max_features=10000
)
```

접근 방식을 귀납적으로 만들고자 훈련 세트에 대해서만 TF-IDF를 훈련한다.

```
trainFeatures, trainLabels = get_features_and_labels(train)
testFeatures, testLabels = get_features_and_labels(test)

trainedIDF = cntVectorizer.fit_transform(trainFeatures)
testIDF = cntVectorizer.transform(testFeatures)
```

편의를 위해 2개의 TF-IDF 표현(훈련 및 테스트 세트용)을 전체 그래프에 대한 문서 노드 특징을 나타내는 단일 자료 구조로 만들 수 있다.

```
documentFeatures = pd.concat([trainedIDF, testIDF])
```

2. 문서 노드에 대한 특징 정보 외에도 개체 유형의 원-핫 인코딩 표현을 기반으로 개체에 대한 간단한 특징 벡터를 구축한다.

```
entityTypes = {
    entity: ith
    for ith, entity in enumerate(edges["type"].unique())
}
entities = edges\
    .groupby(["target", "type"])["source"]\
    .count()\
    .groupby(level=0).apply(
        lambda s: s.droplevel(0)\
                    .reindex(entityTypes.keys())\
                    .fillna(0))\
    .unstack(level=1)
entityFeatures = (entities.T / entities.sum(axis=1))
```

3. 이제 StellarGraph의 인스턴스를 생성하는 데 필요한 모든 정보가 있다. 문서와 개체 모두에 대한 노드 특징 정보를 edges 데이터 프레임에서 제공하는 연결과 병합해 인스턴스를 생성한다. 이를 위해 대상 주제에 속하는 문서만 포

함하도록 일부 간선/노드만 필터링해야 한다.

```
from stellargraph import StellarGraph

_edges = edges[edges["source"].isin(documentFeatures.index)]
nodes = {"entity": entityFeatures,
         "document": documentFeatures}
stellarGraph = StellarGraph(
    nodes, _edges,
    target_column="target",
    edge_type_column="type"
)
```

이로써 StellarGraph를 생성했다. 다음 코드로 networkx를 사용할 때와 유사하게 네트워크 개요를 확인할 수 있다.

```
print(stellarGraph.info())
```

출력은 다음과 같다.

```
StellarGraph: Undirected multigraph
 Nodes: 23998, Edges: 86849

Node types:
  entity: [14964]
    Features: float32 vector, length 6
    Edge types: entity-GPE->document, entity-ORG-
>document, entity-PERSON->document, entity-keywords-
>document
  document: [9034]
    Features: float32 vector, length 10000
    Edge types: document-GPE->entity, document-ORG-
>entity,
 document-PERSON->entity, document-keywords->entity

Edge types:
    document-keywords->entity: [78838]
        Weights: range=[0.0827011, 1], mean=0.258464, std=0.0898612
        Features: none
    document-ORG->entity: [4129]
        Weights: range=[2, 22], mean=3.24122, std=2.30508
        Features: none
    document-GPE->entity: [2943]
```

```
         Weights: range=[2, 25], mean=3.25926, std=2.07008

         Features: none
    document-PERSON->entity: [939]
         Weights: range=[2, 14], mean=2.97444, std=1.65956
         Features: none
```

StellarGraph의 설명은 실제로 많은 도움이 된다. 또한 StellarGraph는 기본적으로 다양한 유형의 노드 및 간선을 처리하고 각 노드/간선 유형에 대해 즉시 사용 가능한 분할 통계를 제공한다.

4. 방금 만든 그래프에 훈련 데이터와 테스트 데이터가 모두 포함돼 있다는 사실을 눈치챘을 것이다. 귀납적 접근 방식의 성능을 테스트하고 정보가 훈련과 테스트 세트 간에 연결되지 않도록 하려면 학습 과정에 사용할 수 있는 데이터만으로 하위 그래프를 만들어야 한다.

```
targets = labels.reindex(documentFeatures.index).fillna(0)
 sampled, hold_out = train_test_split(targets)
allNeighbors = np.unique([n
    for node in sampled.index
    for n in stellarGraph.neighbors(node)
])
subgraph = stellarGraph.subgraph(
    set(sampled.index).union(allNeighbors)
)
```

전체 그래프에서 23,998개의 노드와 86,849개의 간선을 갖는 것에 비해 하위 그래프는 16,927개의 노드와 62,454개의 간선을 갖는다.

5. 이제 훈련 시 사용할 수 있는 데이터와 네트워크가 있으므로 이를 기반으로 머신러닝 모델을 구축할 수 있다. 이를 위해 데이터를 학습, 검증, 테스트 데이터로 분할한다. 학습 데이터는 준지도 작업과 유사하게 전체 데이터의 10%만 사용한다.

```
from sklearn.model_selection import train_test_split

train, leftOut = train_test_split(
    sampled,
    train_size=0.1,
```

```
        test_size=None,
        random_state=42
    )
    validation, test = train_test_split(
        leftOut, train_size=0.2, test_size=None, random_state=100
    )
```

6. 이제 stellargraph와 keras API로 그래프 신경망 모델을 구축할 수 있다. 먼저 신경망에 공급할 샘플을 생성할 수 있는 생성기를 생성한다. 이종 그래프를 다루기 때문에 특정 클래스에만 속하는 노드의 예제를 샘플링하는 생성기가 필요하다. 동종 그래프에 사용한 노드 생성기를 이종 그래프로 일반화하는 HinSAGENodeGenerator 클래스를 사용해 대상으로 지정하려는 노드 유형을 지정할 수 있다.

```
from stellargraph.mapper import HinSAGENodeGenerator
batch_size = 50
num_samples = [10, 5]
generator = HinSAGENodeGenerator(
    subgraph, batch_size, num_samples,
    head_node_type="document"
)
```

이 객체를 사용해 훈련 및 유효성 검사 데이터셋에 대한 생성기를 만들 수 있다.

```
train_gen = generator.flow(train.index, train, shuffle=True)
val_gen = generator.flow(validation.index, validation)
```

7. 이제 GraphSAGE 모델을 생성할 수 있다. 생성기에 대해 했던 것처럼 이종 그래프를 처리할 수 있는 모델을 사용해야 한다. 따라서 GraphSAGE 대신 HinSAGE를 사용한다.

```
from stellargraph.layer import HinSAGE
from tensorflow.keras import layers
graphsage_model = HinSAGE(
    layer_sizes=[32, 32],
    generator=generator,
    bias=True, dropout=0.5
)
```

```
x_inp, x_out = graphsage_model.in_out_tensors()
prediction = layers.Dense(
    units=train.shape[1], activation="sigmoid"
)(x_out)
```

최종 Dense 레이어에서 다중 클래스, 다중 라벨 작업이기 때문에 소프트 맥스 활성화 함수 대신 시그모이드 활성화 함수를 사용한다는 점에 유의해야 한다. 문서는 하나 이상의 클래스에 속할 수 있으며 이를 위해 시그모이드 활성화 함수가 더 합리적인 선택이다. 그리고 케라스 모델을 컴파일한다.

```
from tensorflow.keras import optimizers, losses, Model
model = Model(inputs=x_inp, outputs=prediction)
model.compile(
    optimizer=optimizers.Adam(lr=0.005),
    loss=losses.binary_crossentropy,
    metrics=["acc"]
)
```

8. 마지막으로 신경망 모델을 학습시킨다.

```
history = model.fit(
    train_gen, epochs=50, validation_data=val_gen,
    verbose=1, shuffle=False
)
```

결과는 그림 7.16과 같다.

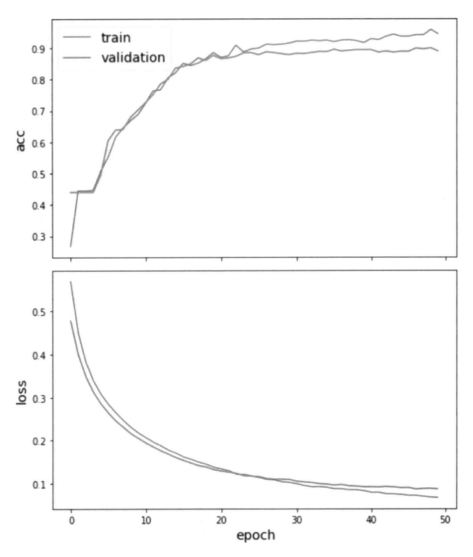

그림 7.16 (위쪽) 에포크에 따른 훈련 및 검증 정밀도 (아래쪽) 에포크에 따른 훈련 및 검증 데이터셋에 대한 이진 교차 엔트로피(binary cross entropy) 손실

그림 7.16의 그래프는 에포크 수에 따라 훈련 및 검증 손실 및 정밀도의 변화를 보여 준다. 보다시피 훈련 및 검증 정밀도는 최대 30에포크까지 지속적으로 증가한다. 그 후에 검증 세트의 정밀도는 안정기에 도달하는 반면 훈련 정밀도는 계속 증가해 과적합 경향을 나타낸다. 따라서 약 50에포크 정도에서

훈련을 중단하는 것이 좋은 선택으로 보인다.

9. 모델 학습이 끝나면 테스트 세트에서 성능을 테스트할 수 있다.

```
test_gen = generator.flow(test.index, test)
 test_metrics = model.evaluate(test_gen)
```

출력은 다음과 같다.

```
loss: 0.0933
accuracy: 0.8795
```

불균형 라벨 분포로 인해 정밀도가 성능 평가에 가장 적합한 선택이 아닐 수
도 있다. 게다가 일반적으로 임계값을 0.5로 사용하므로 라벨 할당을 제공하
는 것이 불균형 상황에서의 차선책일 수 있다.

10. 문서를 분류하는 데 사용할 최상의 임계값을 찾고자 모든 테스트 샘플에 대
한 예측을 계산한다.

```
test_predictions = pd.DataFrame(
    model.predict(test_gen), index=test.index,
    columns=test.columns)
test_results = pd.concat({
    "target": test,
    "preds": test_predictions
}, axis=1)
```

다양한 임계값 선택에 대해 매크로 평균(단일 클래스에 대한 F1-score의 평균)으
로 F1-score를 계산한다.

```
thresholds = [0.01, 0.05, 0.1, 0.2, 0.3, 0.4, 0.5]
f1s = {}
for th in thresholds:
    y_true = test_results["target"]
    y_pred = 1.0*(test_results["preds"]>th)
    f1s[th] = f1_score(y_true, y_pred, average="macro")
pd.Series(f1s).plot()
```

그림 7.17에서 보듯이 임계값 0.2가 최상의 성능을 발휘하므로 최선의 선택
이라고 볼 수 있다.

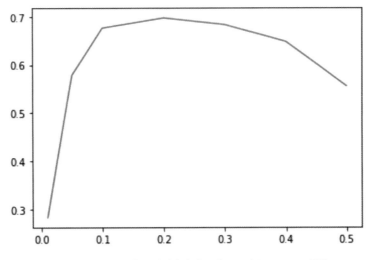

그림 7.17 출력에 사용된 임계값에 따른 매크로 평균 F1-score 변화

11. 임계값 0.2를 사용해 테스트 세트에 대한 분류 보고서를 추출할 수 있다.

```
print(classification_report(
    test_results["target"], 1.0*(test_results["preds"] > 0.2))
)
```

출력은 다음과 같다.

	precision	recall	f1-score	support
0	0.92	0.97	0.94	2075
1	0.85	0.96	0.90	1200
2	0.65	0.90	0.75	364
3	0.83	0.95	0.89	305
4	0.86	0.68	0.76	296
5	0.74	0.56	0.63	269
6	0.60	0.80	0.69	245
7	0.62	0.10	0.17	150
8	0.49	0.95	0.65	149
9	0.44	0.88	0.58	129
micro avg	0.80	0.89	0.84	5182
macro avg	0.70	0.78	0.70	5182
weighted avg	0.82	0.89	0.84	5182
samples avg	0.83	0.90	0.85	5182

12. 앞서 그래프 신경망 모델을 훈련하고 성능을 평가했다. 이제 이 모델을 관찰되지 않은 데이터셋(처음에 생략한 데이터)에 적용한다. 이는 귀납적 환경의 실제 테스트 데이터를 나타낸다. 이렇게 하려면 새 생성기를 인스턴스화해야 한다.

```
generator = HinSAGENodeGenerator(
    stellarGraph, batch_size, num_samples,
    head_node_type="document")
```

HinSAGENodeGenerator에서 입력으로 가져온 그래프는 이제 훈련 및 테스트 문서를 모두 포함하는 전체 그래프(이전에 사용한 필터링된 그래프 대신)다. 이 클래스를 사용해 테스트 노드에서만 샘플링하는 생성기를 만들고 선택한 주요 주제 중 하나에 속하지 않는 노드를 필터링할 수 있다.

```
hold_out = hold_out[hold_out.sum(axis=1) > 0]
hold_out_gen = generator.flow(hold_out.index, hold_out)
```

13. 생성기의 샘플로 모델을 평가할 수 있고 이전에 식별한 임계값(0.2)을 사용해 라벨을 예측한다.

```
hold_out_predictions = model.predict(hold_out_gen)
preds = pd.DataFrame(1.0*(hold_out_predictions > 0.2),
                     index = hold_out.index,
                     columns = hold_out.columns)
results = pd.concat(
    {"target": hold_out,"preds": preds}, axis=1
)
```

마지막으로 귀납적 테스트 데이터셋의 성능을 추출할 수 있다.

```
print(classification_report(
    results["target"], results["preds"])
)
```

출력은 다음과 같다.

	precision	recall	f1-score	support
0	0.93	0.99	0.96	1087
1	0.90	0.97	0.93	719
2	0.64	0.92	0.76	179

3	0.82	0.95	0.88	149
4	0.85	0.62	0.72	189
5	0.74	0.50	0.59	117
6	0.60	0.79	0.68	131
7	0.43	0.03	0.06	89
8	0.50	0.96	0.66	71
9	0.39	0.86	0.54	56
micro avg	0.82	0.89	0.85	2787
macro avg	0.68	0.76	0.68	2787
weighted avg	0.83	0.89	0.84	2787
samples avg	0.84	0.90	0.86	2787

얕은 학습 방법과 비교했을 때 5~10% 사이의 상당한 성능 향상을 달성했음을 알 수 있다.

요약

7장에서는 구조화되지 않은 정보를 처리하는 방법과 이러한 정보를 그래프로 표현하는 방법을 배웠다. 잘 알려진 벤치마크 데이터셋인 Reuters-21578 데이터셋에 표준 자연어 처리 엔진을 적용해 텍스트 정보에 태그를 지정하고 구조화했다. 그리고 이러한 고급 특징을 사용해 지식 기반 네트워크, 이분 네트워크, 노드 하위 집합에 대한 예측 및 주제와 관련된 네트워크와 같은 다양한 유형의 네트워크를 생성했다. 이러한 다양한 그래프를 통해 2부에서 학습한 도구를 사용해 네트워크 표현에서 필요한 정보를 추출할 수 있다.

지역 및 전역 속성 수치로 어떻게 구조적으로 다른 유형의 네트워크를 나타내고 설명할 수 있는지 확인했다. 그리고 유사한 주제에 속하는 의미론적 커뮤니티와 클러스터 문서를 식별하고자 비지도 기술을 사용했다. 마지막으로 라벨이 지정된 데이터셋을 이용해 네트워크의 토폴로지를 활용하는 지도 다중 클래스 다중 라벨 분류기를 훈련했다.

그리고 문서와 개체라는 두 가지 노드 유형이 있는 이종 그래프에 지도 기법을 적용했다. 각각 얕은 학습 방식의 변환적 접근과 그래프 신경망을 사용한 귀납적 접근을 모두 구현해 봤다.

8장에서는 그래프 분석을 통해 인사이트를 추출하고 네트워크 토폴로지를 활용하는 머신러닝 모델을 생성할 수 있는 트랜잭션 데이터를 살펴볼 것이다. 8장에서는 7장에서 소개된 이분그래프 개념을 삼분그래프로 일반화할 수도 있다.

08

신용카드 거래에 대한 그래프 분석

금융 데이터 분석은 빅데이터^{big data} 및 데이터 분석에서 가장 일반적이고 중요한 영역 중 하나다. 실제로 모바일 기기의 증가와 온라인 결제를 위한 표준 플랫폼의 도입으로 인해 은행이 생산하고 소비하는 거래 데이터의 양이 기하급수적으로 증가하고 있다.

결과적으로 고객의 행동을 더 잘 이해하고 비즈니스 프로세스에서 데이터 기반 의사결정을 지원하고자 이 엄청난 양의 정보를 최대한 활용하려면 새로운 도구와 기술이 필요하다. 이러한 데이터는 온라인 지불 프로세스의 보안 강화를 위한 메커니즘을 개선하는 데 사용될 수 있다. 실제로 전자상거래 플랫폼으로 인해 온라인 결제 시스템이 대중화됨에 따라 사기 사례도 증가하고 있다. 사기 거래의 예는 도난당한 신용카드로 수행된 거래다. 이러한 경우 신용카드의 원래 소유자가 수행한 거래가 아닌 사기 거래인 것이다. 그러나 사기 거래를 탐지를 자동화하는 것은 많은 변수로 인해 복잡한 문제다.

8장에서는 머신러닝 알고리듬으로 사기 거래를 자동으로 감지하고자 신용카드 거래 데이터를 그래프로 표현하는 방법을 설명한다. 사기 탐지 알고리듬을 구축하고자 2부에서 설명한 몇 가지 기술과 알고리듬을 적용해 데이터셋을 처리할 것이다.

8장에서는 다음과 같은 내용을 다룬다.

- 신용카드 거래 그래프 생성
- 그래프에서 속성 및 커뮤니티 추출
- 사기 거래 분류에 지도 및 비지도 머신러닝 알고리듬 적용

기술적 필요 사항

모든 예제는 파이썬 3.8 버전의 주피터 노트북을 사용한다. 다음 코드는 8장 실습에 필요한 라이브러리로, pip를 이용해 설치할 수 있다. 예를 들어 터미널command line에서 pip install networkx==2.4 명령을 실행하면 networkx 버전 2.4가 설치된다.

```
Jupyter==1.0.0
networkx==2.5
scikit-learn==0.24.0
pandas==1.1.3
node2vec==0.3.3
numpy==1.19.2
communities==2.2.0
```

이 책의 나머지 부분에서 명확하게 언급되지 않은 경우 networkx를 import networkx as nx로 참조할 것이다. 모든 코드 파일은 다음 URL(https://github.com/PacktPublishing/Graph-Machine-Learning/tree/main/Chapter08)에서 사용할 수 있다.

데이터셋 개요

8장에서 사용할 데이터셋은 캐글(https://www.kaggle.com/kartik2112/fraud-detection?select=fraudTrain.csv)에서 사용할 수 있는 신용카드 사기 거래 탐지 데이터셋이다. 이

데이터셋은 2019년 1월 1일부터 2020년 12월 31일까지의 정상 거래와 사기 거래를 포함하는 가상의 신용카드 거래로 구성돼 있다. 여기에는 800명의 판매자 풀과 거래를 수행하는 1,000명의 고객의 신용카드가 포함된다. 데이터셋은 스파코브 데이터 생성Sparkov Data generation을 사용해 생성됐다. 생성 알고리듬에 대한 자세한 내용은 다음 URL(https://github.com/namebrandon/Sparkov_Data_Generation)에서 확인할 수 있다.

각 트랜잭션에 대해 데이터셋에는 23개의 특징이 포함돼 있다. 표 8.1에는 8장에서 사용할 정보만 표시했다.

열 제목	설명	타입
Index	각 행의 식별자, 행 번호	정수
cc_num	고객의 신용카드 번호	문자열
merchant	판매자(상점) 이름	문자열
amt	트랜잭션 수(달러로 표기)	실수
is_fraud	사기 여부 표시. 0인 경우 정상 거래이고, 1인 경우 사기 거래.	이진수

표 8.1 데이터셋에 사용된 변수 목록

분석을 위해 fraudTrain.csv 파일을 사용할 것이다. 매번 설명하듯이 데이터셋을 직접 살펴보기 바란다. 머신러닝 작업을 시작하기 전에 데이터셋을 탐색하고 최대한 익숙해지는 것이 좋다. 또한 8장에서 다루지 않을 2개의 데이터셋에 대해서도 조사해 보기 바란다. 첫 번째는 다음 URL(https://github.com/Kusainov/czech-banking-fin-analysis)에서 사용할 수 있는 체코 은행의 재무 분석 데이터셋이다. 이 데이터셋은 1999년에 나온 1993년부터 1998년까지의 기간 동안 실제 체코 은행 데이터다. 고객 및 고객 계정과 관련된 데이터는 직접 관계로 구성된다. 불행히도 거래에 라벨이 없기 때문에 머신러닝 기술을 사용해 사기 탐지 엔진을 훈련하는 것은 불가능하다. 두 번째 데이터셋은 다음 URL(https://www.kaggle.com/ntnu-testimon/paysim1)에서 사용할 수 있는 paysim1 데이터셋이다. 이 데이터셋은 아프리카 국가에서 구현된 모바일 머니 서비스의 한 달 동안의 금융 로그에서 추출한 실제 트랜잭션 샘플을 기반의 가상 모바일 머니 트랜잭션으로 구성된다. 원본 로그는 모바일 금융 서비스를 제공하는 다국적 기업에서 제공했으며, 현재 전 세계 14개국 이상에서 실행되고 있다. 이 데이터셋에는 사기/정상 거래에 대한 라벨도 포함돼 있다.

데이터셋 불러오기 및 networkx 그래프 구축

분석의 첫 번째 단계는 데이터셋을 불러오고 그래프를 구축하는 것이다. 데이터셋은 트랜잭션의 간단한 목록을 나타내므로 최종 신용카드 트랜잭션 그래프를 작성하고자 몇 가지 작업을 수행해야 한다. 데이터셋은 간단한 CSV 파일이다. pandas를 사용해 다음과 같이 데이터를 불러올 수 있다.

```
import pandas as pd
df = df[df["is_fraud"]==0].sample(frac=0.20,random_state=42).
append(df[df["is_fraud"] == 1])
```

데이터셋을 처리하는 데 도움이 되도록 정상 거래의 20%와 모든 사기 거래를 선택했다. 결과적으로 총 1,296,675건의 거래 중 265,342건의 거래만 사용하게 된다. 또한 다음과 같이 사기 및 정상 거래의 수를 확인할 수도 있다.

```
df["is_fraud"].value_counts()
```

결과는 다음과 같다.

```
0 257834
1 7506
```

즉 총 265,342건의 거래 중 7,506건(2.83%)만이 사기 거래이고 나머지는 정상 거래다.

데이터셋은 networkx 라이브러리를 사용해 그래프로 나타낼 수 있다. 기술적인 설명을 시작하기 전에 데이터에서 그래프를 만드는 방법을 설명하는 것으로 시작한다.

다음 URL(https://www.scinapse.io/papers/614715210)에서 볼 수 있는 'APATE: A Novel Approach for Automated Credit Card Transaction Fraud Detection Using Network-Based Extensions(APATE: 네트워크 기반 확장을 이용한 신용카드 거래 사기 자동 탐지를 위한 새로운 접근법)'에 설명된 대로 그래프를 작성하고자 두 가지 접근 방식, 즉 이분 및 삼분 접근 방식을 사용했다.

이분 접근 방식bipartite approach의 경우 가중 이분그래프 $G = (V, E, \omega)$를 만든다. 여기서 $V = V_c \cup V_m$이고, 각 노드 $c \in V_c$는 고객을 나타내고 각 노드 $m \in V_m$은 판매자를 나타낸다. 간선 (v_c, v_m)은 고객 에서 판매자 v_c으로의 트랜잭션이 존재하는 경우 생성된다. 마지막으로 그래프의 각 간선에 거래 금액(미국 달러)을 나타내는 가중치(항상 양수)를 할당한다. 앞의 수식에서는 방향 그래프와 무향 그래프를 모두 허용한다.

데이터셋은 임시 트랜잭션을 나타내므로 고객과 판매자 간에 여러 상호 작용이 발생할 수 있다. 두 가지 수식으로부터 모든 정보를 단일 그래프로 축소하기로 결정했다. 즉 고객과 가맹점 간에 여러 트랜잭션이 있는 경우 모든 트랜잭션 금액의 합계로 가중치를 부여해 두 노드 사이에 단일 간선을 구축한다. 이분그래프의 그래픽 표현은 그림 8.1에서 볼 수 있다.

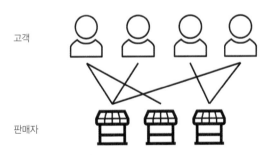

고객

판매자

그림 8.1 입력 데이터셋에서 생성한 이분그래프

위에서 정의한 이분그래프는 다음 코드를 사용해 구축할 수 있다.

```
def build_graph_bipartite(df_input, graph_type=nx.Graph()):
    df = df_input.copy()
    mapping = {x:node_id for node_id,x in enumerate(set(df["cc_
```

```
num"].values.tolist() +
    df["merchant"].values.tolist()))}
    df["from"] = df["cc_num"].apply(lambda x: mapping[x])
    df["to"] = df["merchant"].apply(lambda x: mapping[x])
    df = df[['from', 'to', "amt", "is_fraud"]].groupby(['from',
'to']).agg({"is_fraud": "sum", "amt": "sum"}).reset_index()
    df["is_fraud"] = df["is_fraud"].apply(lambda x: 1 if x>0  else 0)
    G = nx.from_edgelist(df[["from", "to"]].values, create_
using=graph_type)
    nx.set_edge_attributes(G, {(int(x["from"]),
int(x["to"])):x["is_fraud"] for idx, x in df[["from","to","is_
fraud"]].iterrows()}, "label")
    nx.set_edge_attributes(G, {(int(x["from"]),
int(x["to"])):x["amt"] for idx, x in df[["from","to","amt"]].
iterrows()}, "weight")
    return G
```

코드는 매우 간단하다. 이분 신용카드 거래 그래프 작성을 위해 networkx를 사용한다. 좀 더 자세히 이해하고자 코드에서 수행한 작업을 설명하면 다음과 같다.

1. 각 판매자 또는 고객에게 node_id를 할당하는 맵을 만들었다.

2. 여러 트랜잭션을 단일 트랜잭션으로 집계한다.

3. networkx의 nx.from_edgelist를 그래프 구축에 사용한다.

4. 각 간선에는 weight와 label이라는 두 가지 속성이 할당된다. 전자는 두 노드 간의 총 트랜잭션 수를 나타내고 후자는 트랜잭션이 정상인지 사기인지를 나타낸다.

코드에서도 볼 수 있듯이 방향 그래프를 작성할지 무향 그래프를 작성할지 선택할 수 있다. 다음 함수를 호출해 무향 그래프를 작성할 수 있다.

```
G_bu = build_graph_bipartite(df, nx.Graph(name="Bipartite Undirect"))))
```

위의 코드 대신 다음 함수를 호출해 방향 그래프를 작성할 수 있다.

```
G_bd = build_graph_bipartite(df, nx.DiGraph(name="Bipartite Direct"))))
```

유일한 차이점은 생성자에서 전달하는 두 번째 매개 변수에 있다.

삼분 접근 방식tripartite approach은 이전 접근 방식을 확장한 것으로 트랜잭션을 노드로 나타낼 수도 있다. 이 접근 방식은 네트워크 복잡성을 크게 증가시키지만, 판매자와 카드 소지자 및 모든 거래에 대한 추가 노드 임베딩을 구축할 수 있게 한다. 수식으로 이 접근 방식에 대해 설명하고자 삼분 가중그래프를 $G = (V, E, \omega)$로 표현하고, 여기서 $V = V_t \cup V_c \cup V_m$이다. 이때 각 노드 $c \in V_c$는 고객을 나타내고, 각 노드 $m \in V_m$은 판매자를 나타내고, 각 노드 $t \in V_t$는 트랜잭션을 나타낸다. 고객 v_c에서 판매자 v_m까지의 각 트랜잭션 v_t에 대해 2개의 간선 (v_c, v_t) 및 (v_t, v_m)이 생성된다.

마지막으로 그래프의 각 간선에 거래 금액(미국 달러)을 나타내는 가중치(항상 양수)를 할당한다. 이 경우 각 거래에 대한 노드를 생성하기 때문에 고객에서 판매자까지 여러 거래를 집계할 필요가 없다. 위 수식에서는 방향 그래프와 무향 그래프를 모두 허용한다. 삼분그래프의 그래픽 표현은 그림 8.2에서 볼 수 있다.

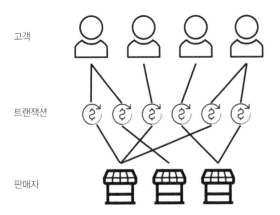

그림 8.2 입력 데이터셋에서 생성된 삼분그래프

앞서 정의한 삼분그래프를 다음 코드로 구축할 수 있다.

```
def build_graph_tripartite(df_input, graph_type=nx.Graph()):
    df = df_input.copy()
    mapping = {x:node_id for node_id,x in
            enumerate(set(df.index.values.tolist() +
```

```
                                    df["cc_num"].values.tolist() +
                                    df["merchant"].values.tolist()))}
        df["in_node"] = df["cc_num"].apply(lambda x: mapping[x])
        df["out_node"] = df["merchant"].apply(lambda x: mapping[x])
        G = nx.from_edgelist([(x["in_node"], mapping[idx])
                            for idx, x in df.iterrows()] +
                            [(x["out_node"], mapping[idx])
                            for idx, x in df.iterrows()],
                            create_using=graph_type)
        nx.set_edge_attributes(G,{(x["in_node"],
                            mapping[idx]):x["is_fraud"]
                            for idx, x in df.iterrows()},
                        "label")
        nx.set_edge_attributes(G,{(x["out_node"],
                            mapping[idx]):x["is_fraud"]
                            for idx, x in df.iterrows()},
                        "label")
        nx.set_edge_attributes(G,{(x["in_node"],
                            mapping[idx]):x["amt"]
                            for idx, x in df.iterrows()},
                        "weight")
        nx.set_edge_attributes(G,{(x["out_node"],
                            mapping[idx]):x["amt"]
                            for idx, x in df.iterrows()},
                        "weight")
        return G
```

코드는 매우 간단하다. 삼분 신용카드 거래 그래프를 작성하고자 networkx를 사용한다. 심도 있는 이해를 위해 코드에서 수행한 작업을 설명하면 다음과 같다.

1. 각 판매자, 고객, 거래에 node_id를 할당하는 맵을 만들었다.

2. networkx의 nx.from_edgelist를 그래프 구축에 사용한다.

3. 각 간선에는 weight와 label이라는 두 가지 속성이 할당된다. 전자는 두 노드 간의 총 트랜잭션 수를 나타내고 후자는 트랜잭션이 정상인지 사기인지를 나타낸다.

코드에서도 볼 수 있듯이 방향 그래프를 작성할지 무향 그래프를 작성할지 선택할 수 있다. 다음 함수를 호출해 무향 그래프를 작성할 수 있다.

```
G_tu = build_graph_tripartite(df, nx.Graph(name="Tripartite Undirect")
```

위의 코드 대신 다음 함수를 호출해 방향 그래프를 작성할 수 있다.

```
G_td = build_graph_tripartite(df, nx.DiGraph(name="Tripartite Direct"))
```

유일한 차이점은 생성자에게 전달하는 두 번째 매개 변수에 있다.

이 절에서 소개한 정형화된 그래프 표현에서 실제 트랜잭션은 간선으로 표현된다. 따라서 이분bipartite 및 삼분tripartite 그래프 모두에 대해 사기/정상 거래의 분류는 간선 분류 작업으로 설명된다. 이어지는 작업의 목표는 간선이 나타내는 트랜잭션이 사기 인지 정상인지를 설명하는 라벨(정상은 0, 사기는 1)을 주어진 간선에 할당하는 것이다.

7장의 나머지 부분에서는 분석을 위해 각각 파이썬 변수 G_bu 및 G_tu로 표시되는 이 분 및 삼분 무향 그래프를 사용한다. 앞서 제안한 방향 그래프로 분석을 확장하는 것 은 독자들에게 맡기겠다.

다음 코드로 그래프가 실제 이분그래프인지 검증하기 위한 간단한 검사를 실시 한다.

```
from networkx.algorithms import bipartite
all([bipartite.is_bipartite(G) for G in [G_bu,G_tu]]
```

결과적으로 True를 얻을 것이다. 이 검사를 통해 두 그래프가 실제로 이분/삼분그래 프임을 확신할 수 있다.

또한 다음 코드를 이용해 몇 가지 기본 통계를 얻을 수 있다.

```
for G in [G_bu, G_tu]:
  print(nx.info(G))
```

결과는 다음과 같다.

```
Name: Bipartite Undirect
Type: Graph
```

```
Number of nodes: 1676
Number of edges: 201725
Average degree: 240.7220
Name: Tripartite Undirect
Type: Graph
Number of nodes: 267016
Number of edges: 530680
Average degree: 3.9749
```

보다시피 두 그래프는 노드 수와 간선 수가 모두 다르다. 이분무향그래프에는 1,676 개의 노드가 있으며, 이는 고객 수와 판매자 수를 더한 것과 같다. 삼분 무향 그래 프에는 267,016개가 있으며, 이는 고객 수와 판매자 수를 더한 값에 모든 거래를 더 한 것과 같다.

삼분그래프의 간선 수는 예상대로 이분그래프에 비해 더 많다(530,680). 이 비교의 흥 미로운 차이점은 두 그래프의 평균 차수다. 실제로 이분그래프의 평균 차수는 예상 대로 삼분그래프에 비해 높다. 삼분그래프에서는 연결이 트랜잭션 노드의 존재에 의 해 '분할'되기 때문에 평균 차수가 더 낮다.

다음 절에서는 생성된 트랜잭션 그래프를 사용해 보다 완전한 통계 분석을 수행하 는 방법을 설명한다.

네트워크 토폴로지 및 커뮤니티 감지

이 절에서는 그래프의 일반적인 구조를 명확하게 이해하고자 몇 가지 그래프 측정 지표를 분석할 것이다. 1장에서 다룬 유용한 측정 지표를 계산하고자 networkx를 사 용할 것이다. 측정 지표 해석을 통해 그래프를 전반적으로 이해하고자 노력할 것이 다.

네트워크 토폴로지

분석을 위한 좋은 출발점은 이분 및 삼분 거래 그래프의 주요 속성을 일반적으로 이해하기 위한 간단한 그래프 측정 지표를 추출하는 것이다.

다음 코드를 사용해 이분 및 삼분그래프에 대한 차수 분포를 살펴보는 것으로 시작한다.

```
for G in [G_bu, G_tu]:
  plt.figure(figsize=(10,10))
  degrees = pd.Series({k: v for k, v in nx.degree(G)})
  degrees.plot.hist()
  plt.yscale("log")
```

실행 결과는 그림 8.3과 같다.

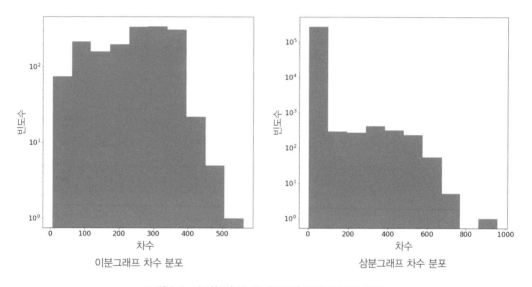

이분그래프 차수 분포   삼분그래프 차수 분포

그림 8.3 이분(왼쪽) 및 삼분(오른쪽) 그래프의 차수 분포

그림 8.3에서 노드 분포가 앞서 살펴본 평균 차수를 어떻게 반영하는지 확인할 수 있다. 이분그래프는 약 300의 피크와 함께 더 다양한 분포를 갖고 있고, 삼분그래프의 경우 분포는 차수 2에 대해 큰 피크를 갖는 반면, 삼분 차수 분포의 다른 부분은 이분 차수 분포와 유사하다. 이러한 분포는 이분그래프는 고객에서 판매자로의 연결로 만들어지고, 삼분그래프에서는 모든 연결이 트랜잭션 노드를 통과하는 두 그래프가 정의된 방식의 차이를 완벽히 반영한다. 이러한 노드는 그래프에서 대다수이

며 모두 2의 차수(구매자 간선 및 판매자 간선)을 갖는다. 결과적으로 차수 2를 나타내는 범주의 빈도는 트랜잭션 노드의 수와 같다.

이어서 간선 가중치 분포를 분석해 그래프에 대한 조사를 이어간다.

1. 먼저 분위수 분포를 계산한다.

```
for G in [G_bu, G_tu]:
    allEdgesWeights = pd.Series({
        (d[0], d[1]): d[2]["weight"]
        for d in G.edges(data=True)})
    np.quantile(allEdgesWeights.values,
                [0.10, 0.50, 0.70, 0.9])
```

2. 결과는 다음과 같다.

```
array([  5.03 ,  58.25 ,  98.44 ,  215.656])
array([  4.21,  48.51,  76.4 ,  147.1 ])
```

3. 이전과 동일한 코드를 사용해 90번째 백분위수로 절단된 간선 가중치 분포를 (로그 스케일로) 플롯할 수 있다. 결과는 그림 8.4에서 볼 수 있다.

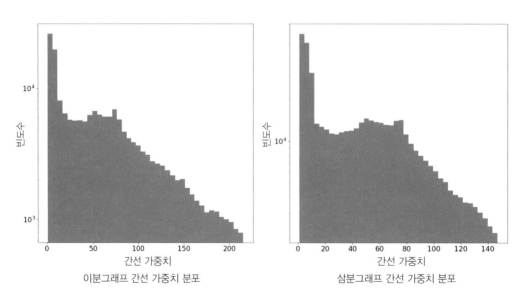

이분그래프 간선 가중치 분포   삼분그래프 간선 가중치 분포

그림 8.4 이분(왼쪽) 및 삼분(오른쪽) 그래프의 간선 가중치 분포

고객과 판매점의 동일한 트랜잭션의 집계로 인해 간선 가중치가 계산되지 않은 삼분그래프에 비해 이분그래프의 분포가 오른쪽(높은 값)에 대해 더 많은 트랜잭션을 집계하는 것을 볼 수 있다.

4. 이제 매개 중심성 측정 지표를 조사할 것이다. 주어진 노드를 통과하는 최단 경로의 수를 측정해 해당 노드가 네트워크 내부의 정보 확산에 얼마나 중요한지 알 수 있다. 다음 코드를 사용해 노드의 중심성 분포를 계산할 수 있다.

```
for G in [G_bu, G_tu]:
    plt.figure(figsize=(10,10))
    bc_distr = pd.Series(nx.betweenness_centrality(G))
    bc_distr.plot.hist()
    plt.yscale("log")
```

5. 결과는 그림 8.5와 같다.

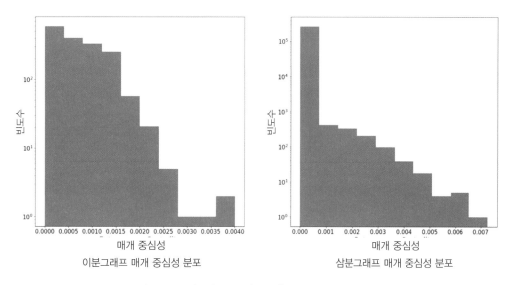

이분그래프 매개 중심성 분포   삼분그래프 매개 중심성 분포

그림 8.5 이분(왼쪽) 및 삼분(오른쪽) 그래프의 매개 중심성 분포

예상대로 두 그래프 모두 매개 중심성이 낮다. 이는 네트워크 내부에 논-브리징non-bridging 노드가 많기 때문에 이해할 수 있다. 차수 분포에서 본 것과 유사하게 매개 중심성 값의 분포는 두 그래프가 다르다. 실제로 이분그래프의 평균이 0.00072인 더 다양한 분포를 갖는다면 삼분그래프에서 트랜잭션

노드는 주로 분포 값의 평균을 1.38e-05로 낮추는 노드다. 또한 이 경우에도 삼분그래프의 분포는 트랜잭션 노드를 나타내는 피크가 크고 나머지 분포는 이분 분포와 상당히 유사함을 알 수 있다.

6. 다음 코드를 사용해 두 그래프의 상관계수를 계산할 수 있다.

```
for G in [G_bu, G_tu]:
    print(nx.degree_pearson_correlation_coefficient(G))
```

7. 결과는 다음과 같다.

```
-0.1377432041049189
-0.8079472914876812
```

결과로부터 두 그래프가 음의 동류성을 갖는 것을 관찰할 수 있으며, 이는 연결도 높은 개인이 연결도 낮은 개인과 연관돼 있음을 보여 준다. 이분그래프의 경우 낮은 차수의 고객은 들어오는 트랜잭션 수가 많은 높은 차수의 판매자와만 연결되기 때문에 값이 낮다(-0.14). 삼분그래프의 경우 동류성이 훨씬 더 낮다(-0.81). 이는 트랜잭션 노드가 있기 때문으로 예상된다. 실제로 이러한 노드는 항상 2의 차수를 가지며 많은 연결을 갖는 노드로 대표되는 고객 및 판매자와 연결된다.

커뮤니티 감지

이번 절에서 다룰 그래프 분석은 커뮤니티 감지다. 커뮤니티 감지를 통해 특정 사기 패턴을 식별하는 데 도움이 될 수 있다.

1. 다음 코드로 커뮤니티 추출을 수행한다.

```
import community
for G in [G_bu, G_tu]:
    parts = community.best_partition(G, random_state=42,
weight='weight')
  communities = pd.Series(parts) print(communities.
value_counts().sort_values(ascending=False))
```

위 코드는 단순히 community 라이브러리를 사용해 입력 그래프에서 커뮤니티를 추출한다. 그런 다음 포함된 노드 수에 따라 정렬하는 알고리듬에 의해 감지된 커뮤니티를 출력한다.

2. 이분그래프의 경우 다음 출력을 얻을 수 있다.

```
5      546
0      335
7      139
2      136
4      123
3      111
8       83
9       59
10      57
6       48
11      26
1       13
```

3. 삼분그래프의 경우 다음 출력을 얻을 수 있다.

```
11    4828
3     4493
26    4313
94    4115
8     4036
       ...
47    1160
103   1132
95     954
85     845
102    561
```

4. 삼분그래프는 많은 수의 노드를 갖기 때문에 106개의 커뮤니티를 찾았지만 (그중 일부만 적었다), 이분그래프의 경우 12개의 커뮤니티만 찾을 수 있었다. 결과적으로 명확한 정보를 얻으려면 삼분그래프의 경우 다음 코드를 사용해 다른 커뮤니티에 포함된 노드의 분포를 그리는 것이 좋다.

```
communities.value_counts().plot.hist(bins=20)
```

5. 결과는 그림 8.6과 같다.

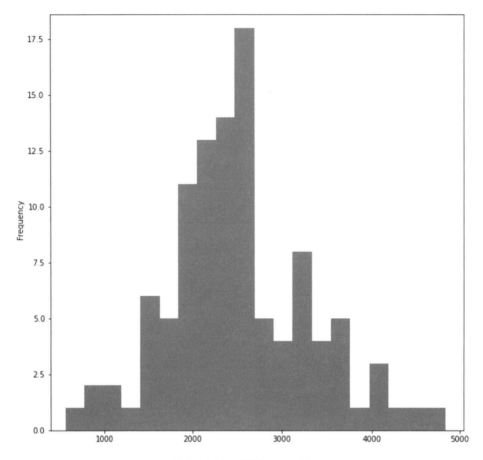

그림 8.6 커뮤니티의 노드 크기 분포

위 그림으로 피크가 2,500 부근에서 형성된다는 것을 알 수 있다. 이는 30개 이상의 대규모 커뮤니티에 2,000개 이상의 노드가 있음을 의미한다. 그림에서 일부 커뮤니티에는 1,000개 미만의 노드와 3,000개 이상의 노드가 있음을 알 수 있다.

6. 알고리듬에 의해 감지된 각 커뮤니티 집합에 대해 사기 거래의 비율을 계산할 수 있다. 이 분석의 목표는 사기 거래가 집중된 특정 하위 그래프를 식별하는 것이다.

```
graphs = []
```

```
d = {}
for x in communities.unique():
    tmp = nx.subgraph(G, communities[communities==x].index)
    fraud_edges = sum(nx.get_edge_attributes(tmp, "label").values())
    ratio = 0 if fraud_edges == 0 else (fraud_edges/tmp.
number_of_edges())*100
    d[x] = ratio
    graphs += [tmp]
print(pd.Series(d).sort_values(ascending=False))
```

7. 순서 6의 코드는 단순히 특정 커뮤니티에 포함된 노드를 사용해 노드 유도 하위 그래프를 생성한다. 하위 그래프는 모든 간선 수에 대한 사기 거래 간선 수의 비율로 사기 거래의 백분율을 계산하는 데 사용된다. 다음 코드를 사용해 커뮤니티 감지 알고리듬에 의해 감지된 노드 유도 하위 그래프를 그려 볼 수도 있다.

```
gId = 10
spring_pos = nx.spring_layout(graphs[gId])
edge_colors = ["r" if x == 1 else "g"
                for x in nx.get_edge_attributes(graphs[gId], 'label').
values()]
nx.draw_networkx(graphs[gId],
                pos=spring_pos,
                node_color=default_node_color,
                edge_color=edge_colors,
                with_labels=False,
                node_size=15)
```

위 코드는 특정 커뮤니티 인덱스 gId가 주어지면, 해당 커뮤니티에서 사용 가능한 노드로 노드 유도 하위 그래프를 추출하고 얻은 그래프를 표시한다.

8. 이분그래프에서 순서 6번의 알고리듬을 실행하면 다음과 같은 결과를 얻을 수 있다.

```
9      26.905830
10     25.482625
6      22.751323
2      21.993834
11     21.333333
3      20.470263
```

```
8        18.072289
4        16.218905
7         6.588580
0         4.963345
5         1.304983
1         0.000000
```

9. 직전 단계에서 각 커뮤니티에 대해 사기 거래 간선의 비율을 구했다. 이제 하위 그래프에 대한 더 나은 설명을 위해 gId=10으로 순서 7의 코드를 실행해 커뮤니티 10을 그릴 수 있다. 결과는 그림 8.7과 같다.

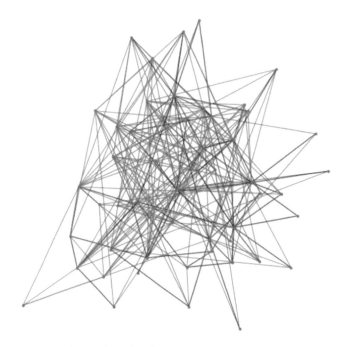

그림 8.7 이분그래프 커뮤니티 10에서 유도된 하위 그래프

10. 유도된 하위 그래프의 이미지를 활용하면 데이터에서 특정 패턴이 보이는지 여부를 식별하기 쉽다. 삼분그래프에서 동일한 알고리듬을 실행하면 다음 출력을 얻을 수 있다.

```
6         6.857728
94        6.551151
```

```
8       5.966981
1       5.870918
89      5.760271
  ...
102     0.889680
72      0.836013
85      0.708383
60      0.503461
46      0.205170
```

11. 커뮤니티 수가 많기 때문에 다음 코드를 사용해 정상 거래와 사기 거래 비율의 분포를 그릴 수 있다.

```
pd.Series(d).plot.hist(bins=20)
```

12. 그 결과는 그림 8.8과 같다.

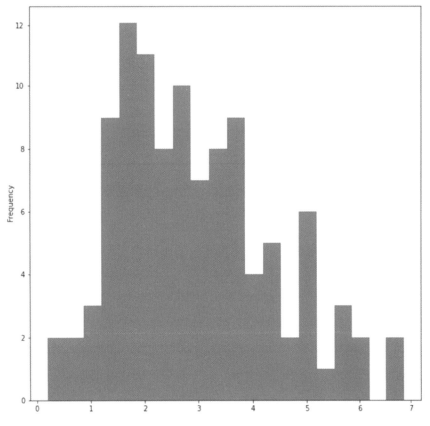

그림 8.8 커뮤니티의 사기/정상 거래 간선 비율 분포

그림에서 많은 커뮤니티가 2와 4 사이의 비율을 갖는다는 것을 관찰할 수 있다. 그리고 낮은 비율(<1)과 높은 비율(>5)을 갖는 소수의 커뮤니티가 있다.

13. 또한 삼분그래프의 경우 gId=6으로 순서 7의 코드를 실행해 1,935개 노드로 구성된 커뮤니티 6(비율 6.86)을 그려본다.

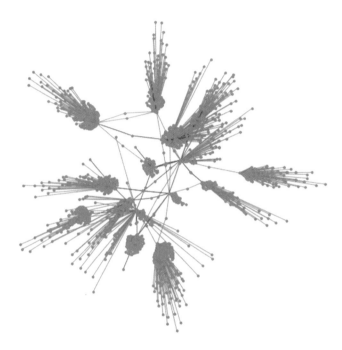

그림 8.9 삼분그래프 커뮤니티 6에서 유도된 하위 그래프

삼분그래프의 경우 이 이미지에서 일부 중요한 그래프 하위 영역을 더 깊이 탐색하는 데 사용할 수 있는 흥미로운 패턴을 볼 수 있다.

이 절에서는 그래프와 해당 속성을 이해하고자 몇 가지 탐색 작업을 수행했다. 또한 커뮤니티 탐지 알고리듬을 사용해 데이터에서 패턴을 찾는 방법을 설명하는 예제도 제공했다. 다음 절에서는 머신러닝을 사용해 사기 거래를 자동으로 감지하는 방법을 설명한다.

사기 탐지를 위한 지도 및 비지도 임베딩

이 절에서는 이전에 설명한 이분 및 삼분그래프를 지도 및 비지도 접근 방식의 그래프 머신러닝 알고리듬으로 자동 사기 탐지 절차를 구축하는 방법을 설명한다. 8장의 시작 부분에서 이미 설명한 것처럼 트랜잭션은 간선으로 표시되며 각 간선을 올바른 클래스(사기 또는 정상)로 분류하려고 한다.

분류 작업을 수행하는 데 사용할 파이프라인은 다음과 같다.

- 불균형 작업에 대한 샘플링 절차
- 비지도 임베딩 알고리듬을 사용해 각 간선에 대한 특징 벡터 생성
- 특징 공간에 지도 및 비지도 머신러닝 알고리듬의 적용

사기 거래 식별에 대한 지도 학습 접근 방식

8장에서 다루는 데이터셋은 사기 트랜잭션이 총 트랜잭션의 2.83%만 존재하는 불균형이 심한 데이터셋이기 때문에 불균형 데이터를 처리하고자 몇 가지 기술을 적용해야 한다. 이번 예제에서는 간단한 무작위 언더샘플링 전략을 적용한다. 이는 소수 클래스(사기 거래)의 샘플 수와 일치시키고자 다수 클래스(정상 거래)의 하위 샘플을 가져오는 방법이다. 이 전략은 데이터 불균형 상황에서 사용할 수 있는 많은 기술 중 하나일 뿐이다. 격리 포레스트isolation forest와 같은 이상치 탐지 알고리듬을 사용해 사기 거래를 데이터의 이상치로 탐지할 수도 있다. 무작위 오버샘플링 또는 비용에 민감한(cost-sensitive, 예측 오류에 대해 추가적인 고려를 수행하는 학습 기법) 분류기를 사용하는 것과 같이 불균형 데이터를 처리하기 위한 다른 기술을 사용해 분석을 확장하는 것은 독자의 연습으로 남겨 둔다. 그래프에 직접 적용할 수 있는 노드 및 간선 샘플링에 대한 특별한 기술들은 10장에서 설명한다.

1. 무작위 언더샘플링에 사용하는 코드는 다음과 같다.

```
from sklearn.utils import resample
```

```
df_majority = df[df.is_fraud==0]
df_minority = df[df.is_fraud==1]
df_maj_dowsampled = resample(df_majority,
                             n_samples=len(df_minority),
                             random_state=42)
df_downsampled = pd.concat([df_minority,
                            df_maj_dowsampled])
G_down = build_graph_bipartite(df_downsampled,
                               nx.Graph())
```

2. 위 코드는 원본 데이터 프레임을 다운 샘플링하고자 sklearn 패키지의 resample 함수를 적용했다. 그리고 8장의 시작 부분에서 정의한 함수를 사용해 그래프를 구축한다. 삼분그래프를 생성하려면 build_graph_tripartite 함수를 사용해야 한다. 다음 단계에는 데이터셋을 80/20의 비율로 학습과 검증 세트로 나눈다.

```
from sklearn.model_selection import train_test_split
train_edges, val_edges, train_labels, val_labels = \
   train_ test_split(list(range(len(G_down.edges))),
                     list(nx. get_edge_attributes(G_down, "label").
values()),
                     test_ size=0.20, random_state=42)
edgs = list(G_down.edges)
train_graph = G_down.edge_subgraph([edgs[x] for x in  train_edges]).
copy()
train_graph.add_nodes_from(list(set(G_down.nodes) - set(train_graph.
nodes)))
```

이전 예제와 마찬가지로 이 경우에도 sklearn 패키지의 train_test_split 함수를 적용하기만 하면 되므로 코드가 간단하다.

3. 이제 다음과 같이 Node2Vec 알고리듬을 사용해 특징 공간을 구축할 수 있다.

```
from node2vec import Node2Vec
node2vec = Node2Vec(train_graph, weight_key='weight')
model = node2vec_train.fit(window=10)
```

node2vec의 결과는 3장에서 설명한 대로 분류기에 의해 사용되는 최종 특징 공간을 생성할 간선 임베딩을 구축하는 데 사용된다.

4. 위 작업을 수행하는 코드는 다음과 같다.

```python
from sklearn import metrics
from sklearn.ensemble import RandomForestClassifier
from node2vec.edges import HadamardEmbedder, AverageEmbedder,
WeightedL1Embedder, WeightedL2Embedder

classes = [HadamardEmbedder, AverageEmbedder, WeightedL1Embedder,
WeightedL2Embedder]
for cl in classes:
  embeddings = cl(keyed_vectors=model.wv)
  train_embeddings = [embeddings[str(edgs[x][0]),
                                str(edgs[x][1])] for x in train_
edges]
  val_embeddings = [embeddings[str(edgs[x][0]),
                               str(edgs[x][1])] for x in val_edges]
  rf = RandomForestClassifier(n_estimators=1000, random_state=42)
  rf.fit(train_embeddings, train_labels)
  y_pred = rf.predict(val_embeddings)
  print(cl)
  print('Precision:', metrics.precision_score(val_labels, y_pred))
  print('Recall:', metrics.recall_score(val_labels, y_pred))
  print('F1-Score:', metrics.f1_score(val_labels, y_pred))
```

위 코드로 수행한 것들은 다음과 같다.

1. 이전에 계산된 Node2Vec 알고리듬을 사용해 각 Edge2Vec 알고리듬으로 특징 공간을 생성한다.

2. sklearn 파이썬 라이브러리의 RandomForestClassifier는 이전 단계에서 생성한 특징들에 대해 학습한다.

3. 검증 테스트를 위해 정밀도precision, 재현율recall, F1-score와 같은 다양한 성능 측정 지표를 계산한다.

이전에 설명한 코드를 이분그래프와 삼분그래프에 모두 적용해 사기 탐지 작업을 해결할 수 있다. 표 8.2는 이분그래프에 대한 성능이다.

임베딩 알고리듬	정밀도	재현율	F1-Score
아다마르 임베더	0.73	0.76	0.75
평균 임베더	0.71	0.79	0.75
L1 가중 임베더	0.64	0.78	0.70
L2 가중 임베더	0.63	0.78	0.70

표 8.2 이분그래프에 대한 지도 학습 모델의 사기 거래 간선 분류 성능

표 8.3은 삼분그래프에 대한 성능이다.

임베딩 알고리듬	정밀도	재현율	F1-Score
아다마르 임베더	0.89	0.29	0.44
평균 임베더	0.74	0.45	0.48
L1 가중 임베더	0.66	0.46	0.55
L2 가중 임베더	0.66	0.47	0.55

표 8.3 삼분그래프에 대한 지도 학습 모델의 사기 거래 간선 분류 성능

표 8.2와 표 8.3에는 이분 및 삼분그래프를 사용해 얻은 분류 성능이 나타나 있다. 결과에서 알 수 있듯이 F1-score, 정밀도precision, 재현율recall 측면에서 두 가지 방법은 상당한 차이를 보여 준다. 두 그래프 유형 모두에 대해 아다마르Hadamard 및 평균 간선 임베딩 알고리듬이 가장 흥미로운 결과를 제공한다. 더 자세히 설명하면 삼분그래프는 이분그래프에 비해 정밀도가 더 좋다(삼분그래프의 경우 0.89 및 0.74, 이분그래프의 경우 0.73 및 0.71).

대조적으로 이분그래프는 삼분그래프에 비해 더 나은 재현율을 갖고 있다(이분그래프의 경우 0.76 및 0.79, 삼분그래프의 경우 0.29 및 0.45). 최종적으로 이분그래프를 사용하는 것이 삼분그래프에 비해 더 작은 그래프(노드 및 간선 측면에서)로 F1-score에서 고성능을 달성하기 때문에 더 나은 선택이 된다고 결론지을 수 있다.

사기 거래 식별에 대한 비지도 학습 접근 방식

k-means 알고리듬을 사용해 비지도 작업에도 동일한 접근 방식을 적용할 수 있다. 주요 차이점은 생성된 특징 공간이 학습-검증 분할을 거치지 않는다는 것이다. 다음 코드에서는 다운샘플링^{downsampling} 절차에 따라 생성된 전체 그래프에서 Node2Vec 알고리듬을 계산한다.

```
nod2vec_unsup = Node2Vec(G_down,weight_key='weight')
unsup_vals = nod2vec_unsup.fit(window=10)
```

지도 학습에서 사용했던 것처럼 노드 특징 벡터를 구축할 때 다음과 같이 k-means 알고리듬을 실행하고자 여러 Egde2Vec 알고리듬을 사용할 수 있다.

```
from sklearn.cluster import KMeans

classes = [HadamardEmbedder, AverageEmbedder, WeightedL1Embedder,
WeightedL2Embedder]
true_labels = [x for x in nx.get_edge_attributes(G_down, "label").values()]
for cl in classes:
    embedding_edge = cl(keyed_vectors=unsup_vals.wv)
    embedding = [embedding_edge[str(x[0]), str(x[1])] for x in
G_down.edges()]
    kmeans = KMeans(2, random_state=42).fit(embedding)
    nmi = metrics.adjusted_mutual_info_score(true_labels,  kmeans.labels_)
    ho = metrics.homogeneity_score(true_labels, kmeans.labels_)
    co = metrics.completeness_score(true_labels, kmeans.labels_)
    vmeasure = metrics.v_measure_score(true_labels, kmeans. labels_)
    print(cl)
    print('NMI:', nmi)
    print('Homogeneity:', ho)
    print('Completeness:', co)
    print('V-Measure:', vmeasure)
```

위 코드로 수행한 것들은 다음과 같다.

1. 이전에 계산된 Node2Vec 알고리듬을 사용해 각 Edge2Vec 알고리듬으로 특징 공간을 생성한다.

2. sklearn 파이썬 라이브러리의 KMeans 클러스터링 알고리듬은 이전 단계에서 생성한 특징들에 대해 학습한다.

3. 조정된 **상호 정보**MNI, Mutual Information, 동질성, 완전성, v-measure 점수와 같은 다양한 성능 측정 지표를 계산한다.

이전에 설명한 코드를 이분 및 삼분그래프에 모두 적용해 비지도 알고리듬으로 사기 탐지 작업을 해결할 수 있다. 표 8.4는 이분그래프에 대한 성능이다.

임베딩 알고리듬	상호 정보	동질성	완전성	V-Measure
아다마르 임베더	0.34	0.33	0.36	0.34
평균 임베더	0.07	0.07	0.07	0.07
L1 가중 임베더	0.06	0.06	0.06	0.06
L2 가중 임베더	0.05	0.05	0.05	0.05

표 8.4 이분그래프에 대한 비지도 학습 모델의 사기 거래 간선 분류 성능

표 8.5는 삼분그래프에 대한 성능이다.

임베딩 알고리듬	상호 정보	동질성	완전성	V-Measure
아다마르 임베더	0.44	0.44	0.45	0.44
평균 임베더	0.06	0.06	0.06	0.06
L1 가중 임베더	0.001	0.001	0.00	0.06
L2 가중 임베더	0.0004	0.0004	0.0004	0.0004

표 8.5 삼분그래프에 대한 비지도 학습 모델의 사기 거래 간선 분류 성능

표 8.4와 표 8.5에서는 비지도 알고리듬을 적용해 이분 및 삼분그래프에서 얻은 분류 성능이 나타나 있다. 결과에서 알 수 있듯이 두 가지 방법은 상당한 차이를 보인다. 이 경우 아다마르 임베딩 알고리듬으로 얻은 성능이 다른 모든 접근 방식을 분명히 능가한다는 점도 흥미롭다.

표 8.4 및 표 8.5에서 볼 수 있듯이 비지도 학습에서는 삼분그래프로 얻은 성능이 이분그래프로 얻은 성능을 능가한다. 비지도 학습의 경우 트랜잭션 노드의 도입이 전체 성능을 향상시키는 것을 볼 수 있다. 비지도 상황에서 이 특정 예제에 대해 표 8.4 및 표 8.5에서 얻은 결과를 참조해 보면 삼분그래프를 사용하는 것이 이분그래 프에 비해 우수한 성능을 얻을 수 있기 때문에 삼분그래프를 사용하는 것이 더 좋은 선택으로 보인다.

요약

8장에서는 고전적인 사기 탐지 작업을 그래프 문제로 설명하는 방법과 2부에서 설명한 기술을 사용해 사기 탐지 문제를 해결하는 방법을 설명했다. 해결 방법을 설명하고자 사용한 데이터셋를 소개하고 트랜잭션 데이터를 두 가지 유형의 그래프, 이분 및 삼분 무향 그래프로 변환하는 절차를 설명했다. 그런 다음 결과를 비교해 두 그래프에 대한 지역(분포와 함께) 및 전역 측정 지표를 계산했다.

또한 다른 커뮤니티에 비해 사기 거래의 밀도가 높은 특정 영역을 찾아 플롯하고자 커뮤니티 탐지 알고리듬을 그래프에 적용했다.

마지막으로 이분그래프와 삼분그래프의 성능을 비교하며 지도 및 비지도 알고리듬으로 사기 탐지 문제를 해결했다. 첫 번째 단계로 실제 거래가 더 많이 존재하는 데이터 불균형 문제가 있었기 때문에 간단한 다운샘플링을 수행했다. 지도 학습 작업의 경우 랜덤 포레스트와 함께 다양한 Edge2Vec 알고리듬을 적용했고, 비지도 학습 작업의 경우 k-means 알고리듬을 사용해 우수한 분류 성능을 달성했다.

8장을 끝으로 그래프 머신러닝 알고리듬이 소셜 네트워크 분석, 텍스트 분석, 신용카드 거래 분석과 같은 다양한 도메인에 속하는 문제에 어떻게 적용될 수 있는지 보여 주는 일련의 예제를 마무리한다.

다음 9장에서는 분석을 큰 그래프로 확장하는 데 유용한 그래프 데이터베이스 및 그래프 처리 엔진의 몇 가지 실용적인 용도를 설명한다.

09

데이터 드리븐 그래프 기반
응용 프로그램 구축

지금까지 그래프 구조를 활용하는 머신러닝 모델을 설계하고 구현할 수 있도록 이론적이고 실용적인 아이디어를 살펴봤다. 알고리듬을 설계하는 것 외에도 모델링/분석 파이프라인을 강력하고 안정적인 엔드-투-엔드end-to-end 응용 프로그램에 포함하는 것이 중요하다. 이는 최종 목표가 일반적으로 데이터 기반 의사결정을 지원하고 사용자에게 시기적절한 정보를 제공하는 생산 시스템을 설계 및 구현하는 것인 산업 응용 분야에서 특히 그렇다. 그러나 그래프 표현/모델링에 의존하는 데이터 기반 응용 프로그램을 만드는 것은 단순히 networkx를 사용하는 것보다 훨씬 더 복잡하고 적절한 설계가 필요한 어려운 작업이다. 9장의 목적은 그래프 기반의 확장 가능한 데이터 기반 응용 프로그램을 구축할 때 사용되는 주요 개념과 프레임워크에 대한 일반적인 개요를 제공하는 것이다.

대규모 처리 및 실시간 업데이트를 수행하는 확장 가능한 응용 프로그램을 구조화하는 프레임워크를 제공하는 **람다 아키텍처**Lambda architecture에 대한 개요를 제공하는 것으로 시작한다. 그리고 이어서 이 프레임워크를 그래프 기반 응용 프로그램, 즉 이 책에서 설명하는 것과 같은 기술을 사용해 그래프 구조를 활용하는 응용 프로그램의 맥락에서 적용할 것이다. 그래프 처리 엔진graph processing engine과 그래프 쿼리 엔진 graph querying engine의 두 가지 주요 분석 구성 요소에 대해 설명할 것이다. 공유 메모리 시스템과 분산 메모리 시스템 모두에서 사용되는 기술 중 일부를 제시해 유사점과 차이점에 대해 설명할 것이다. 9장에서는 다음과 같은 내용을 다룬다.

- 람다 아키텍처 개요
- 그래프 기반 응용 프로그램을 위한 람다 아키텍처
- 그래프 처리 엔진의 기술과 예시
- 그래프 쿼리 엔진 및 그래프 데이터베이스

기술적 필요 사항

모든 예제는 파이썬 3.8 버전의 주피터 노트북을 사용한다. 다음 코드는 1장 실습에 필요한 라이브러리로, pip를 이용해 설치할 수 있다. 예를 들어 터미널command line에서 pip install networkx==2.5 명령을 실행하면 networkx 버전 2.5가 설치된다.

```
networkx==2.5
neo4j==4.2.0
gremlinpython==3.4.6
```

9장의 모든 코드 파일은 다음 URL(https://github.com/PacktPublishing/Graph-Machine-Learning/tree/main/Chapter09)에 있다.

람다 아키텍처 개요

최근 몇 년 동안 대량의 데이터를 처리하고 사용 가능한 최신 정보를 사용해 실시간으로 답변/경고/조치 등을 제공할 수 있는 확장 가능한 아키텍처를 설계하는 데 큰 중점을 뒀다.

게다가 이러한 시스템은 리소스를 수평(더 많은 서버 추가) 또는 수직(더 강력한 서버 사용)으로 늘려 더 많은 수의 사용자 또는 더 많은 양의 데이터로 원활하게 확장될 수 있어야 한다. **람다 아키텍처**는 대량의 데이터를 처리하고 매우 효율적인 방식으로 큰 처리량을 보장하도록 설계된 특정 데이터 처리 아키텍처로 낮은 지연 시간, 내결함성, 무시할 수 있는 수준의 오류를 보장한다.

람다 아키텍처는 세 가지 계층으로 구성된다.

- **배치 레이어**batch layer: 이 계층은 분산 및 확장 가능한 스토리지 시스템의 맨 위에 위치하며 모든 기록 데이터를 처리 및 저장할 수 있을 뿐만 아니라 전체 데이터셋에 대해 **온라인 분석 처리**OLAP, Online Analytical Processing를 수행할 수 있다. 새로운 데이터는 전통적으로 데이터 웨어하우스 시스템에서 수행됐던 것처럼 지속적으로 수집되고 저장된다. 대규모 처리는 일반적으로 관련 정보의 집계, 구조화, 계산을 생성하기 위한 대규모 병렬 작업을 나타낸다. 머신러닝의 맥락에서 과거 정보에 의존하는 모델 훈련은 일반적으로 이 계층에서 수행되므로 일괄 예측 작업이나 실시간 실행에 사용할 학습 모델을 생성한다.

- **스피드 레이어**speed layer: 이는 정보를 실시간으로 처리해 적시에 업데이트 및 정보를 제공할 수 있는 저지연 계층이다. 일반적으로 긴 계산 시간이나 로드가 필요하지 않은 빠른 계산을 포함하는 스트리밍 프로세스에 의해 제공된다. 배치 레이어에서 생성된 데이터와 통합된 출력을 실시간으로 생성해 **온라인 트랜잭션 처리**OLTP, Online Transaction Processing 작업을 지원한다. 스피드 레이어는 학습된 모델과 같은 온라인 트랜잭션 처리 계산의 일부 출력을 매우 잘 사용할 수도 있다. 종종 실시간으로 머신러닝 모델링을 사용하는 응용 프로그램(예: 신용카드 거래에 사용되는 사기 탐지 엔진)은 신속한 예측을 제공하고 잠재적 사기에 대한 실시간 경고를 발생시키는 훈련된 모델을 스피드 레이어에 포함한다. 라이브러리는 이벤트 수준(예: Apache Storm) 또는 미니 배치(예: Spark Streaming)에서 작동할 수 있으며 용도에 따라 대기 시간, 내결함성, 계산 속도에 대해 약간 다른 요구 사항을 갖는다.

- **서빙 레이어**serving layer: 서빙 레이어는 배치 및 스피드 레이어에서 오는 데이터를 빠르게 검색할 수 있도록 정보를 구성, 구조화, 색인화할 의무가 있다. 따라서 서빙 레이어는 배치 레이어의 출력을 스피드 레이어의 가장 최근 실시

간 정보와 통합해서 사용자가 통합되고 일관된 데이터를 볼 수 있도록 한다. 서빙 레이어는 기록 집계와 실시간 업데이트를 모두 통합하는 지속성 계층으로 구성될 수 있다. 이를 위해 대기 시간을 줄이고 관련 데이터의 빠른 검색을 허용하고자 편리하게 데이터를 색인화하거나, 관계형일 수 있는 일종의 데이터베이스를 기반할 수 있다. 정보는 일반적으로 데이터베이스에 대한 직접 연결을 통해 사용자에게 노출되며 SQL과 같은 특정 도메인 쿼리 언어를 사용하거나 특별히 설계된 엔드포인트를 통해 데이터를 제공하는 RESTful API 서버와 같은 전용 서비스를 통해 액세스할 수 있다(파이썬에서는 다음을 사용해 쉽게 구현할 수 있다. `flask`, `fastapi`, `turbogear`와 같은 여러 프레임워크).

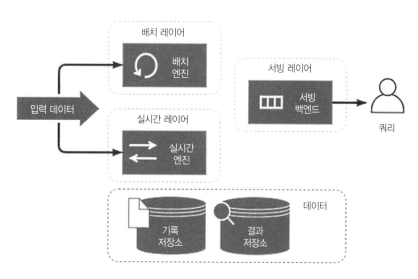

그림 9.1 람다 아키텍처 기반 응용 프로그램의 기능 다이어그램

람다 아키텍처는 특히 빅 데이터 응용 프로그램의 맥락에서 몇 가지 이점이 있다. 아래에 람다 아키텍처의 주요 장점 중 일부를 나열했다.

- **서버 관리 불필요**no server management: 람다 아키텍처 설계 패턴은 일반적으로 기능 계층을 추상화하고 소프트웨어/인프라를 설치, 유지 관리가 필요 없다.
- **유연한 스케일링**flexible scaling: 응용 프로그램은 배치 레이어(예: 컴퓨팅 노드) 및

스피드 레이어(예: Kafka broker)에서 사용되는 처리 장치의 수를 별도로 제어해 자동으로 확장할 수 있다.

- **자동화된 고가용성**automated high availability: 이미 내장된 가용성과 내결함성이 있는 서버리스 설계를 나타내기 때문이다.

- **민첩한 비즈니스**business agility: 변화하는 비즈니스/시장 시나리오에 실시간으로 대응

매우 강력하고 유연하지만 람다 아키텍처에는 주로 **배치 레이어**batch layer와 **스피드 레이어**speed layer라는 두 가지 상호 연결된 처리 흐름이 있기 때문에 몇 가지 제한 사항이 있다. 이로 인해 개발자는 일괄 처리 및 스트림 프로세스에 대해 별도의 코드 기반을 구축, 유지해야 하고 그 결과 복잡성과 코드 오버헤드가 증가해 디버깅이 더 어려워지고 정렬이 잘못될 수 있으며 버그가 승격될 수 있다.

이 절에서는 람다 아키텍처와 기본 빌딩 블록에 대한 간략한 개요를 제공했다. 확장 가능한 아키텍처와 가장 일반적으로 사용되는 아키텍처 패턴을 설계하는 방법에 대한 자세한 내용은 톰시 존Tomcy John과 판카이 미스라Pankaj Misra의 『엔터프라이즈 데이터 레이크 구축』(에이콘, 2018)를 참조하기 바란다.

다음 절에서는 그래프 기반 응용 프로그램을 위한 람다 아키텍처를 구현하는 방법을 보여 준다. 구현 방법을 설명하면서 주요 구성 요소를 설명하고 가장 일반적인 기술을 검토한다.

그래프 기반 응용 프로그램을 위한 람다 아키텍처

확장 가능한 데이터 드리븐 그래프 기반 응용 프로그램을 처리할 때 람다 아키텍처는 그림 9.2와 같이 분석 파이프라인의 두 가지 중요한 구성 요소 간 기능을 분리한다.

- **그래프 처리 엔진**graph processing engine은 특징 추출(예: 임베딩), 계산 통계(예: 차수 분포, 간선 수, 파벌), 측정 지표 계산, **핵심 성과 지표**KPI, Key Performance Indicator(예: 중심성 측정 및 클러스터링 계수), 하위 그래프(예: 커뮤니티) 식별 등 온라인 분석

처리가 필요한 관련 작업을 처리한다.

- **그래프 쿼리 엔진**은 그래프 데이터베이스를 통해 네트워크 데이터를 유지할 수
  있으며 빠른 정보 검색과 그래프 쿼리 언어를 통해 효율적인 쿼리 및 그래프
  탐색을 제공한다. 모든 정보는 이미 일부 데이터 저장소(메모리상에 있을 수 있
  는)에 지속되며, 고성능 및 짧은 대기 시간을 달성하는 데 색인화가 중요한 일
  부 최종 집계 결과를 제외하고는 추가 계산이 필요하지 않다.

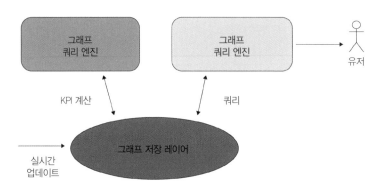

그림 9.2 주요 구성 요소에 람다 아키텍처 패턴이 반영된 그래프 기반 아키텍처

그래프 처리 엔진은 배치 레이어 위에 위치하며 적절한 그래프 데이터베이스에 저장
및 색인될 수 있는 출력을 생성한다. 이러한 데이터베이스는 관련 정보를 쉽고 빠르
게 검색할 수 있도록 하는 그래프 쿼리 엔진의 백엔드로, 서비스 계층에서 사용하는
조작용 뷰를 나타낸다. 용도 및 그래프의 크기에 따라 일반적으로는 동일한 인프라
에서 그래프 처리 엔진과 그래프 쿼리 엔진을 모두 실행한다.

그래프를 저수준 저장 계층(예: 파일 시스템, HDFS, S3)에 저장하는 대신 온라인 분석
처리 및 온라인 트랜잭션 처리를 모두 지원할 수 있는 그래프 데이터베이스에 저장
할 수도 있다. 그래프 데이터베이스는 스피드 레이어의 실시간 업데이트, 배치 레이
어에서 처리된 기록 정보 저장, 서빙 레이어에서 효율적으로 쿼리할 정보 저장을 담
당하는 백엔드 지속성 계층을 제공한다.

다른 사용 사례와 비교할 때 이러한 특징은 그래프 및 데이터 기반 응용 프로그램에
서 매우 독특하다. 기록 데이터는 새로운 실시간 업데이트 및 온라인 분석 처리의 출

력(KPI, 데이터 집계, 임베딩, 커뮤니티 등)을 저장할 수 있는 토폴로지를 제공하는 경우가 많다. 이 데이터 구조는 또한 거대한 그래프를 가로지르는 서빙 레이어에서 나중에 쿼리할 정보를 나타낸다.

그래프 처리 엔진

그래프 처리 엔진에 적합한 기술을 선택하려면 대상 아키텍처의 용량과 비교해서 네트워크의 메모리 크기를 추정하는 것이 중요하다. MVP^{Minimum Viable Product}를 빠르게 구축하는 것이 목표인 프로젝트의 첫 번째 단계에서는 빠른 프로토타이핑을 허용하는 더 간단한 프레임워크를 사용한다.

이러한 프레임워크는 나중에 성능과 확장성이 더욱 중요해지면 보다 고급 도구로 대체될 수 있다. 마이크로서비스 모듈식 접근 방식과 이러한 구성 요소의 적절한 구조화를 통해 응용 프로그램의 나머지 부분과 독립적으로 기술/라이브러리를 전환해 특정 문제를 대상으로 삼을 수 있으며, 이는 백엔드 스택의 선택에도 도움을 준다.

그래프 처리 엔진은 전체 그래프에 대한 정보를 빠르게 액세스해야 한다. 즉 모든 그래프를 메모리에 저장하고, 상황에 따라 분산 아키텍처가 필요할 수도 있다. 1장에서 봤듯이 networkx는 작은 데이터셋을 다룰 때 그래프 처리 엔진을 구축하는 라이브러리의 좋은 예시다. 더 큰 데이터셋을 단일 서버 또는 공유 메모리 시스템에서 사용할 경우 다른 라이브러리가 계산 시간을 줄이는 데 도움이 될 수 있다.

1장에서 설명했듯이 그래프 알고리듬은 networkx 이외의 C++ 또는 줄리아^{Julia}와 같은 보다 성능이 뛰어난 언어로 구현된 라이브러리를 사용하면 계산 속도를 2배 이상 크게 높일 수 있다.

그러나 데이터셋이 너무 커져 그에 따라 용량이 증가하는 공유 메모리 머신(팻 노드)을 사용하는 것이 더 이상 기술적으로나 경제적으로 실행 가능하지 않은 경우가 있다. 이러한 경우 수평적 확장이 가능한 수십, 수백 개의 컴퓨팅 노드 클러스터에 데이터를 분산해야 한다. 이러한 경우에 그래프 처리 엔진을 지원할 수 있는 가장 널리 사용되는 두 가지 프레임워크는 다음과 같다.

- Apache Spark GraphX: 그래프 구조를 다루는 Spark 라이브러리의 모듈이다 (https://spark.apache.org/graphx). 이 모듈은 노드와 간선 모두에 대해 **복원력 있는 분산 데이터 집합**RDD, Resilient Distributed Dataset을 사용하는 그래프 분산 표현을 갖고 있다. 컴퓨팅 노드 전체에 걸친 그래프 재분할은 논리적으로 노드를 여러 기계로 나누는 것에 해당하는 에지 컷edge-cut 전략이나, 논리적으로 다른 기계에 간선을 할당하고 노드가 여러 기계에 걸쳐 있도록 허용하는 버텍스-컷vertect-cut 전략이 있다. 스칼라Scala로 작성됐지만 GraphX에는 알R과 파이썬이 모두 포함된 래퍼wrapper가 있다. GraphX에는 PageRank, connected components, triangle counting과 같은 일부 알고리듬이 이미 구현돼 있다. 더 많은 중심성 측정을 구현하는 SparklingGraph와 같은 다른 알고리듬을 위해 GraphX 위에서 사용할 수 있는 다른 라이브러리도 있다.

- Apache Giraph, 높은 확장성을 위해 구축된 반복 그래프 처리 시스템이다 (https://giraph.apache.org/). 페이스북이 개발해 현재 사용자 간 연결에 의해 형성된 소셜 그래프를 분석하는 데 사용하고 있으며 하둡Hadoop 생태계를 기반으로 구축돼 구조화된 데이터셋의 잠재력을 대규모로 발휘할 수 있다. Giraph는 기본적으로 자바Java로 작성됐으며 GraphX와 유사하게 PageRank 및 최단 경로shortest path와 같은 일부 기본 그래프 알고리듬에 대한 확장 가능한 구현도 제공한다.

분산 생태계로의 확장을 고려할 때 알고리듬에 사용할 수 있는 선택 사항은 공유 시스템에서 훨씬 적다는 점을 항상 염두에 둬야 한다. 이것은 일반적으로 두 가지 이유 때문이다.

- 첫째, 분산 방식으로 알고리듬을 구현하는 것은 노드 간의 통신으로 인해 공유 시스템보다 훨씬 더 복잡하며 전체 효율성도 감소한다.

- 둘째, 빅 데이터 분석은 기본적으로 데이터셋의 크기가 증가함에 따라 계산 노드를 증가시켜 솔루션의 수평 확장성을 보장하고자 데이터 포인트 수에 선

형적으로 확장되는 알고리듬만 구현해야 한다는 것이다.

이와 관련해 Giraph와 GraphX 모두 그래프에 대한 일종의 반복적 맵-리듀스map-reduce 작업과 동일한 것으로 볼 수 있는 Pregel 기반 표준 인터페이스를 사용해 확장 가능한 정점 중심의 반복 알고리듬을 정의할 수 있다(실제로는 삼중항 노드-간선-노드 인스턴스에 반복 맵-리듀스 작업이 적용된다). Pregel 계산은 각각 **슈퍼스텝**superstep이라고 하는 일련의 반복으로 구성되며 각각의 반복은 노드와 그 이웃들을 포함한다.

슈퍼스텝 S 동안 사용자 정의 함수가 각 정점 V에 적용된다. 이 함수는 슈퍼스텝 $S − 1$에서 V로 전송된 메시지를 입력으로 사용하고 V 및 나가는 간선의 상태를 수정한다. 이 함수는 쉽게 병렬화할 수 있는 매핑 단계를 나타낸다. V의 새로운 상태를 계산하는 것 외에도 이 함수는 V에 연결된 다른 노드에 메시지를 보낸다. 이 노드는 슈퍼스텝 $S + 1$에서 이 정보를 받는다. 메시지는 일반적으로 나가는 간선을 따라 보내지만 메시지는 식별할 수 있는 모든 노드로 보낼 수 있다. 그림 9.3에서 네트워크를 통해 최대값을 계산할 때 Pregel 알고리듬이 어떻게 동작하는지에 대한 스케치를 보여 준다. 이 알고리듬에 대한 자세한 내용은 2010년에 말레비츠Malewicz 등이 작성한 원본 논문 'Pregel: A System for Large-Scale Graph Processing'을 참조하기 바란다.

슈퍼스텝 S

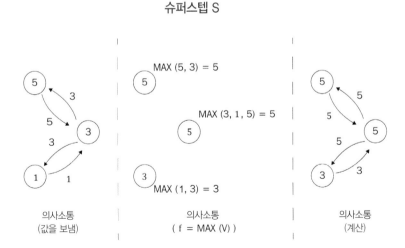

그림 9.3 Pregel을 사용해 노드 속성에 대한 최대값을 계산하는 예

Pregel을 사용하면 매우 효율적이고 일반적인 방식으로 PageRank 또는 connected components와 같은 다른 알고리듬을 쉽게 구현하거나 노드 임베딩의 병렬 변형을 구현할 수도 있다(Distributed-Memory Vertex-Centric Network Embedding for Large-Scale Graphs, Riazi and Norris, 2020 참고).

그래프 쿼리 레이어

지난 10년 동안 비정형 데이터의 대규모 보급으로 인해 NoSQL 데이터베이스가 상당한 관심과 중요성을 인정받기 시작했다. 그중 **그래프 데이터베이스**는 개체 간의 관계를 기반으로 정보를 저장하는 데 실제로 매우 강력하다. 많은 응용 프로그램에서 데이터는 노드 속성의 형태로 메타데이터와 연결된 개체로 볼 수 있으며 개체 간의 관계를 추가로 설명하는 속성이 있는 간선으로 연결된다.

그래프 데이터베이스의 예로는 Neo4j, OrientDB, ArangoDB, 아마존 넵튠Amazon Neptune, 카산드라Cassandra, JanusGraph(이전 이름은 TitanDB)와 같은 라이브러리 또는 도구가 있다. 다음 절에서부터는 **그래프 쿼리 언어**graph querying language라는 기본 그래프를 쿼리하고 탐색할 수 있는 언어와 함께 그중 일부를 간략하게 설명한다.

Neo4j

Neo4J(https://neo4j.com/)는 확실히 가장 일반적인 그래프 데이터베이스이며 대규모 커뮤니티를 갖고 있다. Neo4J는 두 가지 에디션이 있다.

- 커뮤니티 에디션community edition: 사용자/개발자가 자신의 응용 프로그램에 Neo4j를 공개적으로 포함할 수 있는 GPL v3 라이선스로 출시된다.
- 엔터프라이즈 에디션enterprise edition: 확장성과 가용성이 중요한 상업용 배포를 위해 설계된다.

Neo4j는 **샤딩**sharding을 통해 상당히 큰 데이터셋으로 확장할 수 있다. 즉 여러 노드에 데이터를 배포하고 데이터베이스의 여러 인스턴스에 대한 쿼리 및 집계를 병렬화한다. 게다가 Neo4j 연합은 마치 하나의 큰 그래프인 것처럼 더 작은 분리된 그래프(때로는 다른 스키마를 사용하는 경우에도)를 쿼리할 수 있다.

Neo4j의 장점 중 일부는 유연성(스키마를 발전시킬 수 있다)과 사용자 친화성이다. 특히 Neo4j의 많은 작업은 매우 직관적이고 배우기 쉬운 쿼리 언어인 **사이퍼**^{Cypher}를 통해 수행할 수 있다. 사이퍼는 그래프 데이터베이스에 대한 SQL로 볼 수 있다.

Neo4j와 사이퍼를 테스트하는 것은 매우 쉽다. 커뮤니티 에디션(Docker를 이용, 다음 절 참고)을 설치하거나 온라인 샌드박스 버전(https://neo4j.com/sandbox/)을 사용해 볼 수 있다.

후자를 사용해 영화 데이터셋과 같은 일부 기본 제공 데이터셋을 가져오고 사이퍼 쿼리 언어를 사용해 쿼리를 시작한다. 영화 데이터셋은 38편의 영화와 133명의 출연, 감독, 각본, 리뷰, 제작으로 구성돼 있다. 직접 설치 버전과 온라인 버전 모두 사용자가 데이터를 쿼리하고 시각화할 수 있는 사용자 친화적인 UI^{User Interface}를 갖추고 있다(그림 9.4 참고). 다음 간단한 쿼리로 영화 데이터셋에 10명의 배우를 나열할 수 있다.

```
MATCH (p: Person) RETURN p LIMIT 10
```

이제 데이터 포인트 간의 관계에 대한 정보를 활용해 보겠다. 위 코드의 실행 결과로부터 데이터베이스에 있는 배우 중 한 명이 키아누 리브스^{Keanu Reeves}라는 것을 알 수 있다. 목록에 있는 영화에서 함께 연기한 배우들이 모두 누구인지 궁금할 것이다. 이 정보는 다음 쿼리를 사용해 쉽게 검색할 수 있다.

```
MATCH (k: Person {name:"Keanu Reeves"})-[:ACTED_IN]-(m: Movie)-
[:ACTED_IN]-(a: Person) RETURN k, m, a
```

다음 그림은 쿼리가 관심 경로 선언을 통해 그래프를 순회하는 방법을 직관적으로 시각화해 보여 준다.

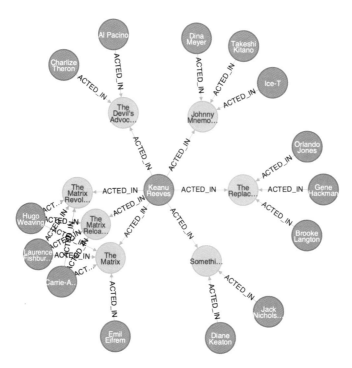

그림 9.4 영화 데이터셋에서 키아누 리브스의 공동 배우를 검색하기 위한 사이퍼 쿼리가 있는 Neo4j UI의 예

사이퍼 외에도 그렘린^{Gremlin}을 사용해 데이터를 쿼리할 수도 있다. 그렘린은 간단히 설명해서 그래프 데이터베이스의 공통 인터페이스라 할 수 있다.

Neo4j는 파이썬, 자바 스크립트, 자바, 고^{Go}, 스프링^{Spring}, 닷넷^{.NET}과 같은 여러 프로그래밍 언어와의 바인딩을 제공한다. 특히 파이썬의 경우 neo4j, py2neo, neomodel과 같이 Neo4j와의 연결을 구현하는 여러 라이브러리가 있으며, 그중 neo4j가 공식 지원되고 바이너리 프로토콜을 통해 데이터베이스에 대한 직접 연결을 제공한다. 데이터베이스에 대한 연결을 생성하고 쿼리를 실행하는 것은 단지 몇 줄의 코드로 가능하다.

```
from neo4j import GraphDatabase
driver = GraphDatabase("bolt://localhost:7687", "my-user", "my password")
def run_query(tx, query):
    return tx.run(query)
with driver.session() as session:
    session.write_transaction(run_query, query)
```

쿼리는 모든 사이퍼 쿼리가 될 수 있다. 예를 들어 키아누 리브스의 공동 배우를 검색하고자 이전에 작성된 쿼리를 사용할 수 있다.

JanusGraph - 매우 큰 데이터셋으로 확장하기 위한 그래프 데이터베이스

Neo4j는 직관적인 인터페이스와 쿼리 언어 덕분에 작업을 빨리 끝내고 싶을 때 타의 추종을 불허하는 매우 훌륭한 소프트웨어다. Neo4j는 실제로 프로덕션에 적합한 그래프 데이터베이스이지만 민첩성이 중요한 MVP 구축 단계에 특히 도움이 된다. 그러나 대용량 데이터를 다룰 때, 샤딩에 기반한 확장성과 큰 그래프를 작은 하위 그래프들로 나누는 것은 어려움이 따를 수 있다.

데이터 볼륨이 크게 증가하면 다른 그래프 데이터베이스 옵션을 고려해야 한다. 다시 한번 말하지만, 이것은 MVP 초기 요구 사항에서 요구 사항이 발전함에 따라 Neo4j의 확장성 제한에 도달하기 시작할 때만 수행돼야 한다.

이러한 경우 아마존 넵튠 또는 카산드라와 같은 상용 제품 등 몇 가지 옵션이 있다. 상용 제품 외에 오픈 소스를 사용할 수도 있다. 그중에서 가장 흥미로운 소프트웨어는 야누스그래프JanusGraph(https://janusgraph.org/)다. 야누스그래프는 이전에 TitanDB 라고 하는 오픈 소스 프로젝트의 발전으로 현재 리눅스 재단의 공식 프로젝트이며 IBM, 구글Google, 호튼웍스Hortonworks, 아마존Amazon, 엑스페로Expero, Grakn Labs와 같은 기술 분야에서 최고로 꼽히는 이들의 지원을 제공한다.

야누스그래프는 수천억 개의 노드와 간선이 있는 다중 시스템 클러스터에 분산된 그래프를 저장하고 쿼리하도록 설계된 확장 가능한 그래프 데이터베이스다. 사실 야누스그래프는 자체적으로 저장 레이어를 갖고 있지 않지만 자바로 작성된 다음과 같은 다른 데이터 저장 레이어 위에 위치하는 구성 요소다.

* **구글 클라우드 빅테이블**Google Cloud Bigtable(https://cloud.google.com/bigtable): 이는 데이터 센터에 분산된 방대한 양의 데이터를 확장하도록 설계된 구글 파일 시스템에 구축된 독점 데이터 스토리지 시스템의 클라우드 버전이다(Bigtable: A Distributed Storage System for Structured Data, Fay Chang 외, 2006).

- 아파치 HBase^{Apache HBase}(https://hbase.apache.org/): 이는 하둡 및 하둡 분산 파일 시스템^{HDFS} 위에 Bigtable 기능을 제공해 유사한 확장성과 내결함성을 보장하는 비관계형 데이터베이스다.

- 아파치 카산드라^{Apache Cassandra}(https://cassandra.apache.org/): 여러 데이터 센터에 걸쳐 많은 양의 데이터를 처리할 수 있는 오픈 소스 분산 NoSQL 데이터베이스다.

- ScyllaDB(https://www.scylladb.com/): 실시간 응용 프로그램을 위해 특별히 설계된 이 제품은 아파치 카산드라와 호환되는 동시에 훨씬 더 높은 처리량과 더 낮은 대기 시간을 달성한다.

따라서 JanusGraph는 확장 가능한 솔루션에서 확장성, 고가용성, 내결함성과 같은 모든 우수한 기능을 상속받아 그 위에 그래프 뷰를 추상화한다.

ScyllaDB와의 통합을 통해 JanusGraph는 매우 빠르고 확장 가능한 대용량 응용 프로그램을 처리한다. 또한 JanusGraph는 아파치 루신^{Apache Lucene}, 아파치 솔라^{Apache Solr}, 엘라스틱서치^{Elasticsearch}를 기반의 인덱싱 레이어를 통합해 그래프 내에서 더 빠른 정보 검색 및 검색 기능을 제공한다.

인덱싱 레이어와 함께 고도로 분산된 백엔드를 사용하면 JanusGraph를 수천억 개의 노드와 간선을 가진 거대한 그래프로 확장할 수 있다. 이러한 거대한 그래프에서 종종 나타나는 매우 큰 차수의 노드인 일명 **슈퍼노드**도 효율적으로 처리할 수 있다. 현실 네트워크 생성에 대해 유명한 모델은 우선 연결을 기반으로 하는 바바라시-앨버트^{Barabasi-Albert} 모델로, 이 모델은 그래프 내에서 슈퍼노드를 자연스럽게 만든다.

대형 그래프에서 슈퍼노드는 종종 응용 프로그램의 잠재적인 병목 지점이 되며, 비즈니스 로직이 그래프를 통과해야 하는 경우 특히 문제가 된다. 그래프 탐색 중에 관련 간선만 빠르게 필터링하는 데 도움이 될 수 있는 속성을 사용하면 프로세스 속도를 크게 높이고 더 나은 성능을 얻을 수 있다.

JanusGraph는 오픈 소스 그래프 컴퓨팅 프레임워크인 **아파치 팅커팝**^{Apache TinkerPop} 라이브러리(https://tinkerpop.apache.org/)를 통해 그래프를 쿼리하고 탐색하는 표준 API

를 제공한다. 팅커팝은 **그렘린** 그래프 탐색 언어를 사용해 기본 그래프를 쿼리하고 분석하기 위한 표준 인터페이스를 제공한다. 따라서 모든 팅커팝 호환 그래프 데이터베이스 시스템은 서로 원활하게 통합될 수 있다. 따라서 팅커팝을 사용하면 백엔드 기술에 의존하지 않는 '표준' 서빙 레이어를 구축할 수 있으므로 실제 요구 사항에 따라 응용 프로그램에 적합한 그래프 기술을 자유롭게 선택/변경할 수 있다. 대부분의 그래프 데이터베이스(이전에 본 것처럼 Neo4j도 포함)는 팅커팝과의 통합 기능을 갖추고 있어 백엔드 그래프 데이터베이스 간 전환을 원활하게 하고 판매자 종속을 방지한다.

자바 커넥터 외에도 그렘린은 gremlinpython 라이브러리 덕분에 파이썬 응용 프로그램이 그래프에 접속해 탐색할 수 있도록 하는 직접적인 파이썬 바인딩을 제공한다. 그래프 구조를 쿼리하려면 먼저 다음 코드를 사용해 데이터베이스에 연결해야 한다.

```
from gremlin_python.driver.driver_remote_connection import
DriverRemoteConnection
connection = DriverRemoteConnection(
    'ws://localhost:8182/gremlin', 'g'
)
```

연결이 생성되면 모든 그렘린 탐색의 기초가 되는 GraphTraversalSource를 인스턴스화하고 방금 생성한 연결에 바인딩할 수 있다.

```
from gremlin_python.structure.graph import Graph
from gremlin_python.process.graph_traversal import __
graph = Graph()
g = graph.traversal().withRemote(connection)
```

GraphTraversalSource가 인스턴스화되면 응용 프로그램 전체에서 이를 재사용해 그래프 데이터베이스를 쿼리할 수 있다. 이전 절에서 설명한 영화 그래프 데이터베이스를 JanusGraph로 가져왔다고 상상해 보자. 그렘린을 사용해 키아누 리브스의 모든 공동 배우를 찾기 위해 이전에 사용한 사이퍼 쿼리를 다시 작성할 수 있다.

```
co_actors = g.V().has('Person', 'name', 'Keanu Reeves').
out("ACTED_IN").in("ACTED_IN").values("name")
```

위 코드에서 볼 수 있듯이 그렘린은 연산자가 함께 그룹화돼 경로와 같은 표현식을 형성하는 기능적 언어다.

Neo4j와 GraphX 선택

Neo4j 또는 GraphX 중 선택과 관련된 질문을 자주 받는다. 그러나 간단히 설명했듯이 두 소프트웨어는 실제 경쟁자가 아니라 서로 다른 요구 사항을 대상으로 한다. Neo4j를 사용하면 정보를 그래프와 같은 구조로 저장하고 데이터를 쿼리할 수 있고, GraphX를 사용하면 그래프를 분석적으로 처리할 수 있다(특히 큰 차원 그래프의 경우). Neo4j를 처리 엔진으로 사용할 수도 있고(실제로 Neo4j 생태계는 실제 처리 엔진인 Graph Data Science 라이브러리를 특징으로 한다), GraphX를 인메모리 저장 그래프로 사용할 수도 있지만 이러한 접근 방식은 권장하지 않는다.

그래프 처리 엔진은 일반적으로 그래프 데이터베이스 계층(쿼리 및 정렬이 효율적으로 되도록 색인화 될 수 있다)에 저장되는 나중에 사용하기 위한 핵심 성과 지표를 계산한다. 따라서 GraphX와 같은 기술은 Neo4j와 같은 그래프 데이터베이스와 경쟁하지 않으며 동일한 응용 프로그램 내에서 서로 잘 공존하며 다른 용도로 사용할 수 있다. 도입부에서 강조했듯이 MVP와 초기 단계에서도 그래프 처리 엔진과 그래프 쿼리 엔진이라는 두 가지 구성 요소를 분리해 각각에 적합한 기술을 사용하는 것이 가장 좋다.

간단하고 사용하기 쉬운 라이브러리와 도구는 두 경우 모두 존재하며, 원활하게 확장할 수 있는 견고하고 안정적인 응용 프로그램을 구축하기 위해 현명하게 사용하는 것이 좋다.

요약

9장에서는 그래프 모델링에 의존하고 그래프 구조를 활용하는 데이터 기반 응용 프로그램을 설계, 구현, 배포하는 방법에 대한 기본 개념을 설명했다. 일반적으로 초기 단계의 MVP에서 대량의 데이터와 대규모 계산 성능을 처리할 수 있는 프로덕션 시스템에 이르기까지 모든 데이터 기반 사용 사례를 원활하게 확장하는 핵심인 모듈식 접근 방식의 중요성을 강조했다.

데이터 기반 응용 프로그램의 백본 구조를 설계할 때 필요한 주요 아키텍처 패턴을 간략하게 설명했다. 이어서 그래프 기반 응용 프로그램의 기초가 되는 주요 구성 요소인 그래프 처리 엔진, 그래프 데이터베이스, 그래프 쿼리 언어를 설명했다. 각 구성 요소에 대해 가장 일반적인 도구 및 라이브러리에 대한 개요와 솔루션을 구축하고 구현하는 데 도움이 되는 실용적인 예를 제공했다. 따라서 이제 주요 기술이 무엇이고 어떤 용도로 사용해야 하는지에 대해 알 수 있을 것이다.

10장에서는 그래프에 적용된 머신러닝의 추세에 대한 최근 개발 및 최신 연구를 살펴보겠다. 특히 연구에서 사용할 수 있는 최신 기술(예: 생성 신경망) 및 응용(예: 신경 과학에 적용되는 그래프 이론)을 설명하고 몇 가지 실용적인 예와 가능한 응용 방법을 알아본다.

10

그래프의 새로운 트렌드

지금까지 그래프 데이터 구조와 관련된 광범위한 문제에서 사용할 수 있는 다양한 지도 및 비지도 알고리듬을 설명했다. 그러나 그래프 머신러닝에 대한 논문들은 방대하고 끊임없이 진화하며 매달 새로운 알고리듬이 발표된다. 10장에서는 그래프 머신러닝과 관련된 몇 가지 새로운 기술과 응용 프로그램에 대한 높은 수준의 설명을 제공한다.

10장은 두 가지 주요 부분인 고급 알고리듬과 응용 프로그램으로 나뉜다. 첫 번째 부분은 주로 그래프 머신러닝 도메인의 몇 가지 새로운 기술을 설명한다. 랜덤 워크 및 생성 신경망을 기반으로 하는 그래프에 대한 몇 가지 데이터 샘플링 및 데이터 증대 기술을 설명한다. 그리고 고차원 데이터 분석을 위한 비교적 새로운 도구인 토폴로지 데이터 분석을 배운다. 두 번째 부분에서는 생물학에서 기하학적 분석에 이르기까지 다양한 영역에서 그래프 머신러닝의 흥미로운 응용 프로그램을 제공한다. 10장을 읽고 나면 데이터 간의 관계를 살펴보는 것으로 새롭고 흥미로운 솔루션의 문을 여는 방법을 알게 될 것이다.

10장에서는 다음과 같은 내용을 다룬다.

- 그래프 데이터 증대
- 토폴로지 데이터 분석
- 새로운 영역에 그래프 이론 적용

그래프의 데이터 증대에 대해 알아보기

8장에서 그래프 머신러닝을 사용해 사기 거래를 연구하고 자동으로 탐지하는 방법을 설명했다. 이때 우리는 두 가지 주요 장애물에 직면했다.

- 원본 데이터셋에 처리할 노드가 너무 많다. 결과적으로 계산 비용이 너무 높아서 계산할 수 없었다. 이것이 데이터셋의 20%만 선택한 이유다.
- 원본 데이터셋에서 데이터의 1% 미만이 사기 거래로 분류된 반면 데이터셋의 나머지 99%는 정상 거래를 포함하고 있음을 확인했다. 이것이 간선 분류 작업 중에 데이터셋을 무작위로 서브샘플링subsampling한 이유다.

일반적으로 이 두 가지 장애물을 해결하는 데 앞서 사용한 기술은 최적의 방법이 아니다. 그래프 데이터의 경우 작업을 해결하고자 보다 복잡하고 혁신적인 기술이 필요하다. 또한 8장에서 언급했듯이 데이터셋의 불균형이 심한 경우 이상 감지 알고리듬을 사용해 이를 해결할 수 있다.

이 절에서는 앞서 언급한 문제를 해결하는 데 사용할 수 있는 몇 가지 기술과 알고리듬을 설명한다. 그래프 샘플링 문제를 설명하는 것으로 시작해서 몇 가지 그래프 데이터 증대 기술을 설명하는 것으로 마무리한다. 이 두 가지에 대한 몇 가지 유용한 참조 및 파이썬 라이브러리를 공유한다.

샘플링 전략

8장에서는 간선 분류 작업을 수행하고자 전체 데이터셋의 20%를 샘플링한 데이터로 분석을 시작했다. 불행히도 이 전략은 일반적으로는 최적의 전략이 아니다. 실제로 이 간단한 전략으로 선택된 노드의 하위 집합은 전체 그래프의 토폴로지를 나타내지 않는 하위 그래프를 생성할 수 있다. 이 때문에 올바른 노드를 샘플링해서 주어진 그래프의 하위 그래프를 구축하는 전략을 정의해야 한다. 토폴로지 정보의 손실을 최소화해 주어진 (큰) 그래프에서 (작은) 하위 그래프를 만드는 프로세스를 **그래프 샘플링**graph sampling이라고 한다.

그래프 샘플링 알고리듬의 전체 개요를 볼 수 있는 좋은 논문은 'Little Ball of Fur: A Python Library for Graph Sampling작은 털 뭉치: 그래프 샘플링을 위한 파이썬 라이브러리'(https://arxiv.org/pdf/2006.04311.pdf)'에서 볼 수 있다. networkx 라이브러리를 사용하는 파이썬 코드는 다음 URL(https://github.com/benedekrozemberczki/littleballoffur)에서 사용할 수 있다. 이 라이브러리에서 사용할 수 있는 알고리듬은 노드와 간선 샘플링 알고리듬으로 나눌 수 있다. 이 알고리듬은 그래프 집합의 노드와 간선을 각각 샘플링한다. 그 결과로 원래 그래프에서 노드 또는 간선 유도 하위 그래프를 얻을 수 있다. littleballoffur 파이썬 패키지에서 사용할 수 있는 다양한 그래프 샘플링 전략을 사용해 8장에서 제안된 분석을 시도해 보기 바란다.

데이터 증강 기술 살펴보기

데이터 증대는 불균형 데이터를 다룰 때 일반적인 기술이다. 불균형 문제에서는 일반적으로 2개 이상의 클래스를 갖는 데이터에서 나타난다. 데이터셋의 특정 클래스에 대해 소수의 샘플만 사용할 수 있는 경우다. 소수의 샘플을 포함하는 클래스를 **소수 클래스**minority class라 하고 많은 수의 샘플을 포함하는 클래스를 **다수 클래스**majority class라 한다. 예를 들어 8장에 설명된 예제에서 불균형 데이터셋의 명확한 예가 있었다. 입력 데이터셋에서 사용 가능한 모든 트랜잭션의 1%만 사기 거래(소수 클래스)로 표시되고 나머지 99%는 정상 트랜잭션(다수 클래스)으로 표시됐다. 기존 데이터셋을 처리할 때 문제는 일반적으로 무작위 다운 샘플링 또는 업 샘플링을 사용하거나 SMOTE와 같은 데이터 생성 알고리듬을 사용해 해결된다. 그러나 그래프 데이터의 경우 새 노드 또는 그래프를 생성하는 것이 간단한 프로세스가 아니기 때문에 이 프로세스가 쉽지 않을 수 있다. 이것은 복잡한 토폴로지 관계가 있기 때문이다. 지난 10년 동안 광범위한 데이터 증대 그래프 알고리듬이 만들어졌다. 여기에서는 사용 가능한 최신 알고리듬 중 GAug과 GRAN을 소개한다.

GAug 알고리듬은 노드 기반 데이터 증대 알고리듬이다. 'Data Augmentation for Graph Neural Networks그래프 신경망을 위한 데이터 증강(https://arxiv.org/pdf/2006.06830.pdf)'논문에 설명돼 있다. 이 논문의 파이썬 코드는 다음 URL(https://github.com/zhao-tong/GAug)에서 사용할 수 있다. 이 알고리듬은 8장에 제공된 예제와 같이 간선 또는 노드 분류가 필요한 상황에서 유용하다. 소수 클래스에 속하는 노드를 알고리듬을 사용해 증가시킬 수 있다. GAug 알고리듬을 사용해 8장의 예제에 대한 분석을 확장하는 연습을 해보길 권장한다.

GRAN 알고리듬은 그래프 기반 데이터 증대 알고리듬이다. 이는 다음 URL(https://arxiv.org/pdf/1910.00760.pdf)에서 볼 수 있는 'Efficient Graph Generation with Graph Recurrent Attention Networks순환 어텐션 네트워크를 활용한 효율적인 그래프 생성' 논문에 설명돼 있다. 라이브러리의 파이썬 코드는 다음 URL(https://github.com/lrjconan/GRAN)에서 다운로드할 수 있다. 이 알고리듬은 그래프 분류/클러스터링 문제를 다룰 때 새 그래프를 생성하는 용도로 사용할 수 있다. 예를 들어 불균형 그래프 분류 문제를 다루는 경우 GRAN 알고리듬을 사용해 데이터셋에 대한 균형을 맞춘 다음 분류 작업을 수행하는 것이 유용할 수 있다.

토폴로지 데이터 분석에 대해 배우기

토폴로지 데이터 분석TDA, Topological Data Analysis은 데이터 형태의 정량적 특징을 추출하는 데 사용되는 새로운 기술이다. 이 접근 방식의 아이디어는 데이터 포인트가 특정 공간에서 구성되는 방식을 관찰해서 데이터 포인트를 생성한 프로세스에 대한 몇 가지 중요한 정보를 밝힐 수 있다는 것이다.

TDA를 적용하는 주요 도구는 **지속적인 상동성**persistent homology이다. 이 방법의 이면에 있는 수학은 상당히 고급 수학이므로 예시를 통해 이 개념을 소개하겠다. 공간에 분산된 데이터 포인트들이 있고 시간이 지남에 따라 데이터 포인트를 '관찰'한다고 가정해 보겠다. 데이터 포인트는 정적이다(공간을 가로질러 이동하지 않는다). 따라서 그 독립적인 데이터 포인트를 영원히 관찰할 것이다. 그러나 몇 가지 잘 정의된 규칙을 통해 포인트를 서로 연결해 이러한 데이터 요소 간에 연결을 만들 수 있다고 가정해 보자. 그리고 시간이 지남에 따라 포인트에서부터 확장되는 구체를 상상해 보자. 각점에는 자체 확장 구가 있으며 두 구가 충돌하면 이 두 점에 의해 '간선'이 배치될 수 있다. 이는 그림 10.1과 같다.

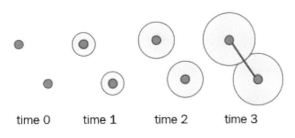

그림 10.1 데이터 포인트 간의 관계를 생성하는 방법의 예

충돌하는 구체가 많을수록 더 많은 연결이 생성되고, 더 많은 간선이 배치된다. 여러 구체가 겹칠 때 삼각형, 사면체 등과 같은 더 복잡한 기하학적 구조가 나타난다.

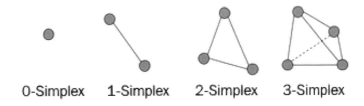

그림 10.2 데이터 포인트 간의 연결이 기하학적 구조를 생성하는 방법의 예

새로운 기하학적 구조가 날 때 그 '탄생' 시간을 확인할 수 있다. 반면에 기존 기하학적 구조가 사라지면(예: 더 복잡한 기하학적 구조의 일부가 된다) '사망' 시간을 확인할 수 있다. 시뮬레이션 중에 관찰된 각 기하학적 구조의 생존 시간(탄생과 사망 사이의 시간)은 원본 데이터셋을 분석하기 위한 새로운 특징으로 사용할 수 있다.

또한 각 구조의 해당 쌍(출생, 사망)을 좌표계에 배치해 이른바 **영구 다이어그램**persistent diagram을 정의할 수 있다. 대각선에 더 가까운 점은 일반적으로 노이즈를 반영하는 반면 대각선에서 멀리 떨어진 점은 영구적인 특징을 나타낸다. 영구 다이어그램의 예는 그림 10.3에 나와 있다. 토폴로지 데이터 분석을 설명하고자 확장하는 '구sphere'를 예시로 전체 프로세스를 설명했다. 이 확장하는 모양의 형태를 변경할 수도 있다 (예: 2D 원 사용). 따라서 각 형태에 대한 특징 집합(일반적으로 문자 H로 표시된다)을 생성할 수 있다.

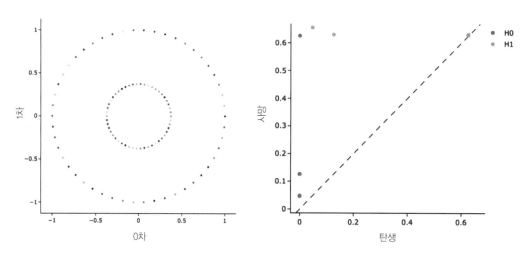

그림 10.3 2D 포인트 클라우드의 예(왼쪽) 및 해당 영구 다이어그램(오른쪽)

토폴로지 데이터 분석을 수행하기 위한 좋은 파이썬 라이브러리는 giotto-tda이며 다음 URL(https://github.com/giotto-ai/giotto-tda)에서 사용할 수 있다. giotto-tda 라이브러리를 사용하면 앞의 이미지와 같이 단체 복합체와 상대적 영구 다이어그램을 쉽게 구축할 수 있다.

토폴로지 머신러닝

이제 토폴로지 데이터 분석의 기본을 알았으므로 머신러닝에 토폴로지 데이터 분석을 사용하는 방법을 살펴보자. 머신러닝 알고리듬에 토폴로지 데이터(예: 영구 특징)

를 제공해 다른 기존 접근 방식에서 놓칠 수 있는 패턴을 찾을 수 있다.

이전 절에서 영구 다이어그램이 데이터를 설명하는 데 유용하다는 것을 봤다. 그럼에도 머신러닝 알고리듬(예: 랜덤 포레스트)의 입력으로 제공하는 것은 좋은 선택이 아니다. 예를 들어 다른 영구 다이어그램은 다른 수의 포인트를 가질 수 있으며 기본 대수 연산은 잘 정의되지 않는다.

이러한 제한을 극복하는 한 가지 일반적인 방법은 다이어그램을 보다 적합한 표현으로 변환하는 것이다. 임베딩 또는 커널을 사용해 다이어그램의 '벡터화된' 표현을 얻을 수 있다. 또한 영구 이미지, 영구 풍경, 베티[Betti] 곡선과 같은 고급 표현 방법은 실제 응용 프로그램에서 매우 유용한 것으로 나타났다. 예를 들어 영구 이미지(그림 10.4)는 합성곱 신경망에 쉽게 제공할 수 있는 영구 다이어그램의 2차원 표현이다.

토폴로지 데이터 분석으로 몇 가지 가능성이 발견했고, 데이터 분석 결과와 딥러닝 사이의 연결고리가 존재한다. 이 주제를 매혹적으로 만드는 새로운 아이디어가 꾸준히 제안되고 있다.

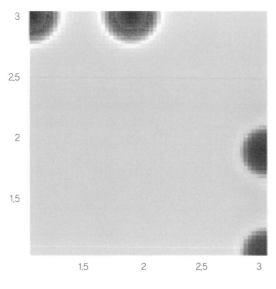

그림 10.4 영구 이미지의 예

토폴로지 데이터 분석은 머신러닝 기술과 결합할 수 있기 때문에 빠르게 성장하는 분야다. 매년 이 주제에 대한 여러 과학 논문이 발표되며 가까운 장래에 새롭고 흥미로운 응용이 기대된다.

새로운 영역에 그래프 이론 적용하기

최근 몇 년 동안 그래프 머신러닝에 대한 이론적 이해가 보다 견고해지고, 사용 가능한 저장 공간 및 계산 능력이 증가함에 따라 이러한 그래프 이론이 확산되는 여러 영역을 확인할 수 있다. 약간의 상상력으로 주변 세계를 '노드'와 '간선'의 집합으로 볼 수 있다. 직장이나 공부 장소, 매일 사용하는 기계 장치, 심지어 인간의 두뇌까지도 네트워크로 표현될 수 있다. 이 절에서는 그래프 이론(및 그래프 머신러닝)이 서로 관련이 없는 도메인에 어떻게 적용됐는지에 대한 몇 가지 예를 살펴보겠다.

그래프 머신러닝 및 신경 과학

그래프 이론에 의한 뇌 연구는 확장되고 있는 분야다. 뇌의 서로 다른 부분(노드)이 기능적으로 또는 구조적으로 어떻게 연결돼 있는지 이해하고자 뇌를 네트워크로 표현하는 여러 방법이 연구됐다.

자기 공명 영상MRI, Magnetic Resonance Imaging과 같은 의료 기술로 뇌의 3차원 표현을 얻을 수 있다. 이러한 이미지는 다른 종류의 알고리듬을 사용해 뇌의 구별되는 파티션을 얻을 수 있다.

기능적 연결성 또는 구조적 연결성 등 관심 분야에 따라 해당 영역 간의 연결을 정의할 수 있는 다양한 방법이 있다.

- **기능적 자기 공명 영상**fMRI, functional Magnetic Resonance Imaging은 뇌의 일부가 '활성'인지 여부를 측정하는 데 사용하는 기술이다. 구체적으로, 각 부위의 **혈류 산소 수준**BOLD, Blood-Oxygen-Level-Dependent 신호(특정 시간에 혈액 및 산소 농도의 변화를 나타내는 신호)를 측정한다. 그런 다음 관심 있는 두 가지 뇌 영역의 BOLD

계열 간의 피어슨 상관관계^{Pearson correlation}를 계산할 수 있다. 상관관계가 높다는 것은 두 부분이 '기능적으로 연결돼' 있고 그 사이에 간선을 놓을 수 있음을 뜻한다. fMRI 데이터를 그래픽으로 분석하는 흥미로운 논문은 다음 URL(https://www.frontiersin.org/articles/10.3389/fnsys.2010.00016/full)에서 볼 수 있는 'Graph-based network analysis of resting-state functional MRI^{휴식 상태 fMRI의 그래프 기반 네트워크 분석}'이다.

- 한편, **확산 텐서 이미징**^{DTI, Diffusion Tensor Imaging}과 같은 고급 MRI 기술을 사용해 2개의 관심 뇌 영역을 물리적으로 연결하는 백질 섬유 다발의 강도를 측정할 수도 있다. 그 결과로 뇌의 구조적 연결성을 나타내는 그래프를 얻을 수 있다. 그래프 신경망을 확산 텐서 이미징^{DTI} 데이터에서 생성된 그래프에 적용하는 논문 'Multiple Sclerosis Clinical Profiles via Graph Convolutional Neural Networks^{그래프 합성곱 신경망을 통한 다발성 경화증 임상 프로필}'을 다음 URL(https://www.frontiersin.org/articles/10.3389/fnins.2019.00594/full)에서 볼 수 있다.

- 기능적 및 구조적 연결성을 그래프 이론으로 분석할 수 있다. 이를 활용해 알츠하이머, 다발성 경화증, 파킨슨병과 같은 신경퇴행성 질환과 관련된 여러 연구가 있다.

최종 결과는 그림 10.5에 표시된 것처럼 서로 다른 뇌 영역 간의 연결을 설명하는 그래프다.

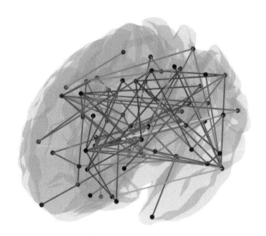

그림 10.5 뇌 영역 간의 연결을 그래프로 표현

여기에서 서로 다른 뇌 영역을 그래프의 노드로 볼 수 있고, 해당 영역 간의 연결은 간선으로 볼 수 있다.

그래프 머신러닝은 이러한 종류의 분석에 매우 유용하다. 뇌 네트워크의 진화 예측 기반으로 특정 병리를 자동으로 진단하기 위한 다양한 연구가 존재한다(예: 미래에 병리의 영향을 받을 가능성이 있는 잠재적으로 취약한 영역 식별).

네트워크 신경 과학은 유망한 분야다. 앞으로 이러한 네트워크에서 점점 더 많은 인사이트를 수집해 병리학적 변화를 이해하고 질병의 진행을 예측할 수 있을 것이다.

그래프 이론 및 화학 및 생물학

그래프 머신러닝을 화학에 적용할 수 있다. 예를 들어 원자를 그래프의 노드로, 결합을 간선으로 취급해 **분자 구조**molecular structure를 그래프로 설명할 수 있다. 이러한 방법은 특히 반응 표현, 화학적 지문 학습(화학적 특징 또는 하위 구조의 존재 여부 표시)을 포함해 화학 시스템의 다양한 측면을 조사하는 데 사용된다.

여러 다른 요소를 그래프로 나타낼 수 있는 생물학에서도 여러 응용을 찾을 수 있다. 예를 들어 **단백질-단백질 상호 작용**PPI, Protein-Protein Interaction은 가장 널리 연구되는 주제 중 하나다. 단백질을 노드로 나타내고 상호 작용은 간선으로 나타내는 그래프를 구성할 수 있다. 이러한 방법을 통해 PPI 예측에서 유용한 PPI 네트워크의 구조적 정보를 활용할 수 있다.

그래프 머신러닝 및 컴퓨터 비전

딥러닝, 특히 합성곱 신경망CNN의 부상은 컴퓨터 비전 연구에서 놀라운 결과를 보여 줬다. 이미지 분류, 객체 감지, 의미론적 분할과 같은 광범위한 작업에서 CNN은 최첨단 기술 중 하나다. 그러나 최근에는 그래프 머신러닝 기술, 특히 **기하학적 딥**

러닝^{geometric deep learning}을 사용해 컴퓨터 비전의 핵심 과제가 해결되기 시작했다. 이 책을 통해 배웠듯이 이미지가 표현되는 2D 유클리드 영역과 보다 복잡한 3D 입체, 포인트 클라우드 같은 객체 사이에는 근본적인 차이점이 있다. 이를 이용해 2D 및 3D 시각 데이터에서 현실 세계의 3D 기하학적 구조 복원, 장면 이해, 스테레오 매칭, 깊이 추정 등을 수행할 수 있다.

이미지 분류 및 장면 이해

오늘날 CNN 기반 알고리듬이 지배하는 컴퓨터 비전에서 가장 널리 연구된 작업 중 하나인 이미지 분류는 단순히 학습한 객체를 활용하는 것을 너머 새로운 시도가 이어지고 있다. 이때 그래프 신경망 모델은 라벨링된 데이터가 적은 상황에서 매력적인 결과를 보여 준다. 특히 이러한 모델을 제로샷^{zero-shot} 및 퓨샷^{four-shot} 학습 기법과 결합하려고 노력하고 있다. 여기서 목표는 모델이 훈련 중에 본 적이 없는 클래스를 분류하는 것이다. 이는 학습한 물체가 학습하지 않은 클래스와 '의미적으로' 어떻게 관련돼 있는지에 대한 지식을 활용해 달성할 수 있다.

장면 이해에도 유사한 접근 방식이 사용된다. 장면에서 감지된 물체 사이의 관계형 그래프를 사용하면 이미지를 해석 가능한 구조적 표현으로 변환할 수 있다. 이것은 무엇보다도 자막 및 시각적 질의응답을 포함한 다양한 작업에 사용할 수 있다.

형상 분석

픽셀의 2차원 격자로 표현되는 이미지와 달리 다중 뷰 이미지, 깊이 맵, 복셀^{voxel}, 포인트 클라우드, 메시^{mesh}, 암시적 표면과 같은 3D 모양을 표현하는 몇 가지 방법이 있다. 머신러닝 및 딥러닝 알고리듬을 적용할 때 이러한 표현을 활용해 특정 기하학적 특징을 학습할 수 있으며, 이는 더 나은 분석을 설계하는 데 유용할 수 있다.

이러한 맥락에서 기하학적 딥러닝 기술은 유망한 결과를 보여 줬다. 예를 들어 그래프 신경망 기술은 텍스처 애니메이션 및 매핑, 장면 이해를 비롯한 여러 응용 프로그램에서의 고전적인 문제인 변형 가능한 모양 간의 일치를 찾는 데 유용하다. 이러한 그래프 머신러닝의 응용을 이해하는 데 도움이 되는 몇 가지 좋은 리소스가 다음 URL(https://arxiv.org/pdf/1611.08097.pdf, http://geometricdeepearning.com/)에서 제공된다.

추천 시스템

그래프 머신러닝의 또 다른 흥미로운 응용은 사용자의 관심 항목에 대한 '등급' 또는 '선호도'를 예측하는 데 사용할 수 있는 추천 시스템이다. 6장에서 링크 예측을 사용해 특정 사용자 및 고객에게 추천을 제공하는 자동 알고리듬을 구축하는 방법에 대한 예를 제공했다. 'Graph Neural Networks in Recommender Systems: A Survey 추천 시스템에서의 그래프 신경망(https://arxiv.org/pdf/2011.02260.pdf)'라는 논문에서 추천 시스템 구축에 적용된 그래프 머신러닝에 대한 광범위하게 조사한 내용을 제공한다. 또한 다양한 그래프 머신러닝 알고리듬과 해당 응용을 설명한다.

요약

10장에서는 일부 새로운 그래프 머신러닝 알고리듬과 새로운 영역으로의 응용 방법에 대한 개요를 제공했다. 10장의 시작 부분에서 8장에 제공된 예제를 사용해 그래프 데이터에 대한 몇 가지 샘플링 및 증대 알고리듬을 설명했다. 그리고 그래프 샘플링 및 그래프 데이터 증대 작업을 처리하는 데 사용할 수 있는 일부 파이썬 라이브러리를 소개했다.

이어서 토폴로지 데이터 분석에 대한 일반적인 설명과 이 기술이 최근 각기 다른 영역에서 어떻게 사용되는지 설명했다.

마지막으로 신경과학, 화학, 생물학과 같은 새로운 응용 분야에 대한 몇 가지 설명을 제공했다. 또한 머신러닝 알고리듬을 사용해 이미지 분류, 형태 분석, 추천 시스템과 같은 다른 작업을 해결하는 방법도 설명했다.

이 책에서는 주요 그래프 머신러닝 기술과 알고리듬에 대한 개요를 설명했다. 이제 그래프 데이터를 처리하고 머신러닝 알고리듬을 구축할 수 있다. 이러한 많은 도구를 사용해 흥미로운 응용 프로그램을 개발하기 바란다. 또한 이 책에서 제공한 참고 문헌을 확인하고 직접 시도해 보도록 제안한 문제들을 해결해 보기 바란다.

그래프 머신러닝의 세계는 매혹적이고 빠르게 진화하고 있다. 놀라운 발견으로 새로운 연구 논문이 매일 출판된다. 늘 그렇듯이 논문을 지속적으로 검토하는 것이 새로운 알고리듬을 발견하는 가장 좋은 방법이다. arXiv(https://arxiv.org/)에서 과학 논문을 무료로 검색할 수 있다.

찾아보기

그래프 머신러닝

머신러닝 알고리듬을 적용해 그래프 데이터 활용하기

발 행 | 2023년 1월 31일

옮긴이 | 김 기 성 · 장 기 식
지은이 | 클라우디오 스타밀레 · 알도 마르줄로 · 엔리코 듀세비오

펴낸이 | 권 성 준
편집장 | 황 영 주
편 집 | 김 진 아
디자인 | 윤 서 빈

에이콘출판주식회사
서울특별시 양천구 국회대로 287 (목동)
전화 02-2653-7600, 팩스 02-2653-0433
www.acornpub.co.kr / editor@acornpub.co.kr